名师工作室成果文库

本然语文课题

BENRAN YUWEN KETI

应永恒 著

光明日报出版社

图书在版编目（CIP）数据

本然语文课题 / 应永恒著 . -- 北京：光明日报出版社，2020.4

（名师工作室成果文库）

ISBN 978 - 7 - 5194 - 5709 - 9

Ⅰ. ①本… Ⅱ. ①应… Ⅲ. ①文言文—教学研究—中学 Ⅳ. ①G633.302

中国版本图书馆 CIP 数据核字（2020）第 061354 号

本然语文课题

BENRAN YUWEN KETI

著　　者：应永恒

责任编辑：庄　宁　　　　　　责任校对：刘浩平

封面设计：中联学林　　　　　　责任印制：曹　净

出版发行：光明日报出版社

地　　址：北京市西城区永安路 106 号，100050

电　　话：010 - 63139890（咨询），010 - 63131930（邮购）

传　　真：010 - 63131930

网　　址：http：//book. gmw. cn

E - mail：zhuangning@ gmw. cn

法律顾问：北京德恒律师事务所龚柳方律师

印　　刷：三河市华东印刷有限公司

装　　订：三河市华东印刷有限公司

本书如有破损、缺页、装订错误，请与本社联系调换，电话：010 - 63131930

开　　本：170mm × 240mm

字　　数：231 千字　　　　　　印　　张：17

版　　次：2020 年 4 月第 1 版　　印　　次：2020 年 4 月第 1 次印刷

书　　号：ISBN 978 - 7 - 5194 - 5709 - 9

定　　价：65.00 元

如果可以，让我们做点"本然"的事（序）

　　说来惭愧，身为教授，却没有等身的著作和可以称得上"思想"的东西。拉拉杂杂的文字当然也有一些，这也就是我在标题上加上"如果可以"的缘故。总之在某些方面是懒散的，这种懒散包含了两重意思：其一是身体上的懒散，不够努力，不够勤奋；其二是精神上的懒散，总不能志存高远地想建立一些个人的思想。不过，我对工作始终是专注的，可以说是付出了全部的精力。我并非没有惭愧或惴惴然过，但在遇见应永恒老师后，我忽然有了一点新的想法。

　　应永恒老师一直是个不事张扬、低调行事的人。2016 年我去福建讲课时，他给了我一本他写的书——《本然语文》，书名让我心中一动。是啊，在语文教育界，各种各样的名堂实在是太多了，甚至遮蔽了语文的本来面目，"本然"，就是要还其原来，这是比"本色"更准确的表达。今年，应老师又把一本新著放到了我面前。仍然是那种感觉：完全"素面朝天"，朴实到连"淡扫蛾眉"都不做。第一章是课题报告，洋洋洒洒数万字；第二章是课题成果《学古文、写作文》的序跋，前前后后有七八篇；第三章是课题论文"高中语文学习的固本之策"；第四章是教学案例，有《促织》《滕王阁序》《烛之武退秦师》《兰亭集序》《寓言四则》之《智子疑邻》《塞翁失马》，以及《春夜宴从弟桃花园序》等课文的教案或课堂实录。很明显，应老师不是为写书而写书，而是把他平时的教学和研究真真实实地记录下来。我读下来，有这么几个感受。

　　首先，应老师的专业发展方向很明确。一个教师的专业发展大致可以分为三个阶段。第一阶段是摸索期，主要目的是为了适应。从师范院校毕业的学生，来到基础教育的第一线，有几个问题是一定会碰到的。比如，理想和现实的碰撞，学科知识和学科教学知识的转换，从被教育者到教育工作者的转变，等等。他们需要有一段时间来摸索，以求能适应基础教育的需要。第二个阶段，我把它叫作胜任期。经过几年（有的人可能不需要那么久）的摸索，教师已经能够基本胜任基础教育的工作。工作对他来说，不再是一种处于迷茫状态的探索，开始驾轻就熟——当然，这并不意味着不需要辛勤付出。这时，教师会发生分化：一部分教师继续向前走，进入第三个阶段；而另一部分教师则享受着这种胜任的快感，直到职业生涯结束。因此，第三个阶段，不是每位教师都能进入的，我把它叫作成就期。一个教师，最终能不能有所成就，就在这第三个阶段。是否进入了第三阶段的标识比较复杂，既有内在的、不可量化的部分，也有外在的、显性的东西。我觉得像应老师这样的教师就已经进入了成就期。这不仅表现在他是特级教师、教学名家，也表现在他在业务上的不懈追求，更表现在他有自己非常明确的专业发展方向。在这本书里，不难看出应老师的用力所在。他聚焦于古代文学作品的教学，做了大量的思考和研究，并取得了宝贵的经验，形成了自己独有的一套教学方法——这些，就是一个教师专业发展良好的明证。

其次，应老师有理论探索的努力。尽管大家都知道，没有理论，人类几乎就不会有进步。但理论也存在两大问题：第一是因为抽象，所以难啃；第二是从理论到实践，或者从实践到理论，并不是一项轻松的工作。所以，一线教师做研究，有时会缺少理论深度，或生搬硬套理论，形成"油浮于水"的情况。更糟糕的，有人会把理论和实践对立起来。如2018年11月4号网易新闻上发的帖子《我们理论不行，想请专家上几节课示范一下》，还有某杂志在其微信公众号上发的《一线教师和教育专家，到底谁更懂教育》（2018.11.6），表达的就是这种情绪。好像理论强的，实践一定不行；而理论不行的，实践就强。其实，对一个真正的好教师来说，做理论研究的，不可能不去关心实践；而在一线教学的，也不可能不做理性思考。这里允许我说明一下：理性思考不一定产生理论，但理论一定是理性思考的结果。在本书中，我们不难看到，应老师是有理论追求的，不仅中国古代的文论和各种史料经常出现在他的研究中，他也关心现代的理论。本书的第一章，他就试图用现代文章学的视角和方法来研究高中古代散文的教学。同时，他也注重把自己的经验归纳起来，形成一定的模式。比如，他对高中学生的培养做了整体性的思考，总结出高一宜"固本"、高二须"养气"、高三要"强身"的经验，并把高一的"固本"具体化为"一学""三求""五档案"，高二的"养气"着落在"一（讲授一点《庄子》）、三（三思：思'实'、思'活'、思'新'）、五（建立名人库、名著库、历史库、生活库、专题库等'五座仓库'）"上，高三则是"一取""三练""五过关"。也许有人会说，这算什么理论呀。但我觉得这正是应老师的可贵之处。理论不是架设在半空甚至高空的套话，理论是人类对事物的具体认识进行抽象的过程以及这种过程所产生的结果。它是经过认识事实、整理归类、抽象概括之后的结晶。应老师的这些归纳，符合这样的标准，应该说是很有价值的应用理论。

应老师的实践研究就更扎实了。在这本书中，很难找到空话、套话，大量出现的是课堂上的真实问题。本书中有两个课题报告，里面不仅有理论性的东西，更有大量案例。比如，在第一章中，应老师把高中第二册古代散文的立意、构思、写法一一列出，并和相应的作文题对应。教师在教学时，可以将之直接作为工具来使用。这些实践研究的成果，在基础教育中无疑是大受欢迎的。应老师写的《学古文、写作文》一书被一版再版，就是一个证明。本书收入了应老师为《学古文、写作文》所写的三篇自序和两篇后记，从中可以清楚地看出应老师在课堂教学的实践探索中不断前行的足印。《学古文、写作文》在修订时不仅调整了篇目，还增加了许多内容，完成了写作重心从原版的"学古文、写作文"到"激活古文、化用古文"的华丽转身。这种自觉自律、不断探索进取的精神，应该是应老师取得今天的成就的重要原因。

应老师曾是教育部选送到华东师范大学接受语文骨干教师国家级培训的首批学员之一。当时我忝为中文系副系主任，分管这项工作。在学员提交的结业成果中，有一个课题给我的印象特别深，也是当时为数不多的被评为"优秀"的结业课题。在之后讲授教学科研与论文写作时，我经常以之为例，认为这是一个切口小而开掘深的好题目，但我不知道的是，这个课题就是应老师做的

（我一直误以为是另外一位学员）。这固然是我的粗心，但也是应老师一贯低调行事的"结果"吧。这个课题的研究报告，现在也收在本书中了。在此补记，也算趣事一桩。

一个教师，要做的事情其实也简单：第一，要有自己的专业发展方向，不要迷失在琐碎的事务中（包括教学事务）；第二，要有理论追求，不要沉浸在经验中而不知、不会、不去或者不屑总结；第三，要脚踏实地，不要虚构一些脱离教学实际的所谓"高大上"东西。这就是教师的"本然"。可惜，现在有太多的东西诱惑着我们，制约着我们，"本然"无奈地离我们渐渐远去。应老师和这本朴素的书，让我看到了很多"本然"的东西。我由衷地感到，与其花费时间和精力在夸夸其谈上（包括文字的），不如让我们多做些"本然"的事情——当然，如果可能的话。

是为序。

王意如
2018 年 12 月　上海

王意如简介

王意如，华东师范大学中文系教授，上海高校人文社会科学重点研究基地·华东师范大学语文教育研究中心常务副主任，中国高等教育学会语文教育专业委员会理事，《中文自修》杂志主编。专业研究方向为语文教育和语文教师教育。主持教育部和上海市的科研项目《国家级培训模式和课程方案研究》《上海市中小学汉语分级阅读标准研制》《语文教师职后培训效能与模式研究》等多种。著有《中国古典小说的文化透视》《语文素养和语文教师的素养》《中国古代文学与语文教育》《语文教师职后培训效能与模式研究》等多种，在海内外发表论文《学习共同体和"好课"概念的颠覆》《语文课程思辨与文学教学》《论文学教育的学习链》等多篇。

目　录
CONTENTS

第一章

课题报告

1. 学道德文章　扬个性灵气[①]

——高中古代散文与现代文章学契合（一）

课题名称

学道德文章　扬个性灵气——高中古代散文与文章学契合

研究目的

中国古代散文个性张扬，文气飞扬，博大精深。关乎山水则借风花雪月、山川水色、奇险怪峻以咏情怀、以寄意绪、以表灵性；关乎人物风貌则引我们进入中国漫长的历史长河，多少顶天立地的旷代风范向我们走来，其品德之高尚，其思想之深刻，其业绩之卓绝，闪耀着灼人光芒；关乎哲理政治则或论今及古以言天下至理，或魏阙之下以进忠直之言，或沉吟厌倦仕宦曲，或高唱逍遥人生歌；关乎情感人生则令人或痛然于肝肠寸断，或怦然于惊心动魄，或欣然于平静恬淡。

文章学是研究文章及其写读、教育规律的一门独立学科，其内容包括文章本体知识、文章写读能力和文章教育工程。文章作为文章学研究对象，向来有

---

① 应永恒.高中古代散文与现代文章学契合［J］.语文学习，2000（10）.文章内容略有改动。

广义和狭义之分。广义的文章既包括记叙、说明、议论等普通文体，又包括诗词、小说、剧本等文学作品。狭义的文章，则不包括诗词、小说、剧本等文学作品在内，它是真实地反映客观事物，表达主观情思，用于社会交际，组成篇章结构的书面语言。其内容包括自然、社会、思维三大领域的一切科学认识成果。它要求生活的真实，事料具有客观实在性，不允许虚构，重在实用。狭义的文章既泛指普通的记叙文、说明文、议论文，又包括高层次的通讯报告、教科书、学术论著。对于散文、报告文学、传记文学、游记、科学小品、杂文一类边缘两栖文体，因其非虚构性是矛盾的主要方面，所以，实质上不过是文艺性记叙文、文艺性说明文和文艺性议论文，因此，我们把它统归入狭义文章。

中国文章学内容丰富，在两千多年的历史发展过程中体现了中华民族鲜明的文化传统和东方美学特征，与古代绚丽多彩的文学创作紧密联系，承载着我们的历史和哲学，作为民族文化的一个组成部分，哺育着一代又一代的中华学子。

高考文言文试题所选文章皆古代散文，其试题以客观题的形式出现，那些有关虚词、实词、句式的试题可以说是活剥了许多文质优美的古代散文。在指挥棒下，教学古代散文就有了程式，课堂上大量时间放在字词句的"疏通"上，大讲通假、活用、倒装、省略等，然后是分段，归纳段意和中心，点明写作特点，完成课后练习，补充语法方面的练习。充满人文灵性的古代散文便被程式化的锈钝的屠刀肢解成了没有生命的条条块块。渐渐地，学生对文言散文充满了恐惧。

我们的作文教学，历来是语文教学中的热点和难点。作文指导的书文铺天盖地，令人望而生畏。教材中的指导和参考性的题目，多从文艺理论的角度加以表达，初中和高中各自的目的不明确，各自的层次无分野，训练的序列很模糊，同层次和同类型多次重复，没有合理的维度，正如企图把象棋和围棋用同一标准衡量一样，没有可操作性——教师不好教，学生不好学。教师们在高考评卷的时候，对雷同卷，对八股文，对矫揉造作的假话、空话、大话，对文不对题的"优美"的"迁移"等深恶而痛疾之；临考指导时又不放心地、语重心长地让学生准备甚至替学生准备许多类型的开头、结尾和衔接，教学生如何将事先备存的"万应灵丹""活用"于任何材料或题目，教学生如何将题目或材料入我彀中，并反复训练之。凭良心说，恐怕多数教师也不愿自陷于这种哭笑不得的悖论之中，但又无可奈何。

本课题以高中学生为研究对象，试图通过占高中教材特别是新教材近半分量的古代散文的教学，学习古人道德文章，提高学生的"思想认识、道德修养、文化品位和审美情趣"（新修订的《全日制普通高级中学语文教学大纲》）。并在古代散文教学中贯穿文章学的知识，就古代散文学今天作文，不必舍文质皆有可依的课文，而只求又玄乎又吓人的教参学参，使学生写作文既有可操作性又有不拘古法的创意性。因为阅读对象是古代散文，故而阅读教学我们用狭义的文章学概念，因为要使不同维度的学生都能尽情发挥，故而作文教学我们用广义的文章学概念。善和美是我们高扬的旗帜，师不言而生自喻，而在时下的社会风尚里最难的是求真，可操作性不是目的，而是教学生作文的门道，入门之后，则教学生摆脱任何模式，张扬个性和灵气，效古哲之求善求美求真，使学生在学完高一课程时就能达到新大纲"45分钟能写600字左右的文章""力求创意"的要求。

研究方式

有意识地将古代散文阅读教学与文章章法结构，与文章写作的"意悬律""言接律""得体律"，与文章写作的多种思维能力和创造能力的培养，与文章审美的认识美的形态、激发美的情感、阐发美的哲理、指点美的法则、促进美的创造等等结合起来，在古代散文与文章学之间架起一座桥梁。

每个单元布置学生有意识地用学习单元各课文中体现出来的一两个文章写作方法写一篇作文。

完成各单元的教学任务时，各拿一个课时的时间让学生讨论、总结该单元的学习情况，重点放在对古代散文的独特感悟和作文中运用文章学原理这两个方面。

结题时间

2001 年 6 月

成果体现

一、课题总结报告或专题研究论文，条件许可则搞一个专辑。

二、学生单元讨论的发言提纲或对课题评价的文章。

三、代表性的学生作文。

2. 让学生乐学古代散文

——高中古代散文与现代文章学契合（二）

新教材高中第一册的三个文言文单元的选文，全是古代散文，占全册教材的一半，分量很重。然而，因为时代的距离，语言习惯的差异，试题对古代散文的肢解及长期以来串讲分析式在教学中的统治等原因，历年来学生怕学古代散文。严峻的现实给每一个上新教材的语文教师提出了挑战。如何从以往古代散文教学时那种枯燥的讲解、纯技术的训练、脱离现实生活的简单化、程式化、刻板化的教学方式中解放出来，让学生乐学古代散文呢？带着这个问题，我们参加了"高中古代散文与文章学的契合"的课题研究，按照应永恒老师的设计，结合学校的特点来上这三个古代散文单元。

一、得趣旨　拎要领

兴趣是最好的老师。而兴趣来源于需要，当学生意识到需要学好古代散文时，就会产生兴趣。在将要开始古代散文教学时，我们选了几篇文辞优美、思想深刻的文章读给同学们听，又问同学们在本册课本的现代文中最喜欢哪一篇，总结得出学生们喜欢的文章其作者都有深厚的古典文学修养，由此让学生意识到学好古代散文对写好文章的巨大作用。在同学们有点迫不及待地要开始学习时，我们因势利导，让同学们准备一个本子，积累课内外的优美的语言材料，并要求学生每次作文都至少活用一个刚积累的语言材料。作文评改时，我们特别注意学生们活学活用所学的古代散文的句段，在眉批上给以鼓励，并让作者上讲台读给同学听。

我们在每上一个单元前：先进行单元整体备课，确定每个单元的思想重点和文言实词、虚词、句式、古代文化常识重点。把词句的理解和文章内容理解统一起来，把阅读教学和作文教学统一起来。如第四单元包括自读课在内的四篇课文是先秦历史散文。先秦历史散文内容丰富，形式多样，保存了我国春秋战国时期的大量史料，是我国叙事散文的源头，又具有很高的文学价值。所选的四篇文章比较浅显，还有很强的故事性，本来就能吸引学生。我们又以各篇都有的"劝说"作为线索，提出这样一个问题让学生通读四篇课文：假如伍子胥具有像烛之武、邹忌、触龙等人的劝说技巧，那么勾践还能灭吴吗？请依此思路改《勾践灭吴》为《勾践顺吴》。第五单元是先秦诸子散文，先秦诸子散文是春秋末年到战国时期百家争鸣的产物，内容包括各流派的思想观点和政治主张，对后世文产生深远的影响。我们在教学该单元前提出这样的问题：假如孔子、孟子、荀子、庄子参加美国的总统竞选，各自会有怎样的施政纲领？请你选其中一子，为他写一篇竞选演讲稿。第六单元是秦汉魏晋南北朝散文，该时期乃是我国散文迅速发展的时代，主要标志是纪传体史书《史记》《汉书》等的出现，还有文人创作的大量抒情言志的作品。我们的单元整体统领题是：假如贾谊、司马迁、王羲之、陶渊明齐集于武夷山，面对武夷的山水他们会抒发怎样的情怀，请根据各自的思想、经历，模拟其中一人的语言风格写一篇寄托感情和志趣的文章，可以是议论文、记叙文、状物写景文。这些单元整体设计是按"古代散文与现代文章学的契合"课题的思路进行的，很好地调动了同学们学习古代散文的兴趣和热情。

二、展才华 增自信

学生高一阶段数理化台阶很高，要花大量的时间和精力，文言文又有许多历史文化知识障碍和文字障碍，为了让学生能永久性地保持对文言文学习的兴趣和热情，就必须和学生们一起克服学习过程中的困难，坚定其意志。从语文课堂方面说，我们是通过丰富多样的活动来树立并增强学生的自信的。我们上《触龙说赵太后》时，在学生借助注释很快地扫清文字障碍的基础上，让学生们当堂改编成剧本。经过课外时间的润色和加工，第二天课堂上分别让四个小代表上来表演，我们为每个演员加分，为策划得最好的小组同学加分。到了教《鸿门宴》时，学生的编、导、演及后勤工作等已相当完善，角色多、参与的人也多。我们不必在课堂上通译，学生们自己去查找参考书，对每一个动作和每一个细节都吃得很准，这样的课堂效果比串讲不知要好多少倍。第五单元的论辩性强，单元教学结束后我们即组织辩论会。辩题是：正方——减负要从提高学生自身的素质着手，反方——减负要从发展经济多办大学着手。第六单元的文章多适合于朗诵，在教学中，我们侧重于朗诵指导，单元结束后，我们又组织了一个组与组之间的朗诵擂台赛。为了进一步开拓阅读视野，巩固上述所言的积累笔记的成果，我们又给选文的内容和文采算了分量很重的分值，这样也可以平衡一下朗诵、表演能力比较弱的组的成绩。我们还计划在以后古诗文教学中带学生走出课堂，利用武夷山得天独厚的自然资源和人文资源，增长学生的见识，展示学生的才华。

三、法常变　气常鲜

文武之道，一张一弛。语文教学也是这样，不可能也不必要完全以活动来替代，如果课课都开展活动，学生就会疲于应付，容易产生逆反。课堂教学仍是学生获取知识、形成能力、培养素质的主要渠道。不管教师的教法有多高明，如果没有变化，那最多也只能吸引学生的短期关注。要想让学生始终保持求知的欲望和对古代散文学习的新鲜感，就必须尽可能地变换教法，讲究艺术。教学第五单元仅导入新课这一环节，我们就用了不同的方法。《季氏将伐颛臾》："20 世纪 60 年代的中国物质生活十分贫困，偷窃抢劫现象却不多见；现在物质经济条件比 20 世纪 60 年代强了百倍，偷窃抢劫反而多起来，这是怎么回事？请听听我们孔圣人的见解。"《寡人之于国也》："杨振宁教授的父亲是数学家，完全有可能把儿子培养成数学人才，而他却为儿子请了一个教师，专讲《孟子》。杨振宁教授获得诺贝尔物理学奖后，多次谈到《孟子》对他的影响。《孟子》究竟有怎样的魅力呢？"《劝学》：提前一周布置学生自拟题写谈学习的重要的作文，粗粗批阅后发现学生大多用例证，比如多用初中学过的《伤仲永》

的例子，没什么新意；然后我让学生将自己的作文与《劝学》相对照，想想《劝学》的写法，学生很快就掌握了比喻论证法。《逍遥游》："我们知道庄子是我国古代伟大的哲学家，其哲学思想成为中国文化的一个重要组成部分；在研究庄子的现代学者中，闻一多先生的成就最高，闻一多先生说：'庄子是最真实的诗人……连他的哲学都不是一味地皱眉子、绞脑汁的东西……他的思想本身便是一首绝妙的诗'；在学习《逍遥游》时请思考一个问题——庄子是怎样把哲学和诗结合在一起的；学完《通遥游》之后请写一篇学习体会或评论。"

课堂教学中，还要备学法。古代散文要求背诵的篇章很多，我针对不同课文，教学生一些背诵的方法，如《烛之武退秦师》用线索记诵法，《邹忌讽齐王纳谏》用类比对应记诵法，《季氏将伐颛臾》用推论记诵法，《寡人之于国也》用层次记诵法，《劝学》用提示语记诵法，《兰亭集序》用涵咏记诵法，《归去来兮辞》用问题提领记诵法。总之，教师像厨师，要在色香味上变着法子让学生保持新鲜感，增强食欲，乐于吃下去。

四、乐读写　尝甜头

我们在教学管理方面给学生甜头，给在各种活动中积极参与、表现良好的学生加奖励分，给达到练字、读书摘记、观察笔记、日记作文等各种语文方面要求的学生加奖励分，给在校级、市级、省级报刊发表文章或获奖的学生加奖励分。这些管理机制其实也是激励机制。从学生自身素质提高的角度看，学生尝到了积累的甜头，作文的甜头，思维的甜头，充实的甜头。积累的甜头——我们让学生建立读书摘记，记录优美的词语、句子和语段，甚至优美的短文。我们让学生背诵一定量的古诗词名句，首先要求背诵新大纲附录中"法定"要背的篇目；我们要求学生写观察笔记，材料源于生活，就必须做生活的有心人，深入生活，观察自然风光，体察世态人情，并深入人的内心，记下人、事、物、景的特征。作文的甜头——应永恒老师的课题最重要的特征就是要从古代散文中汲取思想和技法，迁移到作文中去，同学们有了上述的积累，有了对各篇课文深入的了解，作文越写越顺，变原来怕写作文到乐写作文。思维的甜头——

本学期所接触的古代散文作家大多是伟大的思想家、文学家（诗人），他们博大精深的思想和异彩纷呈的表达方代，已不同程度地内化在学生的思维里，学生们也逐渐学会用哲人和诗人的眼光看问题，有了一定的深度和创意。充实的甜头——我们还开具了许多书目，让同学们课外阅读，同学们不仅丰富了知识，提高了能力，而且还感悟了许多人生哲理，古今中外的文学巨匠、思想巨人所提供的丰富营养使他们觉得：这半年来我们"长大了"。

3. 让学生会学古代散文，会写作文

——高中古代散文与现代文章学的契合课题研究报告（三）

　　两省一市试用的全日制普通高级中学教科书（试验本）《语文》，对古典文学的教学单元的选文是这样安排的：第一册的三个单元分别是先秦历史散文，先秦诸子散文和秦汉魏晋南北朝散文；第二册的三个单元分别是唐代散文、宋代散文和明清散文；第三册的三个单元分别是春秋战国至汉魏晋诗歌、唐宋诗词和中国古代散文；第四册的两个单元分别是中国古代小说和中国古代戏曲；第五册的两个单元分别是李白、杜甫专题和《孟子》专题；第六册的两个单元分别是《红楼梦》专题和《史记》专题。这套教材的结构自成体系，从能力培养方面看，高一阶段着重培养阅读浅易文言文的能力，高二阶段着重培养初步欣赏文学作品的能力，高三阶段着重培养研究评析文学作品的能力。因而，我们认为从古代散文的阅读教学来看，从先秦开始一直到明清，高一阶段应该是比较完整的一个系列，高二阶段（只一个单元）和高三阶段（共两个单元）的古代散文已经当作欣赏和专题来安排教学了。既然如此，我们教学时在高一下学期讲古代散文的三个单元之前，就必须有意识有计划地使学生对古代散文的各个时期的发展状态及其特征、分类等有一个比较完整的认识，同时在教学每一篇课文的时候，按"高中古代散文与现代文章学的契合"课题的初衷，找到与学生作文练习的契合点，落实到学生的作文写作实践中去。

让我们先串一串古代散文的发展状态及特征。

中国古代散文可分为三个黄金时代。

古代散文的第一个黄金时代是春秋战国时期，这也是文学散文的孕育期。从殷墟出土的甲骨卜辞中，我们看到的是表意模糊的纪事文字，那是对人类的生存活动和某些变异现象的机械记录，没有掺和记录者的心理和感受。我国第一部散文集《尚书》的出现，预示散文脱掉胎毛，向成熟阶段迈进了一步。其用语生动鲜明，所叙之事复杂跌宕，表现形式丰富多样，《盘庚上》有了议论因素，《秦誓》则有抒情因素。到了春秋末战国初，随着人类比较自觉地探索社会人生、宇宙万物的底蕴，一批政治家、思想家同时也是文学家应运而生。多派哲学家为了积极表达他们对社会人生的理性思考，纷纷著书立说，在文化学术上形成"百花齐放，百家争鸣"的局面。中国散文发展的第一个黄金时期到来了，表现在内容上，剧烈的政治斗争，动荡的社会现实，突飞猛进的经济发展，为散文提供了前所未有的广阔内容。表现在文体上，一是议论文发展极为迅速，从《论语》《老子》的只说"其然"而不说"所以然"的议论，到《墨子》的层层推衍，逻辑严密，概括性强，已进了一大步，发展到《荀子》《韩非子》，则不仅逻辑严密，结构紧凑，而且哲理透辟，文辞华赡，而《庄子》中的《法箧》和《战国策》中的《邹忌讽齐王纳谏》，似乎是杂文的萌芽；二是记叙文有长足的发展，诸子散文大量穿插动人的故事和幽默风趣的寓言，《国语》《战国策》《左传》等历史散文的出现，使记叙散文进了一大步；三是表现手法上，诸子散文议论之宏廓，气势之酣畅，都是空前的。特别是庄子的散文，风格浪漫，想象奇特，结构多变，语汇丰富，既蕴蓄深厚的感情，又有较高的审美情趣，文学性很强。总之，战国时代的散文已趋向成熟，虽然它还与其他文体杂处，成为历史、哲学或宗教的附庸，被称作"历史散文"或"哲学散文"。

古代散文的第二个黄金时代是汉魏晋时代，这是文学散文的兴起期。汉赋虽然不是严格意义上的散文，但在中国文学发展史上却是新出现的一个文学样式：想象丰富，铺陈夸张，描绘细腻，辞藻丰丽，对偶整齐，铿锵上口。汉赋的创作是对先秦理性的思辨的一种发叛，使散文逐渐挣脱哲学、历史、宗教的羁绊而独立门户，由非文学性到纯文学性的转变。当然汉赋在形式方面有明显的缺陷，语言叠床架屋，排比失当，缺乏个性。而被鲁迅称为"史家之绝唱，无韵之离骚"的《史记》则将记叙散文推向一个高峰。司马迁善于通过典型情节和具体场面表现人物，语言洗练，疏疏几笔就勾画出栩栩传神的人物形象和紧张激烈的斗争场面，后代散文革新家常打出《史记》旗帜，对抗顽固的形式主义文学。汉末魏晋散文受诗赋影响，追求形式技巧，文学性增强了。自觉的文学意识产生后，首先临风开放的是抒情文这一枝奇葩。由于文学性的强调，抒情手法得到重视，作者有意识地把主体精神注入文章，通过文章表露个性，抒发感怀。"以情披文""雅好慷慨"。综合起来，抒情文有简洁、随便、清丽的特点，为后世散文家所继承并丰富发展，逐渐地形成狭义散文的一支，即"五四"后所谓抒情美文或艺术美文。魏晋散文园中，还有一枝出墙"红杏"大放异彩，就是山水散文的突起。如郦道元的《水经注》等。魏晋散文在向"吟咏情性"、文辞曼丽方面发展的同时，吸收了当时诗歌上的声韵和对偶技巧，形成了骈体文。这种文体虽然一味追求语言对仗工整，内容空洞无物，到了梁陈时代，占据文坛统治地位，厘清了散文的进一步发展，但其语言的齐整和谐亦有许多可取之处。

古代散文的第三个黄金时代是唐宋时代，这是文学散文的规范独立时期。中唐的韩愈、柳宗元的倡导和实践，终于形成了规模宏大的文学革新运动——古文运动。力主恢复先秦两汉散文的传统，不讲韵律，文字质朴。虽然目的是打倒六朝骈文，但并非简单的废弃，而是扬弃中有吸收，把骈文积累起来的描写方法和形式技巧方面的一些特点运用到自己的创作中来，增加散文的艺术魅力。古文运动把散文题材扩大到社会生活领域，一改先秦两汉散文的历史性和思辨性，一改六朝散文的流连山水和咏风弄月。韩愈的《师说》《原毁》《李实》《宫市》把笔触深入到官场的腐朽与上层社会矛盾斗争的领域。古文运动大胆创造新体式。韩愈的"碑志"体散文，写法较多变化。到柳宗元手中的山水游记则"表现自我"，山水木石都打上作者个性的印记。柳宗元在杂文方面打破传统观念，写法上叙议结合，小中见大，笔锋劲峭，切中要害。柳宗元还把寓言发展为具有较强讽刺力的文体。古文运动还进行了语言革新，要求用一种接近口语的语言自由写作，不重藻饰，音调自然，句式长短不拘，音节多寡不一，只要内容需要，可骈可散。宋代散文推尊韩意，在唐人取得成就的基础上有所继承和创新，贡献主要有三。一是明确提出加强散文与现实的联系，欧阳修在韩愈"不平则鸣"说的基础上，提出"穷向后工"理论。苏轼则以文章的"意"代替"道"，突破了卫道传统，把散文内容扩展到一切方面，其随笔涉及的内容极其丰富。二是文风改革，韩愈在文风改革上还不够彻底，自己有崇奇猎异的一面。欧阳修针对这一弱点，变奇诡为平易，变高深为自然。苏轼力主自然畅达的文风。三是抒写情性，各如其面。时文最大的毛病是面目相似，缺乏个性。欧阳修主张创新，表现个性。此时的散文，欧阳修的委婉畅达，苏轼的挥洒自如，王安石的刚动峭刻，苏洵的雄奇奔放，苏辙的疏宕袅娜，曾巩的柔婉和顺，可谓异态纷呈，散文到他们的手中已经十分成熟，达到了古代散文的鼎盛时期。

明代市民经济的发展促使了世俗文艺的发展，在某种程度上，具有一种解放意义。归有光的《项脊轩志》、袁宏道的《满井游记》等都写得风神疏淡，细致动人，虽仍属正统古文范畴，但在内容和写法上有了突破。清代桐城派方苞、姚鼐、刘大櫆以"义法"论文，企图恢复古文正统地位。桐城派文章主要是些应用文字。简洁可读的主要是一些记事小品文和描写山水景物的文章，如方苞的《狱中杂记》《左忠毅公逸事》，姚鼐的《登泰山记》等。龚自珍追求个性解放的散文最动人最出色的当数《病梅馆记》，文中曲折地反映了他对残酷统治的愤慨和要求改革的迫切心情。

我们从上述古代散文的发展状态及特征中找到古代散文与作文的契合点主要有三点。

1. 作文要言之有物。这个"物"可以是事，可以是景，可以是"道"，可以是"性情"，举凡生活中的佚闻、趣事、家事、国事、哲理、风情等，意到笔随，不拘一格。此散文之大要，得此者即得到"发现的眼睛"，"你生活的路上到处都是金子"了。

2. 作文要言之有"文"。形式永远是为内容服务的，绝不可因"文"伤"志"，只要于内容有利，只管大胆地"绮靡""骈丽"。

3. 作文要常写，文字多少则随性，手法随意；时文要常读，在不经意中形成语感。日积月累，底蕴自丰。

再说说古代散文的分类：明代学者徐师曾在《文体明辨·序》中说："夫文章之有体裁，犹宫室之有制度，器皿之有法式。"

阅读写作时掌握体裁知识十分重要。当然如果要用严密的逻辑给中国古代散文的文体进行分类，恐怕不大容易，我们按照教学参考书从便于中学生把握的角度，把辞赋、骈文这种半诗半文的样式也列入，则古代散文文体是不是可以分为史传文、论说文、杂记文、应用文、辞赋骈文五类。

史传文

编年体：按年代顺序叙述发生的历史事件。《左传》《资治通鉴》。

国别体：依照国别来记述各国的史实。《国语》《战国策》。

纪传体：以写人物为中心，通过记录人物言行来记载历史。《晏子春秋》《史记》。

纪事本末体：以事件为主线，按年月顺序叙事。

论说文

哲学散文（诸子散文）：《论语》《老子》《墨子》《荀子》《韩非子》《庄子》。

说：申说事理的文章。有的偏重说理，如《师说》；有的偏重叙事，如《捕蛇者说》；有的在说明中抒情，如《爱莲说》；有的侧重于说明，如《说居庸关》。

论（含史论）：议论事理的文章。如《过秦论》《六国论》。

原：推究事理本原的文章，如《原谤》《原君》等。

杂记文

台阁名胜记：《岳阳楼记》《醉翁亭记》。

山水游记：《游褒禅山记》《石钟山记》《小石潭记》《登泰山记》。

人事杂记：《项脊轩志》《五人墓碑记》《左忠毅公逸事》。

书画杂物记：《观巴黎油画记》《芙蕖》《采草药》。

应用文

奏疏类：有"疏"——古代臣子向皇帝陈述自己意见的文体，如《谏太宗十思疏》。有"表"——有一般奏章的特点，又有陈情、诉说心曲的意思，如《出师表》。有"策"——臣下回答皇帝或选择人才的答案，或臣下给皇帝出谋划策的论文。

碑志类：有纪功碑文、宫室庙宇碑文、墓碑文三种，皆以碑记事。如《柳子厚墓志铭》。还有刻于器物或板上的，或已称功德。或从中鉴戒，如《陋室铭》。

祭文：祭奠者的哀悼文章或祭祀天地山川神灵的祝祷的文章。如《祭妹文》。

赠序：古代当亲友远行、调职、卸任或者遇到其他变故时，常写文章相赠，表示惜别、祝贺、劝勉或勉励。如《送东阳马生序》《送李愿归盘如序》。

半诗半文类

辞赋：汉代将辞和赋，统称为"辞赋"。"辞"因产生于战国楚地，又称"楚辞"。"赋"继承《楚辞》的一些形式上的特点，更多采取了散文的手法。如《阿房宫赋》《秋声赋》。

骈文：全篇以双句（即俪句、偶句）为主，讲究对仗和声律，以四字六字相间定句，又称四六文。如《兰亭集序》《滕王阁序》《与朱元思书》。

语文教材中的文体编排和教学中的操作一般将文体分为记叙文、议论文、说明文、应用文（实用文）四类。对作为文学作品的散文大体可分为记叙性散文、议论性散文（如哲理散、文化散文）、状物抒情散文。这样看来，上述对古代散文的分类大体上可以和现在的分类对应起来：史传文——记叙性散文；论说文——议论性散文；杂记文——状物抒情论文及少量说明文。古代散文的应用文与辞、赋、骈文可按其内容和主要表达方式归入上列三种类别中。

古代散文的文体分类与作文的契合点主要有三点。

1. 作文要得文体。不同文体反映社会生活内容上有所不同：记叙文反映具体而真实的生活，要求材料具体真实；议论文观点和材料都要真实，材料不求具体，求有概括性；说明文和应用文须真实准确，所反映的是知识信息和实际生活中的某种具体的交际需要。

2. 作文要得语体。由于交际领域、交际目的、传递媒介、交际方式的不同，使用的语言材料而形成的言语特点即语体也不同。记叙性语体（文艺语体）本质特征是形象性，因而锤炼词语其美学信息大于词面意义，择句也是灵活生动，构篇上讲究多种艺术手法的综合运用，以描绘形象，抒发感情。议论性语体是宣传鼓动语体，具有强烈的战斗性、严密的逻辑性和浓厚的文学性。说明性语体要准确系统的叙述自然、社会和思维现象，须具生动性、通俗性、趣味性特征，应用语体是处理事务、解决问题、讲求实效的语体，应以实用为准则，具有明确性、简要性、程式性的特征。

3. 作文要注意表达方式。记叙文以写人叙事为主，主要用记叙的表达方式把事实、事件的发展生动地描述出来，写作时要有线索意识，表现主旨有时可以用议论抒情明点，也可暗示。议论文以析事明理为主，主要用议论的表达方式，写作时要认真地经营论点、论据、论证，注意逻辑关系，注意论证的深刻性、新型性和科学性。说明文是说明事物形状、性质、成因、关系、功用的文章，以说明为主要表达方式，写作时要揭示事物的本质特征，掌握基本的说明方法。应用文是机关、单位或个人在工作、生活或学习中处理公私事务的问题，以说明为主要表达方式，具有规范的格式，写作时要抓住说明的事物的本质特征，掌握不同文种的不同的范式规则。

最后说说古代散文与作文的契合点。

高中第二册古代散文教学时，我们把契合点放在观察、配料、选材及各篇古代散文写法的主要特色上，本册各篇古代散文与作文的契合点是立意、构思及各篇古代散文写法的主要特色。为了操作的方便，我们把它列为表格。

古代（散文）课文	立意	构思	写法	作文题（范围）
《谏太宗十思疏》	深刻、高远	逻辑性——层层推出	排比，比喻，骈句，言浅而意深，语平而理深	我看北京申奥
《滕王阁序》	新颖	由景及情——事物线+情感线	语言精美，结构紧凑，巧用典故，想象丰富	龙岩广场武夷山一景
《师说》	新颖深刻	逻辑线——层层深入	平易畅达、骈散结合	说学
《阿房宫赋》	高远	事物线+情感线	充满想象，诗意笔触，排比，夸张，比喻，骈句	龙岩一建筑，武夷一建筑
《六国论》	深刻	逻辑线	视角独特，观念令人耳目一新，推理严密，语言纵横恣肆	议自己所喜欢的一种活动
《游褒禅山记》	深刻、高远	主线：前后洞之游+志力物之辨 副线：深思而慎取	精练严谨，曲折回环，融叙事、观感、哲理于一炉	龙岩天马山游记 武夷山游记（选一个小景点即可）
《伶官传序》	高远	引论——提出论点 本论——证明论点 结论	布局严谨，前后呼应，文笔曲折	从一位历史人物说起
《石钟山记》	深刻	缘起—— 经过—— 感想——	曲折复化，波澜起伏，融议论、叙述、抒情于一炉	新教材《语文》选文之我见

15

续表

古代（散文）课文	立意	构思	写法	作文题（范围）
《项脊轩志》	平中见奇，小中见大	以项脊轩为线写景叙事、抒情蒙太奇	清淡，白描见长，抒情以朴素为本而其弥长	——沧桑 ——轶事
《五人墓碑记》	深刻	一问（独五人之何也）为线	议论慷慨淋漓，语言凝练遒劲，对比，反衬	回忆一个和我有关系的人
《登泰山记》	美	游踪线（时空线）	主次分明，语言简洁流畅，形象丰富	登连城冠豸山记 登武夷山天游峰记
《病梅馆记》	深刻	事物线＋情感线	以物喻人，托物言志	取大自然或人工的一景一物，有所寄托

现在我们以教学《项脊轩志》的情形说明本课题的运作。在教学古代散文前我们先用了两个课时，以高一上学期讲过的古代散文和本学期要讲的古代散文为例，简要而系统地介绍了中国古代散文的发展概况及对古代散文的分类，因而在布置学生预习之后，正式上课前先复习提问《项脊轩志》的归属阶段，文章特征和体裁，归有光的行文风格，使学生了解《项脊轩志》的地位和特色。阅读教学时，我们重点讨论了课文平常见奇，以小见大的立意特征，讨论了以项脊轩为线索写景、叙事、抒情和蒙太奇的构思组材方式，讨论了清淡而以白描见长的语言风格，品味了其朴素中蕴含深情的韵致。阅读教学完成后，我们照例布置一篇作文，"——沧桑"和"——轶事"（空内填写所处空间的词，如老屋、四合院、土楼、竹楼、瓦房等）为题任选一题。从学生交的作文看，这次作文契合点确实抓得不错。比如龙岩市新罗区曹溪中学高一（7）班的邓员元同学的《四合院轶事》的契合点抓得比较多。其立意是平事见奇，以小见大，如"大头哥哥"和"我们"说"武松打虎"的故事，玩"老鹰抓小鸡"的游

戏，输了被罚爬树摘杏子的事。写"大头哥哥"带我们玩得满身都是泥，一块被大人批评的事，都是平常事，小事，"大头哥哥"的憨厚和能干都自然的凸现出来。其构思是以"四合院"为线索，有记叙，有描写，有议论，有抒情，写了三户人家，各抓住了其特色。如电影蒙太奇的手法组合起来。全文感情深切而语言清淡，白描手法也用得十分成功，比如写王奶奶的慈祥和王爷爷的严肃，着墨不多而神形兼备，深得《项脊轩志》之神韵，亦可见《史记》写人的痕迹。文中的"杏树"用得自然不经意，却充满深情。《四合院轶事》确是"契合"的较成功的作文之一。

4. 让学生的作文从古代散文中得益①

——高中古代散文与现代文章学契合（四）

一到高三，家庭、学校、社会，学生、老师、家长、校长、上级领导都把眼睛盯在考分上，这是十分正常的。当学校安排我教 2001 届高三（7）班时，我即找该班班主任了解情况。班主任告诉我，这个班高一、高二时除语文外的其他高考科目平均成绩皆在年段 9 个班级第一，语文学科相对弱一些。我到教务处查了一下成绩，该班与别的班级语文平均分的差距在正常范围内，何况还有一年时间可以转化。依我中学教学二十余年的经验，考试中最容易拉分的是古文题和作文题，我暗自庆幸在华东师范大学培训时与方智范老师商讨最后敲定的"高中古代散文与现代文章学的契合"这个课题可以有用武之地了。但是学生的第一次作文却让我十分害怕：有好些学生作文语言乱、思路乱。静下心来之后，我找了这些学生谈心，叫他们把高二时的作文拿给我看。结果这个学生整个高二写在作文本上的只有两篇作文。我不敢相信这个事实，然而的确如此。加上两三次竞赛作文，充其量一学年只写五篇，太少了！我体谅了学生，

① 应永恒. 让学生的作文从古代散文中得益［J］. 福建教育，2002（2）.

因为高一、高二时活动太多了，但我的负担却很重。方智范老师指导我做这个课题时反复强调中学的课题要实用，于是我又一次思考了自己的课题，坚信按这个课题的初衷踏实地做，一定会有效果的。

一、平时作文，明确规定，必须使用古代散文的一个技法，重在一个"逼"字。

一般说来，高三上学期是要上完五册六册的课文，其中古诗文必上，现代文可以选上。我校历来是先上文言文。最初我要求学生学完一篇古代散文即写一篇作文，学生觉得太紧张，我就改为学两篇古代散文写一篇作文，明确规定每篇作文必须用所学的古代散文的一个技法——"逼"学生将古代散文的表现手法用于作文中，即寻找两者的"契合点"。同时，"逼"学生用尽可能短的时间完成，以适应考试的需要，让学生记自己的作文时间；"逼"学生课外时间将各自的作文在小组间传阅，提意见，说看法，最好写出来。王羲之的《兰亭集序》是在"群贤毕至""流觞曲水"中"逼"出来的，王勃的《滕王阁序》是在"高朋满座""无路请缨"中"逼"出来的，金庸的许多武侠小说也是在报刊连载的处境中"逼"出来的。高三时"逼"学生依法则限时间写作文是必需的，也是有效的。下面以高三的十二篇文言文为序，概括地举一篇学生取法古代散文而写的平时作文为例，说明古代散文与作文写作的"契合"情况。

《促织》（可视为广义的古代散文）。周海进《那双眼睛》：一个孩子玩弹弓时伤了小白鸡，怕父亲责怪，把小白鸡扔在草丛中，数日后小白鸡竟活着回到家中。孩子内疚，剁草给小白鸡吃，小白鸡性急，又被误伤了喙。于是捧着喂饲。伤稍好，自食，抢不过别的鸡，就穿过篱栅拣边食，不料被篱栅外邻家大黄狗叼走。孩子眼看着小白鸡的那双眼睛，无济于事。第二天，邻家杀了大黄狗，送来一碗狗肉，孩子一口也没吃。契合点：1. 以小动物贯穿全文；2. 情节跌宕起伏，结构严谨；3. 心理描写细腻。

《〈黄花岗七十二烈士事略〉序》。曹鑫《吾眼中之应永恒》：以"爱心"为主线，选择若干件事，叙述语文老师的教学风格和慈爱情怀。契合点：1. 叙述、抒情、议论融为一体；2. 骈散结合；3. 仿用文言语体，又能明白如话。

《柳敬亭传》。谢晓华《冷梅》：写"我"与新华书店的一个静静的、冷冷的、没有笑容的服务员的几次接触。契合点：1. 以"冷"为线索贯穿全文；2. 以时间为顺序，写出"我"对"冷梅"态度的变化，脉络分明。

《毛遂自荐》。邱筠姬《误会》：大表姐比较慵懒；小表姐与"我"年龄相仿，小时常一起玩。一次"我"搭的泥屋被小表姐不小心毁坏，"我"却误以为大表姐所为而向外婆告状，外婆打了大表姐，大表姐不作辩解。写本文时大表姐已去香港多年，不知她过得可好。契合点：1. 人物描写简洁而形象鲜明；2. 故事完整，一件事表现一个中心人物和三个其他人物。

《殽之战》。张俊《邻里》：蓉姨和老刘同楼。蓉姨寡居，儿子小六当兵，家中摩托车失窃，查出乃老刘独生子小刘所为。小刘因此坐牢。小刘出狱，小六退伍。一日蓉姨家中污水乱流殃及邻舍，原来是下水道被堵，楼下欧阳老头从清出的堵物中发现端倪，冲上楼去找老刘。老刘敲开小刘的门，见小刘正在作堵下水道之物，遂揍儿子。小六上来劝架被小刘偷袭。老刘一急，心脏病发。小六忙驮其奔医院，于是怨解。契合点：1. 以两家结怨解怨为线，写了三家人的多重矛盾，条理清晰；2. 一波三折，引人入胜；3. 写出众多人物的个性。

《治平篇》。陈丹玲《谈废旧电池的回收处理》："一粒纽扣电池可污染60万升水，等于一个人一生的饮水量，而中国每年要消耗纽扣电池40万只，这些电池在被人用完后，如果没有专门部门的回收利用，将污染多少水资源；而电池中的重要元素，对人体健康也会造成巨大影响：镉、铬、镍、汞、铅、锰"契合点：1. 类推合理；2. 例证充分有力；3. 布局严谨，论证步步深入。

《阿房宫赋》。刘眉《登山赋》："拂晓无人，登山之巅，皴山染雨，冷露凝霜，旭日破云。""似水流年，叹日出云开，喜月满晕洁，醉晚霞朝雾，感春风秋叶。"契合点：1. 多用骈句，句式整齐，声调和谐；2. 引用典故；3. 模拟文言。

《项脊轩志》。陈根辉《老井》：新居的水有漂白粉味，故怀念老屋水井。暑期到老屋见水井，一片荒凉狼藉。回忆奶奶用井水冲蜂蜜给我们解渴，我们用井水冲凉等情景……拔出杂草，找桶打水，一样清澈，一样清甜。契合点：

1. 怀旧题材写得亲切动人；2. 琐事中寄托深深的情；3. 绘影绘声。

《荆轲刺秦王》。蓝琳枫《音乐虫子》："音乐虫子"对音乐执着追求过程中与班主任和家长产生冲突，受到创伤。在心理医生的指导下，家长意识到挫伤孩子个性的错误，尊重孩子的选择。契合点：1. 事件完整；2. "音乐虫子"的脆弱与执着表现得很充分；3. 在尖锐的矛盾冲突中表现人物性格，语言、行动、表情、神态等描写达到一定火候；4. 环境有烘托、展开情节之作用。

《屈原列传》。徐恒烜《我的高二老师》：分别写了高二时的语文老师、物理老师、化学老师、数学老师，抓住各自最富个性特征的事情和细节，人物形象栩栩如生，跃然纸上。契合点：1. 客观描述与主观评议相结合；2. 用评介式、比照式、结论式、转述式等方法；3. 叙中寄托作者的思想感情。

《张衡传》。罗婷《ANDY》：写初中时的前桌男孩"ANDY"名字的由来及嘴从来没停过，班级足球队失利后自告奋勇练球，会写小说写诗等事情。契合点：1. 回忆式，小传式；2. 选材精，突出人物个性特征；3. 语言简朴，有叙述者个性。

《祭妹文》。赖小茜《祭猫文》：回忆小猫阿贡的来历，描绘其可爱的外貌、活泼的动作及和人的亲密关系，叙述其死因。契合点：1. 在叙事描写中寄托着深情，虽非凄切、哀婉，却也真切；2. 琐事寄情；3. 叙议结合。

二、考试作文，养成习惯，强调活用古代散文的各种写法，重在一个"导"字。

高三下学期各种各样的考试比较多，我校是三周一考，因而作文大多只能在考试进行。新课结束后，结合古文的复习，对高中古代散文进行一次梳理，按内容和写法分类，让学生依类记住各篇古代散文特别是比较经典的古代散文的主要内容和写法，以便考试时选取活用。我们的分类如下（举1~4册课文例）。

记叙类（含小说）：写人为主的，较复杂的如《廉颇蔺相如列传》《信陵君窃符救赵》等；记事为主的，如《赤壁之战》《鸿门宴》《送东阳马生序》等。

议论类：按论证方法分：以事实论证为主的如《五蠹》《伶官传序》《过秦

论》等；引言论证较多的如《训俭示康》《问说》等；比喻论证较多的如《劝学》；寓言论证较多的如《察今》；用因果、归纳、演绎等来说理的如《师说》《庄暴见孟子》《论积贮疏》等。

描写类：写景为主的如《与朱元思书》，写物为主的如《芙蕖》，托物言志的如《病梅馆记》。

抒情（直接抒情为主）类：如《与妻书》。

说明类：如《采草药》《雁荡山》。

其他：叙议结合的，如《梅花岭记》《〈指南录〉后序》；化理为事（说理的内容，叙事的形式）的如《邹忌讽齐王纳谏》《〈论语〉两章》；由事推理、即事明理的如《游褒禅山记》《石钟山记》；寓言有《庖丁解牛》；赋有《阿房宫赋》）。

以上分类实际上是引"导"学生在做考试作文时审题可以发散思维，引"导"学生选择自己最容易驾驭的类。引"导"学生不拘泥于以上的类。每次考试作文的讲评都选出"契合"得比较好的作文来分类讲评，在对上一次作文的讲评时，实际上是对下一次作文的"导"。现举我校 2001 年届语文会考作文为例加以说明。

阅读下面这段文字，然后写一篇作文。

站台——一个浓缩了的世界，一个包容亲情、友情、爱情的地方，一个有欢笑、有悲伤的地方。有关站台，有很多可写的，如亲人的别离与重逢，许许多多的事在站台上发生……请以"站台"为内容写一篇文章。

（1）文体除诗歌外不限；

（2）内容不限，具体写作手法和角度可多种多样，如编述故事，发表见解等；

（3）不少于 700 字。

学生作文有综合描写与抒情的，如曹鑫的《爱，就在这里》，就用了《芙蕖》的结构和手法，又综合了《阿房宫赋》等作文的手法；有的综合了议论与抒情，如林晓敏的《真情》用了《训俭示康》的引用手法又能以抒情为主；有的说理与描写抒情结合，如谢聪颖的《起点、转折点和终点》，题目就带着哲理，其条理和描写抒情又能在《与朱元思书》中找到契合点。

纯说理和纯说明的文章，由于学生的习惯和题目所适应的范围之限，不大好写，但仍是可以写的。寓言体和赋体也可以写，只是考试时间有限，学生不宜花太多时间去构思自己把握不大的文体。学生写得最多的当属记叙类——写人写事，或真实或虚构。现选8篇记叙类文将其内容概括如下。

谢平《归来》。早晨，站台静态画面中有一拄着拐杖老太太。时间倒转50年，也在这个站台一对新婚夫妇离别。火车声响，回到现实，回到离别后的50年，回到海峡两岸的交流，有了"他"的消息。火车声响，站台上两个白发苍苍的老人靠近，靠近……

章文浩《母女情深》。站台上，一个妇女抱着婴儿像在寻找什么。风里传来婴儿的哭声。下雨了，婴儿仍无人认领，围着的人越来越多，责骂弃婴的母亲。前面介绍的那个妇女扒开人群冲了进来，抱过工作人员手中的婴儿："我再也不会抛弃你了，我的女儿！"彩虹出来了，天晴了。

周海进《朋友》。初春的夜晚，小镇的站台，小李等来了老同学小王。小王："跟我走吧，到我的公司里去，比你那'高级教师'强百倍。""不，我不会跟你走……我就是要一辈子待在小镇上教我的书。"小王带着遗憾离开了站台，上了火车。

倪海婴《站台》。车将到站，他头伸出窗外似在寻找什么。原来他是知青，到小镇寻找20余年前的老房东。车停了，他下去了。不久，一个老妇人坐到了他的位置，老妇人很健谈，谈起了二十多年前的故事，人们发现她就是刚才那个知青的老房东。她刚下车，车开了。不久，那个知青找到原来的座位，说是在站台被告知老房东已上车，才又上车来的……

谢斌《可怜站台和列车，载不动，许多愁》。笨重的列车载走了二叔，留下一个女人和一个孩子。二叔是三峡工程的副总工程师，自三峡工程开工已七年未回。这次回来时家里非常热闹，不想第二天就接到工地的电话，要二叔立即赶回去。列车载走了二叔，却载不走无数的思念。

罗婷《感受真情》。有空时，"我"常到家附近的站台看看，因为那儿浓缩了一个世界。几年前，一对白发夫妇送儿子上火车。前几年，还是那对夫妇送独生子上火车，只是儿子胸前挂着"复旦大学"校徽。去年暑假，还是那一家三人。这回是儿子接父母到上海游玩。站台是这山城唯一可以感受真情的地方。

徐恒烜《站台》。华大娘和夏大娘是邻居，都把儿子送向抗美援朝战场。她们到十几里外的县城站台送别。朝鲜战争结束后，华大娘和夏大娘又一起到县城站台接儿子。华大娘的儿子跪到夏大娘面前："夏军为了救我，给炮弹……您就把我当您的亲生儿子吧。"

范凯《站台小事》。大二学生恩华勤工俭学好不容易积钱买了车票要回家过年。站台上传来沙哑的责怪声："鬼孩子，看你贪玩，把车票丢了。怎么回家！看我不打死你！"恩华上前了解到那孩子的妈妈、爷爷、奶奶正等他们父子回去过年呢。列车的轰鸣和孩子的哭声杂在一起，恩华终于上前："我这多了一张车票，本来是给同学的，他没来，就给您吧！"车子开走了，恩华在站台上，提着行李向学校方向走去。

上述8篇文章每一篇都不只是与一篇古代散文、一个技法"契合"，都是运用学过的记叙类古代散文的诸多技法写成。从故事情节方面看，大多能起伏跌宕；从人物形象看，调动多种描写方法，写出了人物丰富的内心世界和个性；从结构层次看，都注意前后联系，脉络分明；从剪裁看，都能够突出中心，详略得宜；从表现技巧看，又常用对比，衬托，以景写情，细节传神，夹叙夹议，虚实相间等手法。

三、高考作文，弘扬个性，自然融合古代散文的人文内涵，重在一个"融"字。

今年6月下旬，一个学生从网上下载了《北京东城区高三综合练习（三）》的作文试题，该题要考生写人与自然、人与社会或人与人关系的文章，画了这样一个图：

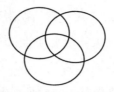

　　我借这个图讲了高考作文应怎样"融"的问题。我将那三个圈加入了这样的内容：一个圈表示生活，包括自然、社会和精神；一个圈表示书本，即以古代散文为主的文与诗；一个圈表示自我，即写文章者的个性灵气；中间那个相交的部分即文章。

　　好的文章就应该是生活、前人精华、自己个性和谐交融的结果。古人论诗时说得好："诗者，志之所之也，在心为志，发言为诗。情动于中而形于言，言之不足故嗟叹之，嗟叹之不足故咏歌之，咏歌之不足，不知手之舞之，足之蹈之。"① 文章也是一样，必"情动"与"发言"融合，而"情动"则须"生活"与"我"融合，"发言"也需有前人的技巧与"自我"的融合，才有美可言。如果不是考场，亦可形之于"嗟叹"，形之于"歌"，形之于"舞"。

　　平时作文及考试作文，我们在强调要取法于古代散文时也在强调"融"。每一篇优秀古代散文都是"融"的典范，课题中"契合"就是一种"融"。平时的作文指导讲评批改时无处不体现"融"：作文与做人，内容与形式，借鉴与创新，共性与个性，发散与收敛，单一的深入与多样的绚丽，横向与纵向，诗与文，骈与散，记叙、议论、抒情、描写、说明，意贯律、言接律、得体律，链形、扇形、比照形、对话形等等。我们在上文所列学生作文中都可以看到这种"融"。此外，我们每课前 5 分钟的古诗词赏析，每周一次的美文赏读，偶尔（因为高三时间有限）进行的语文活动，老师有意无意地讲一些生活中的语文、时事中的语文等等，都是一种"融"。

　　从古代散文中取法，学生作文就内容充实，合理合度；懂得"融合"的道理，学生作文就灵气四溢，异彩纷呈。现录学生黄天文今年高考后默下来让我估分的作文如下。

---

　　① 《毛诗大序》选自中国历代文论精品［M］．长春：时代文艺出版社，1995.

岂能丢了"本"？

人生天地间，诚信是根本。所谓"诚"，就是诚实，真心待人；所谓"信"，就是讲信誉，守信用。两者有相通之处，又略有不同，合二为一，诚信是人在社会中立足的根本。可在生活中，却有不少人为名为利而抛弃诚实信用。如果把金钱、名誉、甚至才华、智慧比作一大片供人纳凉的树荫，那么只有诚信才能胜任"树"这个位置，无树怎么有树荫？只是人们注意着"树"荫，忘了"树"这个根本。

古人崇尚信，君子者"仁义礼智"，只有用"信"来支撑。帮助刘邦平定天下建立汉朝的张良，他如果没有恪守诺言，在黑夜中守候在桥头，等待那位神秘老人的到来，就不能建立日后的功业；年逾古稀的侯嬴，为报答信陵君的知遇之恩，在信陵君窃符救赵成功的时候履行了自己"北向自刭"以谢恩的承诺，成为千古美谈；"壮士一去不复还"的荆轲，在"图穷匕见"之后的惨烈搏斗中，以让秦王"目眩良久"的壮举实现自己的诺言，家喻户晓，流芳百世……回首悠悠历史长河，这样的人和事如繁星般点缀在长河上的夜空。先人们崇尚诚信的言行思想，代代相传，铸就了一个以诚信著称的中华民族。

历史发展到今天，在这个高度文明的社会，人们更加看重，更加明白"诚信"的分量。有了诚信，才能为交往沟通奠定基础；有了诚信，人们才有可能赢得尊敬，赢来财富，赢取一个不断更新着的自我。学生在校学习、生活，诚信是很重要的素质。诚实的学生总能与人和谐相处，赢得老师和同学们的信赖；运动员在赛场竞赛，奥林匹克精神中透出的一股神圣的力量就是诚信，它要求人们去展现真正的自我；北京等五大城市积极申奥，谁都深知弄虚作假只能遭到世人的唾弃，而在这场公平竞争中，2008年奥运会终会属于北京！伟大光荣正确的中国共产党，靠着为人民服务、对人民负责的诚信精神，走过了八十年风雨历程，进行了八十年艰难求索，迎来了八十年辉煌成就……相反，以欺骗舆论、欺瞒民众著称的民进党陈水扁等人，终会在岛内外的愤怒责骂声中落得罪有应得的下场！这些活生生的现实，不都证明了诚信的决定性作用吗？

记住吧，乘凉时，千万别忘了："树"才是"本"！

　　黄天文同学高考尝到了古诗文与作文"契合"的甜头，高考后写了一篇题为《"古为今用"甜头小舐》的文章，讲"契合"的收益。文章说：高考文开头解释"诚信"是学《师说》，用"树木""树荫"的比喻是学《劝学》。其实例子向先人"借"，排比的运用等融入了《训俭示康》《问论》《过秦论》等多篇古代散文的手法。文章内容丰富，语言活泼又是该同学的个性、阅读面、生活阅历与作文特色的融合。

　　当然也有两个反面的例子。一例是前面题目做得不顺，写作文时没有多少审题和布局时间，没有从古代散文及其他美文中取法而写得很混乱的，此例语文是 500 多分。一例是前面题目做得很顺（估分时发现只丢两小题），写作文时一看题目就高兴得冲昏了头脑——刚好 2001 年 13 期《读者》中有一篇文章，就盲目套用，不会"融合"，结果语文总分才 400 多分（我班高考语文唯一的500 分以下者）。

　　所教的龙岩一中高三（7）班高考语文平均成绩列本校理科班第一（615分），比第二名班高 10 分。平时的考试虽然最后两次都能以微略优势名列年度第一，但机读题从没拿过第一。因而可以推断，高考能取得这样喜人的成绩，学生作文的长进是十分重要的因素，而这样的班级在短短的一年内能有如此长进，其功劳当首推在华东师范大学培训时敲定的"高中古代散文与现代文章学契合"这个课题了。

5. 从古代散文中汲取绿色营养[①]

——高中古代散文与现代文章学契合（五·总结）

摘要

鉴于中学语文教坛古代散文教学按部就班及作文教学的无序状态，本课题

---

　　① 应永恒. 从古代散文中汲取绿色营养［J］. 福建教育杂志，2002（1）.

试图在古代散文与文章学之间架起一座桥梁，将古代散文所体现的道德文章与学生的作文做人融合起来，让学生从古代散文里汲取绿色营养，弘扬个性和灵气，学好古代散文，提高写作水平和人文素质。

课题的理论依据主要来自《文心雕龙》等文章学理论及古代文章家的有关读写契合的理论，来自马克思主义关于能动与受动统一的哲学原理。论述时在对所收集的文献资料进行鉴别、整理、比较、分析之后进行了归类，以"契合"为线索，循课题本身的思路，按侧重于"读的作用"，而"读写契合"，而侧重于"写的作用"的顺序依次展开。课题的理论价值主要是验证了奥苏贝尔关于新旧信息联系的"同化理论"，而将其理论放置到从阅读古代散文而获得的"信息"中提取"有关概念"，"迁移"到学生的以作文为中心的"新信息"——能力的过程中去，说明不仅阅读可以"新旧迁移"，阅读和写作也可以"迁移"，不仅"知识"的获得可以"新旧迁移"，能力的培养也可以"迁移"。

本文主要内容的框架是：1. 由语文教学的现状切入，在说明课题依据时由新大纲而文章学理论，而古人的论述，而胡适的"洞见"，然后上升到心理学理论和哲学原理的高度；2. 介绍课题的程序和操作方法，展示了学生学习情况的材料，并进行了简要分析，以证明课题的成果；3. 在说明了六点体会之后归纳本课题的特征——"和"，提出四点操作建议。

课题在省一级达标中学、省二级达标中学和农村中学三个层次学校的新高一和老高三的一些班级的实验中取得了可喜成果。我们认为，本课题在中学语文教学中，特别是新大纲颁布之后是值得推行的，在对原程序改进调整之后，可以扩大运作面积，推广成功经验。

关键词：古代散文 文章学 契合 融合 阅读 写作 "和"

一、缘起和依据

近年来《中学语文教学》等杂志用了不少篇幅讨论文言文教学，百花齐放，异彩纷呈。好的教学方式最重要的特征可以用"融合"二字加以概括：

教与学融合，课内与课外融合，教学与活动融合，阅读与欣赏融合，阅读与作文融合，阅读与口语融合，圈点与吟诵融合，此篇与彼篇融合等。但是，家常课中最普遍、最主要、新大纲新教材推出之后，绝大多数教师仍在使用的还是传统的串讲法。逐字逐句，不慌不忙；从头到尾，无所遗漏；简单易行，稳当放心；何乐而不为？当然功底好的教师用串讲法，学生也能听得有滋有味。而事实上，功底好的教师因为需要时间的打磨和自身的砥砺，本来就十分难得，因而大部分的文言文教学的课堂缺少生气。究其原因，是按部就班，太"有序"了。

作文教学却正好相反，低效的症结主要是太"无序"。旧教材每个单元后的"单元知识训练"中多有作文的"基础知识"和"写作训练"，学生自己看得懂，却不好操作：一是每个学校每个学生的实际不同，那些指导因无法一一具体落实，最终还是纸上谈兵；二是各单元的"写作训练"虽有其自己的序列，但教学实际中，很少有学生或教师去整体把握、瞻前顾后，因而各个单元的"写作知识"就像一块块没有缝合的布片。新教材将"写作、口语交流"与"阅读"分编，作文知识的序列加强了，与课文的联系却削弱了，各作文知识点的联系和渗透还是那么薄弱无力，指导文与作文写作实践还是那样不能很好地叠合。在各类辅教辅学（教参学参）书籍中，最多见的当属"作文辅导"类了，它们各有自己的特色和体系，有的按作文程序编，有的按文体分类编，有的按写作方法编，有的按思维类型编。参考类书一多就杂了，眼花缭乱了。其实如果能吃透一套体系（包括新旧教材的作文体系），用好它，也可以奏效，关键在教师如何把这套作文体系与阅读教材契合，如何与自己学生的作文实际契合。

我们的"高中古代散文与现代文章学契合"课题，在古代散文与文章学之间寻找契合点，这个契合点是以学生的写作能力为主的听说读写能力以及语感、审美思维能力，如图一所示：

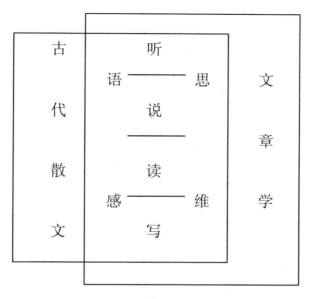

图一

　　这种设计也是符合 2000 年新版的《全日制普遍高级中学语文教学大纲》的。

　　新大纲的"教学目的"部分提出了高中语文教学的一个根本、五大任务、三个基础、四个养成。一个根本：正确理解和运用祖国的语言文字的水平；五大任务：现代文阅读能力，浅易文言文阅读能力，初步的文学鉴赏能力，写作能力，口语交际能力；三个基础：学习方法，自学习惯，发现、探究、解决问题的能力；四个养成：热爱祖国语言文字和中华优秀文化的感情，社会主义思想道德和爱国主义精神，高尚的审美情趣和一定的审美能力，健康的个性和健全的人格。在"教学目的"中，"一个根本"和"五大任务"是主要的，"基础"和"养成"的内容是融入"根本"和"任务"之中实现的。而"五大任务"中的"现代文阅读""文言文阅读"和"文学鉴赏"三者其实就是"读"；"口语交际"又包括了"听"和"说"。因而为简明起见，上表还是取传统说法，表述为"听、说、读、写"。新大纲"教学中应注意的几个问题"特别提出思想品德、思维、创新、语感、审美、活动、兴趣等，其中"审美"包涵于

"读"的能力中,"创新"是一种高级的"思维"形式,而"思想品德""活动""兴趣"不能算作能力,因而只将"思维"和"语感"收入图一中。这个设想还有一个重要依据,是曾祥芹先生主编的《文章学与语文教育》(上海教育出版社,1995年4月第1版)第15页的一句话:"文章思维能力是语文智能的核心",16页的一张表现思维在语文信息传递中的地位和作用的图:

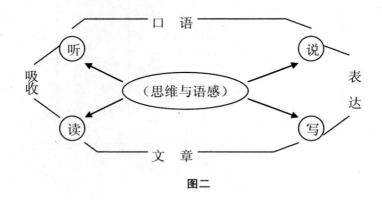

图二

图二中间括号及其内容系笔者所加,因为我们认为,语感和听、说、读、写的关系与思维和听、说、读、写的关系是相同的,思维能力与语感能力与听、说、读、写是水乳交融、你中有我、我中有你。课题操作过程中,表二中的"口语"("听""说")在课堂教学和课外活动中进行,"吸收"("听""读")在平时的课内外阅读和阅读试题中实现,因为"口语"和"吸收"取样的困难和影响因素的复杂,因而在课题的整个运作过程和成果的书面体现时,我们把"契合"点主要放在"表达"与"文章"的公共区域——"写"(即作文)上。据我们的视野及手头的资料看,将文章的阅读与作文契合,作文从阅读的作品中直接取法的实验是有的,但都没有形成体系,大多是偶尔为之;而将古代散文与当今学生的作文契合,让学生作文直接从古代散文中取法,并作为一个体系来运行实验的,恐怕更少。

其实,读写契合,让作文从已成定论的典范文章中汲取绿色营养之说,在前人的文章学理论与实践中并不少见。

　　成书于南朝末年的《文心雕龙》可以说是研究文章理论的古代文章学。关于继承与发展的关系《文心雕龙·序志》中所说的"本乎道，近乎圣，体乎经，酌乎纬"是继承，"变乎《骚》"则是发展和创新了。在《宗经》篇中，刘勰认为，写文章要以"五经"为法式，"五经"的内容和形式是"义既极乎情性，辞亦匠乎文理"，所以"宗经"能"开学养正，昭明有融"，"性灵熔匠，文章奥府"。其实古代散文长廊群星璀璨，岂唯五经；可师可法者，又何止万千；正如李商隐《上崔华州书》中所说："百经万书，异品殊流，又岂能意分出其下哉！"柳宗元就主张为文在"原"儒家之"道"的同时，也要博采其他多种著作之长，其《答韦中立论师道书》中说："参之谷梁氏以厉其气，参之孟荀以畅其支，参之庄、老以肆其端，参之《国语》以博其趣，参之《离骚》以致其幽，参之《太史公》以著其洁，此吾所以旁推交通而以为之文也。"欧阳修《试笔》中亦云："作诗须诵古人诗。不独诗尔，其他文字皆然"。黄庭坚更是用"长袖善舞，多钱善贾"（《论诗作文》）来比喻多学习和涵泳可以将前人的东西自然地转化为自己的创作材料和技能。韩愈更进一步说："……学古道，则欲通其辞。通其辞，本志乎古道者也。"（《题哀辞后》）——读古人书，乃是"志乎古道"了。

　　关于读书与作文的交融，元朝程端礼《程氏家塾读书分年日程》中的几句话说得很好："读书如销铜，聚铜入炉，大鞴扇之，不销不止，极用费力。作文如铸器，铜既销矣，随模铸器，一冶即成；只要识模，全不费力。所谓劳于读书，逸于作文者此也。"而对读书如何活用于作文，求得变化，元朝的郝经《答友人论文法书》中的比喻很有意思："文有大法，无定法，观前人之法而自为之，而自立其法。彼为绮，我为锦；彼为榭，我为观；彼为舟，我为车；则其法不死，文自新而法无旁矣。"

　　至于读书之后多写作文的重要，清代唐彪《读书作文谱》中几句话可以说是切中肯綮："学人只喜多读文章，不喜多写文章；不知多读书藉人之工夫，多做乃切实求己工夫，其益相去远也。……谚云：'读十篇不如做一篇'，盖常做则机关熟，题虽甚难，为之亦易；不常做，则理路生，题虽甚易，为之则难。

沈虹野云：‘文章硬涩由于不熟，不熟由于不多做。’信哉言乎！"在现代的有关语文教学的经典论述中，叶圣陶注重读写结合，而特别重视阅读；与其形成鲜明对比的是胡适，注重读写结合而特别强调写的至关重要。潘新和先生在《穿越世纪的洞见——胡适理想主义语文教育观（二）》①一文写道：

> 胡适认为古人所说的读书三到"眼到、口到、心到"是不够的，须有"四到"：眼到、口到、心到、手到。"手到才有所得。"他说："发表是吸收智识和思想的绝妙方法。吸收进来的智识思想，无论是看书来的，或是听讲来的，都只是模糊零碎，都算不得我们自己的东西。自己必须做一番手脚，或做提要，或做说明，或做讨论，自己重新组织过，申叙过，用自己的语言记述过——那种智识思想方可算你自己的了。"

> 胡适的"写"能促"读"的见解，除了含有须"边读边写"的意思外，也指写作水平的提高，有助于阅读能力的发展。

> 胡适的对"写"的重视，还出于对培养人的思维能力的考虑。他认为，由于一切感想，一切书籍的泛览，一切聪敏的心得，都像天上浮云，江中流水，瞬息之间便成为陈迹。所以，"勤笔"可以"助我思想"。

读写契合，以培养学生"写"的能力为中心，在运作全程中培养学生的语感、思维和审美能力，我们的课题正好可以验证胡适的观点。我们的课题还受到了美国著名的认知教育心理学家奥苏贝尔同化理论的启发。

奥苏贝尔同化理论的核心是，学生能否习得新信息，主要取决于学生认知中已有的有关概念；意义学习是通过新信息与学生认知结构中已有的有关概念相互作用才得以发生的；由于这种相互作用的结果，导致了新旧知识的意义同化。奥苏贝尔认为，凡有利用先前学习来促进后继学习的地方就存在着迁移。在有意义的学习中，新的学习总是建立在原先的学习基础之上，人们总是利用原先的学习来促进后继的学习，而后继的学习又可以巩固和加深原先的学习。这一理论如果用于表述我们课题的主体内容"让学生的作文从古代散文中汲取

---

① 福建师范大学文学院．语文世界［J］．2000，5．

绿色营养"，则可以这样阐述，教学古代散文之后学生获得了已有认知信息，学生作文作为学生认知结构中的新信息，是从已有的古代散文认知信息中的有关概念即我们所说的"契合点"中直接获得的，也就是说，学生作文与古代散文通过"契合点"而相互作用，得到同化和迁移，同时又巩固和加深了对古代散文的学习。

奥苏贝尔的理论和我们的课题，也是符合马克思主义关于人是能动与受动的统一的哲学原理的。马克思主义认为，人是能动性与受动性的统一，人的能动性包含人的自主性、需要、选择力等；人的受动性主要包括人的接受性、外在性和被动性。人的能动性是主体性的表现，人的受动性是人的客体性的表现。能动性表现了人性的积极面，受动性表现了人性的消极面。人永远不可能没有受动性，只是随着人类的进步，能动性水平和程度越来越高，受动性成分逐渐减少。在教学中应充分相信学生，让学生主动学习，同时又有必要的约束和要求。在我们的课题中，让学生充分发扬个性和灵气，同时又广采博收自然内容和社会内容，汲取以古代散文为主的古今中外典范文的思想精华和艺术精华，使学生们的能动性和受动性和谐统一。

二、过程和方法

新大纲规定，选文中古代作品占40％，2000年9月福建省及许多省份开始使用新教材，就使我们的课题有了很好的实用性。由于想更加广泛地了解这个课题的使用价值，刚好又遇到外校有些语文教师愿意参加这个课题，于是在课题运行的第一年就选了不同层次的有代表性的三个实验点：省一级达标学校龙岩一中使用旧教材的高三的一个班，省二级达标学校武夷山一中使用新教材的高一的两个班，未达标的农村中学新罗区曹溪中学使用新教材的高一的两个班。各实验点的专题小结都已完成，具体的操作过程和方法及其可行性都写得很详细，本文不赘。课题运作的整个过程，我们用下面这张计划表加以体现；课题运作的主要方法，我们在计划表后加以阐释。

高中古代散文与现代文章学契合课题计划

表一

教材范围	论文标题	契合点（论文主要内容）		完成时间	备注
		侧重点	涉及点		
开题报告	学道德文章，扬个性灵气	1. 课题的背景：（1）中国古代散文的人文内涵，（2）文章学的丰富内容，（3）应试教育下的古代散文教学和作文教学 2. 课题研究的目的 3. 研究方式、结题时间、成果体现及参考书目		2000 年 8 月	已完成
新教材第一册古代散文三个单元	让学生乐学古代散文，乐写作文	1. 培养学生学古代散文和写作文的兴趣 2. 材料来自生活，内容和写法来自课本	1. 学会观察、积累 2. 口语训练 3. 开展活动	2001 年 2 月	已完成
新教材第二册古代散文三个单元	让学生会学古代散文，会写作文	1. 找准"契合点"，学会迁移 2. 立意 3. 言之有物，言之有文，言之有体	1. 古代散文的发展状态及特征 2. 古代散文和作文的文体分类	2001 年 7 月	已完成
新教材第三册古代散文一个单元	让学生学活古代散文，写活作文	1. 谋篇布局 2. 结构章法 3. 古代散文写景抒情技巧及运用	1. 古典诗词与古代散文 2. 古典诗词与作文 3. 培养语感	2002 年 2 月	
新教材第四册及《读本》的古代散文	让学生写好古代散文，写好作文	1. 驾驭语言 2. 古代散文的各种技法及运用	1. 古典戏剧与古代散文 2. 审美情趣 3. 文化品位	2002 年 7 月	

教材范围	论文标题	契合点（论文主要内容）		完成时间	备注
		侧重点	涉及点		
新教材第五册孟子单元	初步学会专题研究，写出个性	1. 古代散文的论辩（议论）技巧（严密与形象）2. 古代散文的哲理美	1. 思维能力培养 2. 中国古代的人生哲学 3. 研究性学习指导	2003 年 2 月	
新教材第六册司马迁单元	进一步学会专题研究，写出艺术	1. 古代散文的叙事技巧及运用 2. 古代散文的写人技巧及运用	1. 创新能力培养 2. 中国古代原创性美学 3. 古代散文与交际	2003 年 8 月	
旧教材五六册古代散文三个单元高考总复习	作文，从古代散文中得益	1. 平时，在作文中活用古代散文技法 2. 高考作文，融合古代散文技法及人文精神 3. 作文中的个性展现	1. 熟练掌握文言文的字、词、句、篇，常识、语法、修辞等基础知识 2. 掌握古代散文的内容和写法	2001 年 8 月	已完成
研究报告（总结）	从古代散文中汲取绿色营养	1. 课题的缘起和依据 2. 运作的过程和方法 3. 课题的收获和建议		2001 年 9 月初完成，2003 年 9 月修订	

以古代散文阅读与文章学中的写作方面内容的契合为线索，以提高学生写作水平为中心，是我们课题操作的基本思路。在学习每一篇古代散文（包括课

本的、《读本》的、另外选读的）之后，须写一篇作文，作文中须运用至少一个在这篇古代散文中使用的手法，再退一步，作文内容必须与这篇古代散文有关：续写、仿写、改写、读后感、创意文、评论文、赏析文等。借用表现手法的作文在三个实验点的小结中都有实例，特别要提到的是创意文和赏析文。创意文：武夷山一中的"假如伍子胥具有像烛之武、邹忌、触龙等人的劝说技巧，那么勾践还能灭吴吗？请依此思路改《勾践灭吴》为《勾践顺吴》"；"假如孔子、孟子、荀子、庄子参加美国总统的竞选，各自会有怎样的施政纲领？请选其中一位，为他写一篇竞选演讲稿"；"假如贾谊、司马迁、王羲之、陶渊明齐集于武夷山，面对武夷的山水他们会抒发怎样的情怀？请根据各自的思想、经历，摹拟其中一位的语言风格写一篇寄托感情和志趣的文章"。赏析文，如龙岩一中高三（7）班陈慧同学在学完《促织》之后写的《谈变形》（该生原题为"谈'人变物'"）一文，将成名儿子变为蟋蟀与卡夫卡《变形记》中格里高尔变成甲虫、《绿毛水怪》中女孩变成水怪在海底自由自在地生活等联系起来赏析。

　　课题操作中要每个学生都"学一课，作一文"，无论是重点中学还是农村中学，无论是毕业班还是非毕业班，都很难做到。因而一般是一个单元四篇课文每人写两篇，以四人小组为单位交错进行，写完后在小组交流，互写评论，在小组范围内，每篇课文都有作文落实。教师讲评时再从各组中选出较好的，让作者上台宣读，全班同学开展评论，最后由教师小结。笔者所教的龙岩一中高三（7）班作文数量是这样安排的：上学期考试作文6篇，须做作文4篇，自由作文4篇；下学期考试作文8篇，自由作文10余篇——基本上每周一篇（提供多个题目）。作文命题：考试作文按题目要求；平时作文皆让每一个学生自由命题，如遇好的试题则写在黑板上。下学期则多依据新来的试卷的作文题来命题，比如6月中旬，有学生从网上下载"北京东城区高三综合练习（三）"在班上张贴，有21个同学写了该作文并上交老师面评。每次自由作文大约有20多个学生交上作文。由于实验对象范围小，仅一个班（"高四"的一个班意义不大），随机抽样怕没有代表性，就用类型抽样将所收集的三个学生高三上的4篇须做作文和高三下的6篇考试作文成绩列表如下：

表二

	作文话题	上学期作文未命题				压力	站台	胸怀	生活	多彩	丰收
蓝琳枫	作文成绩	90	88	面评	面评	52	32	51	50	49	38
温伟杰	作文话题	同　上				同　上					
	作文成绩	69	65	82	未交	49	29	47	41	50	43
邱　凯	作文话题	同　上				同　上					
	作文成绩	80	82	面评	未交	47	33	丢失	44	48	43

　　蓝琳枫同学系班级团支书，表现好，各科都学得好，很平衡，上学期的自由作文4篇也如数完成，作文水平也高，除了"丰收"一篇因为我鼓励学生平时考试作文大胆涉猎生疏领域以探索创新而试验失败外，多是成功作文（"站台"一篇乃会考作文，总分40分）。蓝琳枫同学作文认真，上学期的4篇须交作文其300字一页篇幅分别是9页、6页、7页。高考语文在机读题丢了三小题的情况下，得732分（各科总分为712分）。蓝琳枫同学在上学期结束时和高考成绩出来之后各写了一篇有关语文的长文。现引前一篇的几句："高三学习课程紧，应老师放开了课文中一些可讲可不讲的内容，每周硬是腾出一节课来给我们讲作文、评作文、读作文。在这里，语文又恢复了它的魅力。"这个类型说明我们的课题在紧张的高三对成绩好的学生的感召力。

　　温伟杰同学，别的学科都比较拔尖，唯独语文较差。前两次作文写得很糟（按实际是不及格的，怕影响其作文的积极性，故判及格）：思路乱、语言乱。作为这个班高一高二时学语文的代表性样品，我对他进行了跟踪。他自己在高考之后写的《语文心得》中说："回想起高一、高二，我的语文成绩糟得不能再糟了，每次考试都是在及格线上下挣扎。那时读书大部分时间花在其他科上，甚至有时即使有时间也不会把它支配给语文。读语文成了一件苦差事……久而久之，我对语文产生了一种冷漠、讨厌、畏惧的心理。"我们找他谈话十多次，使他转变了态度。谈到作文时，他总结了五个方面的内容，其中关于我们的课题是这样说的"这一招可算是应老师独创之作。他把文言文和写作联系起来，起到很好的功效，既能较深入地理解文言文的内容，掌握文言文字词，又能多练，有益于提高写作能力。"温伟杰同学高考语文成绩是 669 分（各科总分为 729 分）。我们的工作，我们的语文课，特别是我们的课题，对温伟杰这种类型学生，也是有效的。

邱凯同学进龙岩一中时是属于各科都不好的学生，从上表的"考试作文"中亦可见其作文的不理想，字也写不好。但是进入高三后，特别是高三下学期，语文学得很认真，常写自由作文。高考语文竟意外地考了 705 分（他各科总分为 621 分）。他高考后主动写的《令人耳目一新的教学方式》一文中说："作文的情况也有很大改变，通过每周一课、一文，我们对作文也不像从前那样惧怕了。"我们课题的可操作性，在像邱凯这样原先是差生的同学身上特别见效。

一年来，作文写得最多而且都留着可以查阅的，要数笔者教的理科补习（1）班的温长寿同学了。除了十余篇考场作文外，还写了 25 篇作文。作为"高四"的学生，他是那个班高考总分最高的学生。这个特殊班，我们也要求复习一篇古代散文，并取其手法写一篇作文，但没有收上来批改，而是在每周一节的作文课上宣读讲评。高考过后，我向温长寿要他这一年作文，我问他为什么写这么多，他说，可以用写作文促进学语文，促进思维品质的培养。

我们再将龙岩一中 2001 届高三各班的一次平时考试和高考的各班平均成绩比较一下：

表三

班级		文科			理科						平均成绩
		1	2	3	4	5	6	7	8	9	
语基考试	成绩	54.15	57	56.53	58.53	57.44	58.71	55.64	53.89	56.16	56.45
	名次	8	4	5	2	3	1	7	9	6	
高考	成绩	601	626	573	585	588	594	615	605	596	文科600理科597
	名次	2	1	3	6	5	4	1	2	3	

表三中"语基考试"是在4月底福州市质检与5月底福建省质检之间进行的以考语基为主的考试。语基84分，语言运用6分，作文60分，共150分。我所教的（7）班名列第七，得分率为66.24%，与第一名差3.07分，与年段平均分差0.81分。此前的阶段考试，我班主观题与作文题得分率已进入年段前列，可见在5月前我班作文已见成效，差距在机读题上。后两个月，在保证作文成绩稳步上升的前提下，重点放在机读题的各个击破上。这样，在高考总复习中，我们课题在作文方面赢得主动的情况下缩小了包围圈。在给学生们做了以上分析之后，学生充满了信心，加上这个班级其他学科名列前茅，就有更多时间投到语文复习中去。高考估分时只要机读题水平能在年段中上游，我们的语文就可以稳稳名列前茅了。高考成绩出来后，我们班语文平均成绩果然名列理科第一，语文这一科由高二时拖后腿科一跃而为超分最多的科。一个数学老师告诉我，其实我们班理应是年段（包文科）第一的，因为文理科的比较最科学的应是与各自的高考总分录取线比较，语文科我们是9个班级中唯一高于自己类别的本科（一）录取线的班级，而且高出10分。

按照课题的计划，在课题进行中我们要拿出一定的时间让学生评议这个课题。平时，我们收集到大多是口头的评议。根据大部分学生的建议，对作文的数量和方式进行了调整，如前所言，由原来一课一文改为一单元一至二文，小组交错做全，须做与自由作文结合，而且并不逼得太死，比如表一中温伟杰同学和邱凯同学都缺一篇须做作文。高考后各大组组长都交了高三阶段语文学习体会文，还有许多同学自觉地写，如邹雷、邱凯、倪海婴等，交上来的体会文有十余篇，有的同学还打算向《闽西日报》投稿。该班学习委员、录取北京大学的林剑锋同学写了篇文章，题为《古为今用》，文章对我们的课题做了专门的小结，引其中三段以为例证。

应永恒老师在高三接手了我们班。同学们成天把自己埋在数理化的练习当中，高一高二两年几乎没什么"光顾"语文，成绩是一塌糊涂，尤其是作文；就本人而言，真正认真写过的作文，两年加起来我还写不到 5 篇，基础可是极差的，应老师正是从作文下手来拯救我们班的。

当时正上文言文的课，应老师自有绝招，第一堂课就向我们灌输了向文言文学习的概念，具体说来就是"一课，一讲，一法，一练"。一课就是一篇文言文；一讲就是一节课文讲评、分析、鉴赏课；一法就是在讲解中发现这篇课文成功的一个方法；一练就是用这个方法练习写一篇作文。刚听到这个提法，自己很是惊讶，没想到除了字词外还能从文言文中学到东西。

高三一年的语文学习获益匪浅，自己的知识体系更加完善了。应老师的教学改革获得极大的成功，同学们的成绩普遍上升，尤其是作文，比起一年前的我们，不知要好多少倍，在高考中也获得了好成绩，像我这样一个平时语文成绩在平均分左右挣扎的人，也达到了七百多分，至少多考了一百分，成绩是显著的。

该班班长、校学生会主席曹鑫同学在电话里很富感情地说："高三一年中你投入的时间、感情和心血是最多的，我们班的语文能取得这么大的成功与你的努力、你的课题分不开。你的教诲，你与我们课内课外的交流，将是我们中学阶段最美好最珍贵的记忆。我代表全班同学再次感谢你！"

三、收获和建议

"高中古代散文与现代文章学契合"课题在三个学校开展的实验取得了较大的成功，从事实验的师生都有很大的收获。

1. 通过古代散文的阅读，积累了丰富的材料，很大程度上解决了作文的储备问题。这一点落实"勤奋"二字。文章之首要，即是言之有物，"物"来自积累。积累的途径一是体验生活，一是阅读文本。阅读的积累不受时空限制，因而来得广泛、便捷而且省时。阅读古代散文可以积累事料，单看新教材第一册第一个古代散文单元就有丰富的内容。千钧一发之际，郑臣烛之武凭三寸不烂之舌化敌为友，智解国危；奇耻大辱当前，越王勾践励精图治，富国强兵，灭吴雪恨；王听闭塞之时，相国邹忌巧喻进谏，妙语服王，使"皆朝于齐"；强谏遭拒，国难当头，老臣触龙由己及彼，由近及远，为计深远。阅读古代散文可以积累思想，古哲睿语，凡人警句，历经时间的磨洗，仍然光彩熠熠。仅拾取新教材第一册第二个古代散文单元就有太多深邃的内涵。孔子："不患寡而患不均，不患贫而患不安。"孟子："王无罪岁，斯天下之民至焉。"荀子："青，取之于蓝，而青于蓝。"庄子："至人无己，神人无功，圣人无名。"阅读古代散文可以积累语言，古语精练、生动而富有表现力。单新教材第一册第三个古代散文单元就可采撷太多的语言花朵。《过秦论》："有席卷天下，包举宇内，囊括四海之意，并吞八荒之心。"《鸿门宴》："哙遂入，披帷西向立，目视项王，头发上指，目眦尽裂。"《兰亭集序》："此地有崇山峻岭，茂林修竹，又有清流激湍，映带左右。"《归去来兮辞》："云无心以出岫，鸟倦飞而知还。景翳翳以将入，抚孤松而盘桓。"积累多，库藏充实，作文时必能文思如涌。

2. 古代散文可以作为作文练习的依托，使作文天高地阔。这一点落实"创意"二字。依托古代散文可进行评写（含读后感、评论文、赏析文等）、创写、改写、仿写、续写（含扩写、补写）、猜写、背写等作文训练。现举新教材第二册十二篇古代散文读写契合为例。评写：读完《项脊轩志》《病梅馆记》《六国论》可以写读后感、评论文、赏析文。创写：假如魏征、杜牧、苏洵、欧阳修齐集于圆明园，面对圆明园的废墟，各会做怎样的评说？改写：将《伶官传序》的史实改为电视剧本（"戏说"亦可）。仿写：仿《师说》作《说学》——重点仿思路，仿《滕王阁序》、《阿房宫赋》作《武夷山赋》《冠豸山赋》——重点仿骈句的形式。续写：将《谏太宗十思疏》扩为《谏太宗二十思疏》。猜写：

读《石钟山记》《游褒禅山记》的前面记游部分内容，猜写后面的议论。背写，选一篇课文，如《滕王阁序》《登泰山记》，先粗读一遍，再精读一遍，试着背下来，默写下来，对照原文，找出失误，富兰克林常用这种方法学习写作。

3. 阅读古代散文，学其写作技巧，活学活用，一课至少一得，集腋成裘，这一点落实"扎实"二字。通常上一篇课文都要讲"写作特色"，多了学生记不住，失去兴趣。将每篇古代散文的一个特色技巧用于自己的作文，对阅读对写作都有好处。选入教材的古代散文，每一篇都告诉我们作文的门径，都是我们取法的碑帖。这里所说的写作技巧，不仅是选材、立意、布局，开头、结局、衔接、照应，写人、叙事、写景、状物、抒情以及语言上各种修辞的运用方面的显性技巧，还有观察、分析、选角、虚实、张弛、形神等隐性技巧。阅读教学时瞻前顾后，复习时前后对比、课内课外结合、古文与现代文结合，或按文体，或按手法，或按题材，或按风格，分类认识，指导学生在作文中打通关节、灵活运用。

4. 文章可以传递信息、沟通人类社会的联系。交际是一种艺术，这里落实"艺术"二字。"阅读"运用的是整合思维，是接收、压缩、整理信息的过程；"写作"运用的是发散思维，是整理、扩张、输出信息的过程。古人将作文提到"经国""济世""载道"等社会功用的高度来认识，虽有偏颇，却也道出了文章的交际功能。从古代散文的内容和作者选择的方法上，我们知道，交际要"修辞立其诚"——真诚与真切，要目中有读者——老师、同学、家长和其他读者，要有正确的态度——文章内容有感情投入和技法使用。在教学中还要变文章交际为口语交际，营造民主和谐、生动活泼的氛围，充分发扬民主，让学生畅所欲言，鼓励性格内向的学生走上讲台多读自己的文章，多评同学的文章，唤醒自我意识，培养自主精神。通过对古代散文内容的讨论，对同学作文的讨论，收获的不仅是交际能力和自我意识，还时常能挖掘学生创造的潜能。

5. 古代文人常常用心灵与自然对话。阅读古代散文，向自然倾诉自己的心声，用心灵抚摸自然，也就能写出文采斐然的作文。这里讲究的是"超逸"二字。心灵与自然的交流是通过想象的途径完成的。心灵与自然的"契合点""对话点"是"美"。楼昔勇先生《美学导论》(华东师范大学出版社 1996 年 10 月第 1 版)中说"客观世界中的事物是多姿多彩的,不论是电闪雷鸣、和风细雨、黄昏晚霞、碧野田畴、崇山峻岭等,它们都有各种不同的力的结构,诸如刚劲的力、挺拔的力、柔和的力、坚韧的力、狂暴的力、恢宏的力、纤巧的力、平稳的力等等,它们都可以与人的心理世界所出现的各种力的结构发生同构反应,这也就决定了美感形态的多样性。"当我们埋头于数、理、化、英的题海中,穿梭于钢筋水泥的建筑间的时候,不妨读一篇古代散文,吟一首古诗古词,学古人把目光投向花草虫鱼,投向春雨秋风,投向江河山岭,投向日月星辰,尝试着体验自然,向自然倾诉自我,感悟与自然的"异质同构",一定会获得灵感,生命体味和哲理的启迪,便会自然而然地从笔端流淌出来。

6. 运用辩证唯物主义和历史唯物主义思想,从古代散文中吸收精神营养,在作文过程中提高自我修养,也是我们这个课题得天独厚的优势。这体现在"高洁"二字上。孟子说:"我知言,我善养吾浩然之气"。(《孟子·公孙丑·上》)要"知言"先须"养气"。"浩然之气"蕴涵着道德修养、独立不倚的自由精神、正大崇高而又温厚宽博的人格力量。"养气"说对中国文学产生巨大影响。朱熹甚至认为,"古之君子,德足以求其志,必出于高明纯一之地,其于诗固不学而能之。"(《答杨采卿》)可见"养气"对作诗作文影响之大。古人最讲做人与作文的统一。当今社会,作文不仅是生存的需要,也是审美与发展的需要。作文是作者知、情、意、行等在生命内涵的统一,作文与做人在语言符号上也要统一,既从做人中生成作文,又把作文当作一种特殊的做人实践,以作文促做人。我们严格要求学生作文不得抄袭,不得套题,要求在作文中说真话、做真人。人品高才会作品高,写作能力低下、文思枯涩、作文内容贫瘠、笔法单一等情况常常是心灵空虚、心理素质不高等原因造成的。通过阅读古今中外的优秀作品,涵养性灵,提高心理素质,构建良好的心理结构,形成较深刻的洞察力、较敏锐的感知力和较强的审美力,从而使我们的作文神采飞扬、感情充沛、形象鲜活、文笔灵动。借古代散文之石,琢我心灵之玉,琢我作文之玉。

综上所述,"契合"也好,"融合"也好,"交融"也好,所表述的内涵可以用一个字来概括，那就是中国古代哲学中的"和"。早在春秋时期，就有"和"的讨论。晏婴以烹饪和音乐为例说明"和"的含义。史伯说："以他平他谓之和，故能事长而物归之。"（《国强·郑语》）《老子》说："乾道变化，各正性命，保合太和，乃'利贞'。"《中庸》说："致中和，天地位焉，万物育焉。"古人以"和"解释宇宙万物的本质及其形式，表述人道追求的最高目标，说明处事待人的原则和方法。因而，对这个课题的运作我们有几点建议。第一，"和"是一种至高的境界，我们对学生作文的要求不能太高。新教材古代散文按历史顺序编次，对高中新生本身就有很大难度；对孔子、孟子、荀子、庄子等的思想了解在作文中有一鳞半爪的体现就可以了；到高三时的孟子专题能做到自成体系自圆其说就不容易了。第二，"契合点"，直接从古代散文中移植的写作技巧，在初始阶段应该要求严一点，抠得紧一点，选"点"少一点。在课题展开过程中可以逐渐地多选"契合点"，放宽选"点"的范围，慢慢地不必太"实"地纠缠于太具体的技巧上。然后，再逐渐地学会"融"多种技巧于一文，逐渐地形成自己的作文个性。第三，绝不可仅囿于课题中的"古代散文"和"现代文章学"的范围内。学习对象可以由"古代散文"扩展到古今中外的优秀诗文，凭借依据可以由"现代文章学"扩展到古代文章学、外国文章学、语言学、文学、美学、哲学，作文可以由"文章"而散文、小说、剧本、诗歌、对联、广告、演讲稿、辩论辞等。第四，重实用、重实效、重过程、重对学生的成长和成才的作用。

主要参考文献：

[1] 曾祥芹主编．文章学与语文教育［M］．上海：上海教育出版社，1995.

[2] 张少康主编．中国历代文论精品［M］．吉林：时代文艺出版社，1995.

[3] 楼昔勇著．美学导论［M］．上海：华东师范大学出版社，1996.

[4] 毛礼锐，瞿菊农，邵鹤亭编．中国古代教育史［M］．（第2版）．北

京：人民教育出版社，1983。

　　［5］田本娜主编．外国教育思想史［M］．北京：人民教育出版社，1994.

　　［6］叶浩生主编．心理学理论精粹［M］．福建：福建教育出版社，2000.

　　［7］周伟选译．传统写作论选译［M］．河南：文心出版社，1989.

　　［8］钱逊著．中国古代人生哲学［M］．北京：清华大学出版社，1998.

　　［10］啸马，游友基著．文章原理初探［M］．福建：福建人民教育出版社，1980.

　　［11］潘新和著．穿越世纪的洞见——胡适理想主义语文教育观［M］．《语文世界》，2000年第4期、第5期，福建师范大学文学院主办，孙绍振主编。

　　［12］孙移山著．人人都能妙笔生花［M］．山东：山东教育出版社，1998.

第二章

课题成果《学古文　写作文》序跋

1.《学古文　写作文》序一

方智范①

近几年，为基础教育课程改革的事忙忙碌碌，手头上总有做不完的事。当接到应永恒同志的电话，看到他从网上传过来的书稿时，即放下手中的工作，认真地阅读了他的书稿。许多关于这个课题的往事浮现眼前。

在首期骨干教师国家级培训的 40 名学员中，选我负责的古典文学课题的只有两位，其中一位就是福建龙岩来的应永恒同志。应永恒同志的选择最初是被动的，实际上是不由他选的——福建学员在 6 门必修课中选剩的古典文学最后由最年长的他接受。我在为古典文学的门庭冷落悲哀的同时，也对应永恒同志产生了敬意和担忧，敬的是他能从福建的全局出发，让其他同学先选；忧的是这种被动的选择会不会影响课题的质量。在确定具体题目时，颇费了一番周折。他告诉我，福建省龙岩一中是一所全面发展的学校，福建中学的一面旗帜，领导能让教高三的他出来学习，他的担子很重，也就是课题一定要对学校有利，对教学有益，对学生有补。记得当时他是先选庄子，又因为庄子在中学课本中

---

① 华东师范大学中文系教授、博士生导师，国家语文课程标准研制组核心成员

46

选文少而改选司马迁，最后又觉得司马迁范围还太小，想选古典文学之类的。我问他自己比较擅长哪块内容的教学，他好像说是作文、古诗词和小说。于是我建议能不能在古文（文言文）与作文方面考虑找一个结合点。到了要上交课题选题的最后时间，他终于把课题定为《高中古代散文与现代文章学的契合》。看了他的计划和简要论证，我也同意了。不过心里总担心：这么大的课题，这么多理论含量的课题，在一年的时间里，而且，回去以后教学任务又重的情况下他能做好吗？

一年来几次跟踪，几次书信来往，几次电话交流，我都一直带着这个担忧，一再强调切口不要大，契合点要找准，要有理性概括，要有可操作性，要能指导现实教学。应永恒同志做得很扎实，一年后寄给我的是一份总结性论文、几份阶段报告和一大堆学生作文、学生学文言文体会的文章。我看了十分惊叹和佩服。负责答辩的教授也向我反馈说：应永恒同志的课题做得很认真，完全按照华东师大的课题规范去做，有一定的理论性、很强的可操作性和可推广性，对高考的指导又有立竿见影的效果，十分难得的好课题啊！我觉得很欣慰。过了一段时间，他又打电话告诉我，《福建教育》杂志社准备全部刊登课题成果，又寄了一份《滕王阁序》教案来，说这是在差生班为龙岩学院首届本科生上的示范课实录。我从这个案例中看到了这个课题的旺盛的生命力，看到这么难的课文在基础较差的班级能上得如此轻松和成功，便欣然命笔，为这个成果写了一个评点。

结题后的三年，应永恒同志仍一步一个脚印地实践这个课题，积累了大量的第一手材料，并又一次地取得高考的好成绩。

翻阅完应永恒同志的书稿，谈一谈我的印象：这个课题在变成这本书的时候，已经将那些理论性很强的东西拿掉了，为了进一步减轻高中学生及社会读者的经济负担，又将成语、修饰、常识等内容拿掉。书是以与中学生对话的口吻写的，相信高中学生阅读后会有较大收效的。读写契合的文章我是看到过的，但从古文中找契合点加以模拟和创新的文章就少见了，而能够把古文与作文的契合贯穿整个高中阶段，做成一个系统，就没见过了。这是不是可以认为是一个创新呢？对古文的字词、内容、写法，包括原文作者风格等的把握都比较到位，比较简明易学。读写契合点也准确明朗。所选的习作既能明显地看到学习与仿写的痕迹，又能不拘于古文而根据实际需要加以中和，既是优秀作文，又是常态作文，使人感到亲切可信，不像充斥于各书店的"优秀作文"那样令人怀疑其真实性。

古文和作文既是教的难点，也是学的难点。这个课题较好地解决了这个难题，为高中古文和作文的教与学提供了一种思路。

对于中学生来说这本书最有价值的地方是：既能学好古文，又能写好作文；既能学习作文，又能学习做人；既能应对高考，又能提高素养；关键还在于不要花太多时间就能收到最好效果。

思前想后，写给高中生看的书，主要为高考写的书，也只能这样写了。

前年龙岩请我去做了一次课程改革的报告，从那边教育部门的领导和同行的话语中，得知应永恒同志在闽西语文界还是有一定声望的。他为闽西许多偏远地区的学生开高考讲座，开作文讲座，开初中课改示范课；每次上课和讲座都是自己的东西，又能做到同一话题不重复自己；他很敬业。听到这些，作为他的老师，我很高兴。他到我下榻的闽西宾馆见我时，从他的眉宇间我看出了一丝疲倦。他是个忙碌而热心的人，他是个劳累而不忘学习的人，他是个勤于积累的人，他是个乐于创新的人。愿他能有更多的佳作面世，愿他在课改前行的路上能沐浴更多的阳光，取得更多的成功。

2.《学古文　写作文》序二

何　强

结识应老师是在 1998 年。那时我刚调到海峡文艺出版社不久，社里让我主编一套面向小学、初中、高中学生的语文杂志，应老师是编委之一，他所在的龙岩一中是我们的协办学校之一。后来，应老师在我们的杂志上发表了有关高考总复习策略、阅读技巧、句子仿写技巧、作文指导等方面的文章，其中一篇的标题至今还记得："不管是西北风还是东南风都是我的歌"。那时，在我的印象中，应老师是指导语文高考的高手，是个务实的教师。

后来，在《福建教育》杂志社看到了应老师有关"高中古代散文与现代文章学的契合"课题的一组文章、《滕王阁序》的教学案例以及学生写他课堂教学的文章，我又觉得应老师是一个有一定的理论根基、有自己的教育理想的教师。

2002 年 6 月我和省普教室的江敬润老师一起到重庆参加"全国语文学习素质与人的发展研究 2002 年学术研讨会"。在小组讨论中，应老师的课题引起了福建同仁的兴趣，江老师推荐他在大会上代表福建向全国同行详细介绍课题的缘起、依据、过程、方法、收获、体会等情况，引起了很大反响。今天，当我拜读了用"高中古代散文与现代文章学的契合"课题精华写成的《学古文写作文》这本书的初稿时，我深深地感到应老师是一个有很高的语文学养，有一颗火热的心，为学生的发展而不断地探索追求的教师。

学生的高考成绩是对应老师工作的最好回报。其实 2004 届他的班级语文平均分 109 分多不仅是龙岩市第一，据我所知也是全省第一。福建省高考评卷基本上是不打满分作文的，今年却打破了多年来福建省没有满分作文的惯例，评出了两个满分作文。各媒体传的 11 篇作文和 1 首诗，其实是 56 分以上的"优卷"。对外公布的 12 份优卷中其实只有一篇满分作文，那就是应老师的学生也是他的爱女的《任是"无情"也动人》。据今年高考评卷负责人透露，这也是唯一在电脑评卷状态下两个评卷老师都打 60 分，中心组组长席扬教授等专家也一致认为应得 60 分的作文。媒体所说 8 篇或 12 篇满分卷都是不了解实情的炒作。另一份满分作文，一个老师评 42 分，一个老师评 60 分，悬殊 10 分以上，电脑就自动交给第三个老师评，三评为 51 分，送交中心组，中心组有争议之后还是决定给一个满分，同时决定：这份有争议的满分作文不打印，不外传。也就是说《任是"无情"也动人》才是唯一的、公开的、向外公布的满分作文。应老师并未将这个满分作文收入书中，在这里请允许我将这篇作文引用如下。

任是"无情"也动人

高2004届（12）班　应琼扬

那一回，抽花名签，她，抽到了牡丹，下边一句唐诗：任是无情也动人。

她，艳冠群芳。她文墨不输黛玉，相貌可比可卿，才能不输凤姐，女工可比袭人。她饱读诗书，严守礼仪，不失大家风范，可说是世间罕见之奇女子。身居大观园，在众姐妹之间可算佼佼者。袭人说，宝姑娘原配牡丹花。此言得之。牡丹，乃群芳之首，宝钗当之无愧。

她，安静，沉着，活活一位冷美人。有人说，沉默是一种境界。宝钗正是这样的人，把眼光放在高处，在沉默中冶炼性情。她从不多管闲事，她处事隐忍，不拘小节。然而，这并不同于黛玉的孤傲，宝钗有的，是内心的平和与安宁。这样，她学会了冷眼旁观，适时展现，赢得了贾府上下的一致好评。于是，我要说，这位冷美人冷得精彩！正应了古书上一句话：宠辱不惊，闲看庭前花开花落；去留无意，漫随天外云卷云舒。她的"冷"，造就了她的平和，她的高人一等的安宁。

她，还是"无情"的。然而有一首诗中说：并不只有火才会欢笑/才会释放热能/有的冰/比火更热情/只是一般人/识不透她表面的寒冷。这正是宝钗。她也有少女的娇羞与热情。她的真情，并不比黛玉弱，只是她把真情放在了内心深处。她不是所谓的第三者，她有属于自己的爱情。她是爱宝玉的，尽管，宝玉最终选择黛玉为其灵魂伴侣。而她，依然不悔，也不求改变些什么。然而，她深藏的如海洋般浩瀚的情感，又有多少人了解呢？真是"恨君不似江楼月，南北西东，南北西东……"再看她自己写出的心情：不语婷婷日又昏。透过宣纸，透过笔尖，蕴藏着多少绵绵不绝的情思。

她，有着对生命的承诺：好风凭借力，送我上青云。这是我们看到的宝钗，勇敢，自信，不屈。这一切都从她的一弯浅笑，一个眼神中流露出来。诗人聂鲁达写过一句话：当华美的叶片落尽，生命的脉络才历历可见。当某一天，亲眼见到一棵落尽了叶，只剩一树枝干的树时，我想到了宝钗。她的生命就像这满树的枝干，清晰，坚强，勇敢。

后来，命运对她背过身去，宝玉出家了。但她面对这一切，没有怨言，她用她小小的身体，用她坚强的生命包容了这一切。

她是"无情"的，因为她有她的执着与坚定。这一切是世界上最最动人的"无情"！

作者以一腔深情和爱怜，以满纸细腻与柔曼，打动读者，感动读者。文章从抽花名签得到的一句唐诗写起，看似平淡，实则匠心独运；引出唐诗，点明标题，引领全文，确定叙事抒情方向，突现全文主旨，真可谓一石三鸟。接着文章从才貌"艳冠群芳""冷得精彩""无情"中"深藏着海洋般浩瀚的情感""清晰、坚强、勇敢""包容"五个方面刻画了宝钗这位"冷美人"那种冷得活脱、冷得平和、冷得热情的"动人"形象。结尾又简洁地照应开头，收束全文，突出主题，各部分形成一个有机整体，结构严谨而不露斧凿痕迹。全文紧扣"无情"与"动人"这条线索，恰当地旁征博引，自然地抒情议论，自如地使用修辞，随意地驱遣语言，如泣如诉，如诗如歌，文采盎然，才气横溢。可见作者丰富的知识积累和深厚的古典文学根基，也可见语文课堂有素的训练和家庭潜移默化的影响。读了应老师这本书，一切都明白了。

这本书为高中生学好古文、写好作文指出了一条捷径。而学好古文、写好作文不仅有益于高考，更能作用于人生的美丽与精神的充实。

3.《学古文　写作文》再版序

何强

古文的教学，历来是语文教学的重难点。古文是否要在中学语文教学中存在，一度成为问题。近年来，有许多语文教育专家呼吁，高考语文的改革，最终应体现在高考语文考题的表现形式是：一道古文翻译题和一道作文题。而今，有人似乎又把古文阅读与"读经运动"混在了一起。学古文到底是为了什么，语文要多读多写中，包含多读古文吗？要读，又应该怎么读呢？

一日，与一位资深语文教研员交流，他说，他课余教学生语文，只有一个办法，就是每次与学生共同探讨学习一篇《古文观止》中的文章。教学总课时结束时，《古文观止》也学完了。学生参加高考，语文成绩没有不理想的。家长学生如果对这种方法不接受，他宁可不教学生，也不改方法。而今，口口相传，他的这种方法已成为"品牌"。

今天读到应老师的这部汇20多年教学精华，由上百万字重点课题内容浓缩而成的《学古文写作文》时，感到学好古文，"搞掂"语文的神奇功效，又一次得到印证。自然，要实现这种功效，需要有古文功底的教师，也需要有努力实践这种方法的学生。

我们学习古文的终极目的是为了要打造牢固的人文基础，培养深厚的文学涵养。这种"基础"和"涵养"的实现形式，就是著名语文特级教师王立根先生在他的大著《作文智慧》中所描述的"吸纳"和"倾吐"，"吸纳"的目的是"倾吐"。我想，《学古文写作文》也正是体现了这个道理。

我一直深信，中学语文教师应当成为语文教学改革的推手和积极的践行者，就像应老师这样。

应老师的这一本《学古文写作文》曾是我社出版的"龙吐珠"文丛之一，在2004年初版。出版后，深受读者的欢迎。目前，福建省语文学会正着力"闽派语文"基础的建设，拟出一套"闽派语文"系列。我认为，本书可以作为该系列之一。于是，建议应老师对全书进行了必要的补充和删减，使其更加符合当下学生的阅读需求。我深信，本书的再版，将会得到更多读者的欢迎。

借此机会，我想告诉大家的是，我社正在语文选题上加大策划和出版力度，希望通过不懈努力，使我社成为语文读物的出版"重镇"。因此，也真诚希望广大作者能与我们共襄此举，为丰富祖国语言文化宝库一起努力。

是为序。

4. 和，然后安然、自然、陶然
《学古文 写作文》自序①

一、偶然·必然

对一个由中年迈向老年的人来说，能参加在华东师范大学举办的首期骨干教师国家级培训，有一点跃然，有一点欣然，又有一点怅然。在福建的6位学员中，我年最长，被民间推为福建片长，主要掌管双休节假的出游参观活动事宜。"五一"长假一过，不太有出游亦即片长不再掌权的时候，学校按规定要我们每人选定一个课题，刚好我们有6门必修课，考虑到结业后福建的同学相对会有更多见面交流的机会，为了让福建片的学员尽可能全面地学习、掌握和今后继续研究所学的课程，尽可能充分实现资源共享，我提议每人选一个老师的专题，不要重复。5位选完后，剩下的古典文学专题就是我的课题。这个课题的选择是偶然的，不由自主的。

导师，自然就是授古典文学的方智范老师。浙江温州张茂松同学也选方老师的古典文学，他年纪也比我小，选古典文学是因为他已经在古诗词方面有研究，有经验，给学生开过古诗词的选修课，做起这个课题驾轻就熟。那么我就只能选古文方向了。具体的题目确定经历了一个过程，先是选庄子，想到中学庄子选文不多，又转选司马迁，后来又想要尽可能地对高中所有文言文都能关照到，又放弃了。就在要确定选题时，中学教师出身的方老师问我对教学中的哪些内容比较有研究或比较有兴趣。我脱口而出：作文、诗词、小说。方老师思考片刻后说，古诗词张茂松已经做了，古代小说中学选文不多，考虑一下是否在文言文和作文之间找一个切合点吧。我翻了一下2000年

---

① 应永恒. 学古文 写作文［M］. 福州：海峡文艺出版社，2004：序.

9月将要使用的新教材，高中10个文言文单元仅高一就占了6个，我们的答辩时间是2001年9月，于是就报了"高一古代散文与现代文章学的契合"。培训回来，龙岩一中要我继续教高三，就把课题换了一个字为"高中古代散文与现代文章学的契合"。一年来使用新教材的高一年级主要由武夷山一中和龙岩曹溪中学的部分师生具体操作，仍用老教材的高三主要由我自己操作。一年后，2001年9月，课题顺利通过答辩，获得好评。上海《语文学习》杂志2000年10月，《福建教育》杂志2001年4月，2002年1月，2002年2月分别刊登了这个课题的开题报告、阶段报告、小结报告及《滕王阁序》教学案例等6篇近5万字的文章。

　　现在回头，设想一下当初如果让我第一个选择，我选哪一个课题好呢？理性地说，还是"高中古代散文与现代文章学的契合"这个课题好。原因归纳如下。

　　第一，文言文高考必考。文言文试题都是拉分最大的，要让自己的学生考好语文，文言文教学是一定要过硬的。我也曾设想有一天高考不考文言文，把文言文从中学课本里拿掉不就省事了吗？省事是省事了，逻辑却通不过了：文言文拿掉之后，语文试题不是还有较难的、学生怕的题目吗？依此类推也要拿掉，一直推下去，最后语文只剩下考书本里的文章，数学只要考小学的水平，英语只考初中水平，那还是选拔性考试吗？这样考下去的学生会有什么样的根基，什么样的能力呢？我们的祖国又怎么发展呢？第二，文言文难学，学生没有兴趣。假如高考不考文言文了，那会有很多学生放弃文言文学习的。"难"，这能怪古人吗？不能，这是常识。那么能不能译成现代汉语再让学生学呢？也不能，这不是历史的态度，这不是学习语言的态度，你能把英语翻译为汉语之后再让学生学这种"英语"吗？第三，文言文难教。难在时代相距远，语言障碍大；难在教法千篇一律，师生都极易疲倦；难在教师自己没有让你的心与文本、作者的心共鸣。文言文教学对教师来说，极具挑战性，不能回避。20世纪80年代中期我就开始研究文言文的教学，一轮学生带出来，顺昌县最边远的岚下中学，中考语文平均成绩全县第一，胜过一中。于是开始总结，论文《变被动地接受为主动的汲取——文言文教学尝试》获得南平地区语文教学论文二等奖。我的第一篇获奖论文了。可见，研究和实践能化解难题。第四，以文言文为载体的古典文学是现当代文学的基础。从今天中国现当代文学的发展情况看，文言文依然是中国文化之根所在。闻一多、朱自清、郭沫若等现代文学大家本身就是研究古典文学的学者。鲁迅尽管曾对古书有过愤激之词，但他对魏晋文学的研究，对古代小说的研究至今依然为人称道，他的创作更是浸淫着古代文风。第五，中国人，中国的学生应该是中国文化的传承者，学习古代文学是了解中国文化的最佳途径，无论今天的社会如何全球化，其发展和进步都应是多种文化对话的产物，想以一种文化压倒或取代其他文化是绝对行不通的。文言文是中国文化的主要载体。孔孟之道又是中国治国的思想基础，不学文言文，势必造成思想、文化、精神的沙漠化。第六，学好文言文，就一定能学好语文。文言文是学习语文的基础，学好文言文无论对提高语文成绩还是英语及数理化等其他学科成绩都有很大益处。学好文言文又能让学生进入大学深造时各门学科都学得轻松，学好文言文还能对学生优良人格的形成奠定基础。总之，无论是语文学习还是人的发展，中国人缺了古文则会失和，失和则病矣。

因此，选这个课题是必然的，即使让我第一个选择，在冷静的思考和充分的论证之后，我会选文言文与作文契合的课题的，于是我便安然。

二、井然·悠然

真正地进行这个课题实践，是2001年9月至2004年6月这一届的三年六个学期时间。有了前一年老教材高三的实验及研究，就使我们课题的三年实施能井然有序地运行。下面以学期为单位分6块介绍课题的实施过程。

使学生产生兴趣。高一上期学生初进高中一切都很新鲜，过几周，英语、数学、物理的难度就会凸现出来，如果语文也像有些学校为了老师备课的便捷先上与初中比台阶很高的文言文，则很容易使学生望而却步，从而把语文当作负担。聪明的做法是依课本顺序循序渐进。等到上文言文时，可以先让学生选前面三个现代文单元最喜欢的文章或语段（外国作者的文章除外），不管学生选《荷塘月色》《拿来主义》《杜鹃枝上杜鹃啼》《纪念刘和珍君》《简笔与繁笔》，还是选刘征、翦伯赞、唐弢、汪曾祺，我们都能指出文章或作者与文言文的关系。导入之后，我们总的策略是以写促读。比如第四单元，假如伍子胥具有烛之武、邹忌、触龙的劝说技巧，历史就该是"勾践顺吴"了，请改写课文。再如第五单元，假如孔子、孟子、荀子、庄子参加美国总统竞选，请你选其中一子为他拟一份演讲稿。又如第六单元，假如贾谊、司马迁、王羲之、陶渊明齐集闽西的冠豸山，面对这秀美的山水，他们各自会作怎样的描写？如何寄托感怀和志趣？第一单元四篇作文全是改写，或将叙事散文改为剧本，或将历史进行"戏说"式内容改写，或把记叙文改为议论文，或将历史改为小说。我们让学生作文不必另外备料就有东西可写，我们让学生通过作文的写作和评议交流（我们作文都有"组评、自评、师评"三个程序）消化文言文的字词，深入了解并活用其内容，体会并学习其写法。这样，文言文学习过程中的难题，就会在学生材料充足、充满乐趣的状态下无声无息地破解掉。这个学期作文方面要解决的问题是材料内容与书本的关系的问题。

为学生搭建平台。高一下期所学的文言文是唐宋明清的古文，异彩纷呈，可学可用的很多。比如立意构思方面，有的从国家安危角度立意，有的从历史教训角度立意，有的借典故以抒发怀才不遇的苦闷，有的借事物以隐喻朝廷的政治危机，有的针砭时弊，有的怀亲思远，有的高歌就义，有的登高抒怀，有的借游明理。从效果看，有的写出了诗意美，有的写出哲理美，有的写出绘画美，有的写出音乐美。这些都是应当学习的，而我们这个学期重点是搭建学生活动的平台和语言表现的平台。学生活动可以让学生根据课文作画，如阿房宫、健梅与病梅、泰山雪景等；可以根据课文做橡皮泥塑：项脊轩、五人就义群雕、苏子游石钟山等；可以根据课文让学生表演：朝上谏太宗、王安石游褒禅山、庄宗历史、揭竿而起等。作品出来后让同学观赏，对照课文做出评价，从文中找出评价理由，从而让学生在活动中掌握文言字词句式，学好文言文。搭建语言表现手法平台，主要是让同学学习课文语言并进行作文或语段仿写：骈句、排比、对比、隐喻、用典、顶针、夸张、传神的描写、富有表现力的细节、简洁生动的笔调、排山倒海的笔势等。通过"仿"来促进"读"，学习"写"。

促学生主动研究。高二上期文言文只一个单元，字数也不太多，我们就放手让学生主动研究，重点放在文章结构上。让学生归纳并在作文中学会用这样四种结构：对比式——《陈情表》忠与孝的对比取舍；链条式——《祭十二郎文》时间链与心理链结合；扇面式（亦可称为树权式）——《愚溪诗序》全文呈扇形，五方面归为"愚"与"不愚"，再归向"愚溪"；对话式——《赤壁赋》一主一客，对话成文。

让课堂保持新鲜。高二下期文言文的学习要克服学生的厌烦心理，面对学业上难免的两极分化，面对即将来到的"黑色高三"，要吸引学生，仅从"花样"上、"造型"上吸引学生已经不够，这个学期宜向纵深发展。学习《逍遥游》可以用一周的课开庄子哲学思想讲座，学习《虎丘记》可以用多媒体手段展示苏州园林，学习《促织》可以进行《聊斋》思想艺术专题讨论，学习《柳毅传》可以指导唐传奇与当今武侠小说关系的研究。读写结合的重点放在立意上，不妨换一种说法，给学生新鲜感，强化立意认识：大气（立意高远）——《逍遥游》，秀气（立意新颖）——《虎丘记》，胆气（立意深刻）——《促织》，正气（立意鲜明）——《柳毅传》。

帮学生打好基础。高三上期是孟子专题。孟子是讲故事的高手，他把故事讲得那样的曲折有致，他把人物刻画得那样的生动传神，他的语言是那样的精练明快，这些都是我们叙事写人的基础。这个单元重点应是议论文，孟子更是议论文的大家，他步步为营的论证策略，引人入彀的论辩艺术，逐层推进的说理技巧，循循导入借题发挥的亲切与凌厉，迂回曲折正反对比的稳重与犀利，不露声色善用比喻的隐含与明快……都有太多值得我们效法的东西。学习孟子，对哲理、对形象、对作文、对做人都大有补益。

给学生尝些甜头。高三下期司马迁单元，是高中阶段文言文的收束，又是高考文言文试题选文的范式，十分重要。重点是文言文的写人和叙事。司马迁用人格和生命作代价写就的《史记》，从来就是小说家的必修课。高考选文选自《史记》也不是一回两回。让我们仅看他写人的一些技巧吧：用典型事件写人，用决定历史命运的大事写人，用生活的细枝末节写人，用矛盾冲突写人，用波澜激荡的情节写人，用人物关系写人，用烘云托月写人，反衬写人，插叙写人，详略有致地写人，叙议结合写人……学进去，用其写法之一二试编故事，试写小说，必能尝到甜头。高三时间那么紧，而学生们一旦写起小说来，又都劲头十足，有的一气则洋洋数千言，可喜！

6 个学期各有重点，这是计划性、逻辑性的体现，表现了我们课题实践的井然有序。

但是，我们绝不能被这个"序"捆住手脚。六个方面渗透，学习古文与练习作文融会贯通，书本与生活同为我取，做学问与做人兼容并包，一切都那么自然、那么自如、那么自由。"和"是学好语文的不二法门，悠然忘筌是学好语文的最高境界。

三、已然·未然

对于已然的，我仅摆出几个事实。

在课题实施的三年中，高一时，教龙岩一中的一个普通平行班和龙岩一中国有民办的和平中学的一个班，和平中学的生源是龙岩所有高中都考不上线的学生进来的；高二时，教和平中学一个班及龙岩一中的理科实验班，实验班就是尖子班；高三时和平中学解散，学生插入普通班，我教的是实验班，同时竞聘为教研室副主任并兼语文教研组组长。所教的高一普通班在市里命题的上期期末统考中以微弱的优势胜过实验班。所教和平班高二的一次半期考，（我校大考皆交叉命题，交叉流水评卷，这次考试是高三命题，高三评卷）以微弱优势胜过龙岩一中的三个平行班。

高二时龙岩一中科技节上，文科理科合在一起每个班派两个学生参加无纸（电脑操作）作文大赛，所教实验班的两个学生一个第一名，一个第三名，所教和平班的两个学生一个第二名，一个第五名。

教过理科实验班的老师都知道，实验班的学生总是把语文当副科的。平时考试语文成绩也就高出平行班 3~6 分。2004 年高考，所教实验班语文平均分为109，包括实验班在内的年段理科语文平均分为 100.59。

2004 年高考语文试卷福建省独立命题，其作文题以创新、紧扣课改、引导学生关注艺术、科学和文化、引导学生进行阅读和心灵对话，让每个高中生都能找到自己熟悉的话题等特征，受到普遍好评。据有关高考评卷负责人透露，今年作文评卷打破了福建近年来没有满分作文的惯例，评了两份满分作文，各媒体传的 11 篇作文和 1 首诗，其实是 56 分以上的"优卷"，这 12 份优卷中只有一篇是满分作文，即所教学生写的《任是"无情"也动人》，也是唯一在电脑评卷状态下两个评卷员都打 60 分，中心组组长席扬教授等专家也一致认为应得 60 分的作文。媒体说 8 篇或 12 篇满分卷都是不了解实情的炒作。另一份满分作文，一个老师评 42 分，一个老师评 60 分，悬殊在 10 分以上则交第三个老师评，三评为 51 分，送交中心组，中心组有争议之后还是决定给一个满分，同时决定，这份有争议的满分作文不打印，不外传。这篇作文可以说是好评如潮的，这里只说一句：这是一篇必须有深厚的古典文学功底才能写得出来的"'和'作文"。

关于文言文及古典文学对学生将来的影响既然是"未然"，当然也没什么可说了，这里只想向大家提供一组本届所教学生发来的电子邮件。这一件事就是本人教古文有一个做法：古文的作者如韩愈、柳宗元、苏轼一般用两个课时专题介绍，教现代文时学生能自读从教参中获得的，课堂上一般不讲，腾出时间开设专题：高一讲《论语》，选讲《孟子》，高二选讲《庄子》，高三选讲《史记》。原因是：孔孟解决学生走向社会的为人处世，庄子解决学生的文学与精神，《史记》解决学生的史学和素养，当然也兼顾高考。

学文言文可以提高文学素养及文化素质，扩大知识面。语文教育学家刘国正说过："文言文是进行思想教育，特别是爱国主义教育和历史主义教育的好教材。"文言文多是内容纯正的作品，或歌咏山川，或记述经历，或阐发哲理，或抒怀咏志，表达了古人对真善美理想的追求。浸润其中，会使人无形中感受到它的熏陶感染。当同学们读到《论语》中"三人行，则必有我师焉；择其善者而从之，其不善者而改之"时，便认识到应该从周围的人群中学习优点；当读到《孟子二章》中"生，我所欲也，义，我所欲也，二者不可兼得，舍生而取义也"时，同学们心中潜在的豪迈情绪油然激发并令人热血沸腾；当读到《游褒禅山记》时，王安石那句"求学不可以不深思而慎取之也"又发人深省。《谏太宗十思疏》教人居安思危，整部《论语》教人以礼待人、执政为民，《师说》教人求师不论闻道先后，求学不问年龄长幼。学习古文让我们穿越时空，去阅读，去思考，去汲取，了解并深刻认识我们的祖先，懂得我们的历史，从而继承和发扬我们的文化。

——清华大学水利系　林森斌

古文可使人明理，提升自身修养，或艺术性，或哲理性，流传而今的古文自有其可人处。一个短篇，也许就昭示着一份真理，也许就是一件可贵的艺术品。《赤壁赋》《归园田居》《六国论》《邹忌讽齐王纳谏》……一篇篇，莫不是哲理与艺术精灵的完美化身，在哲理的大海里遨游，在艺术的天空中翱翔，你感受得到心中畅快的自由与满足。治世之道，我们大可不必在意，为人之理，我们唯恐不足。论人生、论学术、论为人、论生计、论道德、论学习，古文中向来不缺乏。在古文中，我们学治学、学为人、学处世，这对于我们的人生是大有裨益的。

——清华大学电机系　林　崇

古文是历史的精华，经过时间的洗涤而沉淀下来的金石，它能引领我们走进神秘的古文化，摸索那一道道蜿蜒曲折的小路，能在我们另辟蹊径的时候带来快感。我喜欢古文，自初中开始接触古文以后，我就被中华民族的方块字深深震撼了：我在八阵图中寻觅，对它更充满向往。在那里，我了解了古代各种现象，各种文化知识。历史的变迁让我们的文明永不褪色，是我们礼仪之邦的见证。有了古文，我对语文这一学科充满了想象，更充满了信心。它让我知道任何一门学科是源远流长的。逆着那条河流，我们能够找到意想不到的宝石。

60

我也是这样看待物理的。在这条路上有很多迷惘，但我却能坚持留下鲜花，留下我快乐的歌声。学习古文需要一种精神，从古文的学习推及其他，更需要延续这种精神。我想我会认真、执着地走下去。

——2004 年高考理综满分者、清华大学物理学系 陈志湖

学习之趣在辛勤的学习中，学好古文可以让我们的学习陶然；生活之美在实在的生活中，学好古文可以让我们的生活陶然；精神之韵在充盈的精神中，学好古文可以让我们的精神陶然。"礼之用，和为贵"，古诗文是"和"的源，"致中和，天地位焉，万物育焉"。

5. 激活古文教学
《学古文 写作文》再版自序

2005 年以来，我常应邀到福州、厦门、泉州、三明、南平、宁德及龙岩地区的许多学校与高中师生交流，总会听到这样的反映：作文——教学无从下手，学生无所适从，结果无所作为；古文——教学无关宏旨，学生无精打采，结果无济于事。看来，作文教学的无序与古文教学的无效仍然是高中语文教学面临的困境。

在此我用"激活"一词说明我的古文教学实践与思考。而这本书是课改后我在龙岩一中开设的校本选修课教材，出版的主要目的是引导中学生充分利用古文资料，学好古文，考好文言文题，对他们的人生有所帮助。也就是说，这是一本面对学生的书，所以呈现的是我文言文教学结果性的材料。至于激活古文的教学，先用一个案例来阐释。

由于"示范性高中"硬件的需要，我校举债买下了龙岩市体育馆，市里给政策让我们收了两个班的缴费生。我教其中一个班，这个班气跑了一个最优秀的班主任，气病了一个最强悍的班主任。这个班的数学、英语、物理、化学等学科与龙岩一中平行班每科都要相差 10 至 20 分。只有语文这一科，高一时参

加市统考平均分竟超过龙岩一中的三个平行班（龙岩一中大考都是打散班级以前一次考试排名编考场，评卷全是流水作业）。2001 年高一教材第一篇古文是《烛之武退秦师》，我告诉学生：龙岩一中一年一度艺术节每个班都要排节目参加选拔，我们班文艺方面人才济济，我们演个话剧如何？然后让他们将《烛之武退秦师》改为话剧。开始时他们说看不懂，我就说和现在不同义的词，课文下都有注释，好些同学还有辅导用书。又有学生说不知剧本怎么写，我说初中课本《陈毅市长》的格式就是样例。我让他们下一节课以组为单位表演，要评分的，最高的组本学期语文每人加 10 分，第二名加 8 分，其余两组皆为第三名，加 6 分。这些孩子积极性很高，表演都很投入，由其他组的学生打分，扣分的要说明理由，比如哪个台词与原文意思有出入之类的。第三节上课时我说今天上《烛之武退秦师》，下面是一片叹息声，问之，说是都已经知道了，没什么好上了。好，既然知道，就考一考，于是将准备好的多媒体课件放出来，10 题，100 分，平均得 90 多分。这篇课文不用上了。

这个教学案例。跳出古文教学唯字、词、句式的套式，激发了学生的积极性，将古文教学与学生的现代生活、校园活动、好胜心理、各自特长、分工合作精神、分析评价能力等结合起来，从而激活了古文的教学，克服了学生古文学习的畏难情绪和厌烦心理。

另一个案例在 2002 年第二期的《福建教育》上刊登过，用两个课时上完高中最难的文言文《滕王阁序》。教学内容比较多：一、导语；二、解题，包括骈文的特征与发展、初唐四杰与王勃；三、研习课文，包括齐诵全文，疏通文句（字词、句式、成语、用典）、理清思路、归纳写法；四、品味鉴赏，包括对联知识及名联欣赏，课堂上依文对对子；五、作业，一个必做题是写一处自己熟悉的风景，用两处以上对偶或排比，一个附加作业是把散文《龙岩的山》改为以对偶为主的文章。本书相应课文中"学生习作"的两篇文章，可以看到这次作业的影子。这样丰富的内容，这样全面深入的研读，这样读写结合的扩展，后来在上述缴费班中也用两课时顺利完成。那是高一下期时，龙岩学院的第一届本科生在系领导的带领下来听我们龙岩一中的课，我就用两节课上完了《滕王阁序》，听课师生交口称赞龙岩一中学生水平高。我最后告诉他们，这些高中录取成绩不会高于你们将来任职学校的学生，他们听后，许久才反应过来。

其实在诸学科中，语文最平易近人，最没有门户之见，最没有贵贱之分，最没有强弱界限，最少城乡差别，最不唯条件论，最不摆架子。语文面前人人平等，只要我们激活文本，激活学生，激活课堂，两三年时间提高语文成绩并不是什么困难的事。当然，激活有道，须我们老师根据自己学生的情况披荆斩棘探求之。教完孔子、孟子、荀子、庄子的文章，如果正好遇上美国总统竞选，何不让学生扮演诸子秘书的角色为其拟竞选演讲稿？学生中有能画者，何不让他们画项脊轩图、画褒禅山图、画鸿门宴群雄图？学生们叛逆思维形成之初，何不引他们写现代版"师说""新伶官传序""做官为民来兮辞"之类？

说到这里，如果再翻一下这本书，同行们一定已经明白了我的作文教学思路：激活古文，作文亦在其中矣；激活古文，作文可化用古文的材料，效法古文的写法；激活古文，还对学生的人生有助；激活古文，又可涵养精神。省时、高效、广益。

本书修订时调整了篇目，增加了许多内容，重心已从原版的"学古文　写作文"转移到"激活古文　化用古文"上了，所以，原计划将书名改为"激活古文"。后来出版社说为中学生写的书必须为中学生着想，还是"学古文　写作文"更朴实更鲜明，因此仍用原名。然而还是有必要解释一下我的本义。"激活"重在师，激活地教；"化用"重在生，化用地学。"化"不是后缀，如何"化"，容我在后记中细说。

6.《学古文　写作文》后记

下晚修归来，坐到写字桌前，已经是深夜 11 点多了，龙岩城里还时时听得到汽车的鸣响。"后记"这两个字落笔后，我却久久地不能下笔，思绪穿越时空，回到了 2000 年 4 月 3 日清晨的华东师范大学。刚下火车的我，拖着滚轮箱，缓缓地穿行在丽娃河畔的水泥道上。一带水杉林向前远远地延伸着，不时地有一树一树开得满满的樱花，明丽地照着，天空弥漫的丝丝细雨，丽娃河又时时氤氲着水雾。我不知是走进了宋词的意境里，还是幻入了异国的情调中，忘记了教高三的劳累和进入不惑之年的忧伤，"珍惜"是深深嵌入脑海的词眼，只想默默地读书，只想静静地倾听。三个月来，从不敢忘记自己中学教师的身份。因而在看似偶然的选题中却寄托着必然，因为我培训前就给自己定下了一个原则：不管是读书、听讲座，还是听课、参观，不管是向老师讨教、与同学交流，还是开研讨会、做课题，都要直接地对今后的教学有补益，最终使学生得益。

我的这个课题的最大受益者是我所教过的学生，从选题、论证、申报，到实验、操作、积累，一直到今天，首尾 5 年。边做课题边通过各种省级国家级课题会，向同行介绍这个课题，得到了鼓励与承认。本人一年旧教材、三年新教材的实实在在的实践，才使本课题做到这个程度，今天终于成为一本"书"呈现在大家面前。在长长地松了一口气的同时，又不无担忧：我们的中学生读者在读了本书之后是否也能像我所面授的学生那样能有所得益呢？尽管本书的部分内容受到一些专家、教授、博导的好评，尽管有许多中学的领导和同行在得知这本书的内容或看到这本书的初稿后都觉得对中学生十分适用并纷纷表示要向学生推荐。我把答辩时必需的论证过程和理论根据等内容删掉，最后敲定为"学古文　写作文"，留下的都是中学生最需要的东西。这本书是为中学生写的，是以平等的态度与中学生朋友的一次漫长的交流，不知道我的努力会不会有成效。

这个课题今天能成为一本书，要感谢我的导师方智范老师，他自始至终悉心教诲和指导我的课题，连一个教学案例都给予精心的评点，还拨冗审阅我的书稿，并为之序。我珍藏着 5 份《课题跟踪表》，每次看到"导师评语"中方老师的笔迹以及有关课题的专门复信时，都感到自己又来到方老师身边，亲耳聆听他的教诲。"确实是撷取反映文章阅读一般规律的精华部分，加以吸收"；"突破口应选择在阅读与写作之间的会通"；"此课题试图提高学生文言散文阅读水平，同时又以阅读带写作，在两者之间建立联系"；"这三方面都指向一个目标，那就是尽量上升到理性的高度，课题便有了科学性，有科学性方才有普遍价值"；希望"总结出富有现实指导意义的成果来"。要感谢我校的林群校长，是他在我外出取经、资料交流等需要时给予了大力支持，从方向目标上时时点拨，并且在取得一点成绩时大力表扬和宣传这个课题。要感谢福建教育学院中文系主任林文锜教授对这个课题多次指导并提出十分专业的意见。要感谢廖荆义先生对这本书的出版的鼎力支持。还要感谢从各方面鼓励促进这个课题完成的郭刚副校长、曹义荣副校长、吴智安副校长、黄梅亮书记、黄恒振主任、陈光武先生、温才生先生、钟建红先生、罗承天先生。也感谢孙琳老师、陈香瑶老师为这本书的校对付出的辛劳。另外，本书文言文部分的内容参考了马汉广先生的《高中文言文学习要点精析》、易小平先生的《文言文双色诠解》、赵所生先生的《文言快易通》、周冰清先生、江澍先生的《文言文全解》、边玉龙先生的《中学文言常用虚实词例释》等，在此对这些未曾谋面的先生们表示深深的谢意。

此时，子时已过，这篇小小的后记虚算起来用了我两天的时间。推开窗，有凉风吹来，遥望夜空，顿时感到人的渺小与生的短暂，唯盼这本书能给我的中学生朋友送去一穗高考语文的丰收，送去一点人生的美好，送去一缕精神的充实——为了这个愿望，我向上帝祈祷。

7. 学会化用古文

—— 教你使用这本书

《学古文 写作文》再版后记

2007 年 5 月，龙岩一中通过初中升高中保送生考试，在所辖县、市、区招收了 70 多名优秀初中毕业生。我先期担任了这个班的语文教学。第一节是化学课，化学老师正在途中赶不及上课，与我调了一节课，我就以"化学老师"的身份走进课堂。我在黑板上写下"I＋A＝β"后提问 3 个字母各是什么元素。同学们愕然之后很快就肯定我不是化学老师。我说这两周我们专门讲"语文化学"。我先讲诗的化学：李白不说仕途坎坷，而说蜀道难；杜甫不说怀才不遇，而说昭君怨；朱庆馀不知作品是否适合主考口味，而以闺意投石问路；刘禹锡欲嘲笑政敌，而以种桃道士不知去向寄托之……我告诉同学们，只给他们上两周的课，问他们怎么安排。多数学生说想得到写好作文的秘招，也有的同学说"怕古文"。那好，既称"语文化学"就讲"古文化学"吧。于是将《烛之武退秦师》印发给他们。

课堂上我和同学们从五个方面来学习课文：一、字词落实，夯实基础；二、掌握内容，陶情冶性；三、学习写法，学会鉴赏；四、课外延伸，举一反三；五、形成能力，学会运用。第一方面，即本书中"阅读津梁"的内容。第二方面，我的课件是：1. 背景——大兵压境；2. 开端——佚之狐推荐；3. 发展——郑伯亲请；4. 高潮——夜访秦伯；5. 结局——秦晋退兵。第三方面，从叙事艺术、写人艺术和议论艺术三点来看。"叙事艺术"可参见本书的"写法借鉴"；"写人艺术"则在第二方面的课件 5 条后分别加上"铺垫烘托""侧面引出""间接衬托""正面展示""结果证实"等内容；其中"议论艺术"课件如下：围郑 郑即知亡 欲扬先抑/亡郑 晋厚秦薄 反面说理/存郑 君亦无害 正面说理/忆史 忘恩负义 明事寓理/看今 阙秦利晋 析事推理。第四方面，课堂上要求同学们给烛之武设计一张名片，上面必须有一句广告词；课后要求同学们将本文改写成剧本，或另写一篇历史上"舌战"的剧本，本书"例文选评"中杨璐潞同学的作文即是一个例子。第五方面，则体现在本书的"内容活用"中。

新课程在两届的学生中都有人选修我的课程，我的校本选修课的标题是"高中语文学习的固本之策"。我认为学好语文先要固本，固"五本"：字词、时文、诗歌、作文、古文。字词、时文由同学们课外去做。诗歌鉴赏由课前 5～

10 分钟同学们轮流完成，大家共享。古文就在课内"搞掂"。作文则不定写法、不定字数、不定文体，一周一篇（一首或一段），我让同学们从学过的古文中提炼话题写成评说语段或作文，本书中的"语段参考"就是这样来的。每上完一篇古文，我要求同学们用古文中学到的写法写一篇作文，本书中的"学生习作"就是这样来的。我自己授课班级的同学就不必报我的"固本"选修课了，因为这些是我对学生的基本要求。

对于既不是我教，又不能选修我的校本课程的同学来说，如何用好这本书呢？从功利角度看就是一个中心两个基本点。一个中心是学好学透古文就一定能写好作文，从而取得语文高分；两个基本点，一是将古文的内容活用在作文中；二是活用古文的写法为作文添光彩。学好、学透古文就是把上述例子中的 5 个教学内容理清楚，并花点工夫全面地掌握，这本书也可以帮助你做到。两个基本点是这本书的特色，是我 30 余年教学心血的结晶，是我的"专利"。第一个基本点体现在"内容活用"中，每篇课文我们都在"素材主题"和"运用提示"中提炼出 10 余个可供选用的素材，33 篇课文的素材就很够用了。2005 年我省高考满分作文《执子与通子》通篇用古文的材料，是一个有力的证明。第二个基本点是这本书的精华与创意所在。作文写作过程中各环节的种种写法都可以从古文中学到，用古文的写法足够写好作文，本书中"学生习作"可以说明问题，2004 年高考满分作文《任是"无情"也动人》更是有力的证明。另外，2009 年我省高考将出现"时文评说"类题目，"时文评说"类文即是提供一段或数段材料，让我们从中归纳一个观点或得出一个话题，再依据这个观点或话题写一段自己的评价与看法，"内容活用"中的"素材主题"和"运用提示"就是从一篇古文中找出的 10 余个观点或话题，而"语段参考"则是从一个话题和观点出发写的评价与看法，只是提供的材料语体不同而已，文言文材料我们能写，白话文材料不是更不在话下吗？"时文评说"类题其实并不神秘。

中学生有两类：一类是考生，一类是学生。在中国绝大多数是考生，特别是高三，就基本全是考生了。这也无可厚非，因为高考决定了许多孩子的前途命运。以上内容专门教考生们在学活学好古文时"化"出高考的高分。

其实阅读古文和阅读其他优美的诗文一样，考试的功利只是极小的部分，更多的还是从中化为自己的素养。比如从史传文那里了解中国历史、中国社会，化得做人与做事的道理；从山水文那里认识古人的自然观、人生观，化得热爱自然的性情；从孔子、孟子、荀子那里化得修身、齐家、治国、平天下的本领；从庄子、陶渊明、苏东坡那里化得如何面对社会、面对挫折、面对大自然、面对命运的心态。这本书的"内容活用"部分，是可以各取所需作为同学们可持续发展的精神养料而加以汲取的。

综上所述，学好古文，激活古文，单从考试来说，一是古文可以多得分，二是作文可以多拿分，三是时文评说可以"搞掂"，四是可以推及现代文与古诗的阅读与鉴赏，五是有助于文化经典题的解答。从为人生这个角度来说，古文也是奠基石：大学竞选干部，找工作的笔试与面试，古文可以化为我们的润滑剂；学习中、工作中、生活中，古文可以化为我们高飞的翅膀；失意时、挫折时、孤寂时，古文是我们精神的避难所；得意时、顺利时、煊赫时，古文是我们的醒酒汤。

这本书选文以人教版1～5册必修课本和选修课本《中国古代诗歌散文欣赏》的课文为主，同时选录了语文版、苏教版、鲁教版、奥教版的一些经典课文。不论使用什么版本，陌生课文都不多，找得到的话，读一读原文再看这本书是最好的，找不到原文的话，这本书都有例句，读起来也不会太困难。

《学古文　写作文》2004年出版以来得到了中学生朋友的青睐，因此，能修订再版，首先要感谢中学生朋友，要感谢何强老师。何强老师以其出版家的战略眼光和语文教师的深厚功底，一年前就打电话说，《学古文　写作文》有读者，有市场，有课改精神，有创新成分，让我结合新课程调整选文，吸纳校本选修课的最新成果扩充内涵，并且选一个全新的视角重做一本，向全省乃至全国推出。当时古文的内容还没上完，材料没有收齐，匆忙再版不太严肃。现在，我省首届进入课改的同学即将结束高中学习参加高考，我才收来学生们的习作并对自己的教案做了整理，成为现在这个样子。在此书的出版过程中，陈香瑶老师帮助做了认真的校对，李锦良老师做了严谨的核查，在此表示衷心感谢。

如果这本书对高中生朋友或我的同仁们有启发、有帮助，我将不胜欣慰。

第三章

课题论文

1. 高中语文学习的固本之策[①]

王国维在《人间词话》中借用宋词名句形容后天修养的三个阶段说："古今成大事业大学问者，不可不历三种之阶级：'昨夜西风凋碧树，独上高楼，望尽天涯路'，此第一阶级也；'衣带渐宽终不悔，为伊消得人憔悴'，此第二阶级也；'众里寻他千百度，蓦然回首，那人却在灯火阑珊处'，此第三阶级也。"一个禅师对其弟子道出悟禅的三个境界：看山是山，看水是水；看山不是山，看水不是水；看山还是山，看水还是水。我认为高中生学习语文也有三个境界：为高考，为人生，为精神家园。如果为了高考而学，与高考无关的不学，与高考有关的拼命读，反复练，机械地学，那么，你的语文学习是被动的，你会学得很痛苦，以至于厌烦。如果你能够为了你的人生更加辉煌而学语文，你的语文学习是主动的，你会很用功地学，很乐意去学。如果你还能为了你精神家园的美丽而学语文，你的语文学习就是快乐的，而且会学得很轻松。

三十年的教学实践让我体会到语文的三重境界是可以齐头并进的，是可以水乳交融的，而高中三年又应该在你中有我、我中有你的交融中有所侧重：高

---

① 应永恒．高中语文学习的固本之策 ［J］．考试·考研版，2006（3）．

一宜"固本"，高二须"养气"，高三要"强身"。

高一的"固本"具体指"一学""三求""五档案"。

"一学"是学《论语》。课堂教学虽然紧凑点，一般来说，高一学年还是能挤出五周时间的，我们就用五周 20 学时来学半部《论语》。学《论语》对高考语文有什么好处呢？先看例子。2004 年高考语文福建卷文言文主观翻译题有三句：1. 范氏富，盍已乎？2. 献子执而纺于庭之槐。3. 欲而得之，又何请焉？第 1 题"范氏"译为"范家"，不难，"已"译为"停止"，或依据前后文引申为"取消"还是不难，"乎"作为表示疑问的语气词，更不难译出，6 个字 3 分就集中在"盍"字上了。《公冶长》26 中"颜渊、季路侍。子曰：'盍各言尔志？'"其中的"盍"作"何不"讲，我们在高一学《论语》时重点讲并让同学们圈起来的，总复习时翻一下，注意重点词语，这得分率很低的题就可以得满分了。第 2 题的难点在"执"字与"纺"字上，两个字比较，"纺"字又更难，能译对"纺"字的，都能译对"执"字，能译对"执"字的则未必能译对"纺"字。我们在 04 届高一学习《公冶长》1 时特别说了"缧绁"二字："这个词如果不查词典，不看译文，老师也拿不准。但老师有一个方法可以推导：两个字都是绞丝旁，说明这个词要么与丝线有关，可以引申为丝织物；要么与绳索有关，可以引申为束缚、限制，引申为捆绑。联系上下文，这里不可能作丝织物解，因此只能与绳索联系，解作'监狱'了。"记得译"缧绁"的同学，大体上就可以译对"纺"字，这极难得分的一题也就可以得分了。第 3 题，考点在句式上，主要考省略句和反问句。《论语》中省略句与反问句到处都是。《公冶长》中有"宰予昼寝。子曰：'朽木不可雕也，粪土之墙不可圬也；于予与何诛？'"末句应这样翻译："（我）对宰予，还责备什么呢？"高考题的参考答案是："（你）想要的已得到了，还请求什么呢？"省略一样，反问一样，甚至"何诛"与"何请"动宾倒装的译法也一样——当然两句按原顺序不译为倒装也可以："还能有何责备呢"（钱穆先生如是译）、"还能有何请求呢"。以上例子似乎有巧合因素，而事实上《论语》里几乎囊括了中学里所有的古代汉语现象。学好《论语》对高考文言文试题是绝对有益的。2004 年福建卷的作文试题

10 个话题人物中就有孔子，学了《论语》何愁作文不高分？再退一步说《论语》中的名言警句仰拾即是，毫不夸张地说，任何话题都可以从《论语》中找三句以上的证明材料，当然作为反证材料也可以。学生中熟读《论语》，弄清其字词，背诵其名句，熟悉其思想的，高考语文必能得高分。因为，"半部《论语》治天下"，治高考，岂非小菜一碟！因为孔子乃是"古今文章祖，历代帝王师"，请出孔子，对付高考，真是宰鸡用牛刀了。

《论语》是历代统治者经国治世的根本，是历代读书人为人处世的根本，是中国国情的根本。在中国要生活得滋润，必然要依《论语》的准则而行。"圣"要求"博施于民而能济众"（《雍也》），"仁"的根本含义是"仁者爱人"，我们现在的"为人民服务""以人为本"由此而来；孔子要求学生严守"道"的规范："富与贵，是人之所欲也，不以其道得之，不处也"，政治道德、伦理规范由此可见；"见贤思齐焉，见不贤而内省也"（《里仁》）是一种修养，内省的首要原则是"躬自厚而薄责于人"，"严于律己，宽以待人"由此而来；孔子处世，讲究原则，"笃信好学，守死善道。危邦不入，乱邦不居。天下有道则见，无道则隐"，历代明哲"达则兼济天下，穷则独善其身"的处世方式由此而来；"为政以德，譬如北辰，居其所而众星共之"，"以德治国"由此而来；"其身正，不令而行；其身不正，虽令不从"，保持共产党员先进性教育由此而来……对于一个博大精深的人，往往感到孤独和寂寞，孔子用自己的精神境界与人生境界抗拒着寂寞。他说："不怨天，不尤人，下学而上达。知我者，其天乎？"（《宪问》）孔子的人生也遇到困厄，当被匡人围困时，孔子说"文王既没，文不在兹乎？天之将丧斯文也，后死者不得与于斯文也；天之未丧斯文，匡人其如予何！"（《子罕》），何等的胆识，何等的胸襟！孔子这位"万世师表"，这位"素王"，以其思想和事业，对人的精神世界进行了宏观透视，形成了突破国界和穿越时空的全人类文化精髓，铭刻在人们心灵深处，点亮我们人生的同时，又构筑了我们的精神家园。

说"三求"之前，先说说高考与平时语文学习的关系。近几年高考通常一份语文试卷由 6 题语基题、4 题科技文信息筛选、4 题文言文客观题构成第 I

卷，然后是文言文主观翻译、古诗词鉴赏、名句名篇填空，再就是文学作品的阅读题，语言运用题，最后是作文题。语基6题通常是字音题、字形题、标点符号的使用、词语（包括熟语）的辨析、使用和改误、辨析病句、语句归位等，这些都必须靠平时学习的积累。科技文信息筛选与文学作品（含诗歌）的阅读鉴赏，虽说选文（诗词）在课外，其信息的筛选与整合，观点的概括，思路的梳理，结构的分析，内容的推断与想象，形象的把握，语言和表达技巧的鉴赏、思想内容和作者观点的评价等等诸多能力，都在我们平时的语文课堂和语文训练中形成，因而，平时的语文课堂教学和一定的练习是这类考题得分的根本所在。名句名篇填空，一般是三选二、四选三或五选三，课外的大多是最常见的，即便都不会，只需课内要求背的能准确写出来，就能得满分，课文要求背诵的落到实处显得十分重要。2005年取消了有"＊"号标释的文学常识，中外重要的作家作品也多在课内，不会考边边角角，课堂上注意听，勤笔记，多记忆就行了。语言运用题，新题型一般不会考得太难，传统题重在训练中积累经验。文言文选文在课外，考点却全是学过的。仍以2004年福建高考试卷为例，不必说虚词（其、且、所、乃）和句式，那全是课本中出现百次左右的，实词也是全在课本中出现过的：A. 恐天下以吾私广国。私：偏爱。与高中第一册《邹忌讽齐王纳谏》中"吾妻之美我者，私我也"中的"私"同义。B. 汝第往，吾今使人召若。第：暂且。与初中《陈涉世家》中"借第令勿斩，而戍死者十六七"中的"第"相同。D. 晁错为内史，贵幸用事。用事：凭感情做事。这是错误选项，与高中一册的《触龙说赵太后》中"赵太后新用事，秦急攻之"的"用事"不同，课文中是"执政"的意思。至此，答案已出了。C项的"此吾弄臣，君释之。弄臣：帝王亲近狎玩之臣"，已无意义。所以文言文的复习也是"以本为本"最为经济。

由此看来，平时须专心听课，用心学习，扎实训练，勤于积累，因为平时的语文学习就是高考的"本"。如何"固本"？同学们可以做以下"三求"：一求课本出现过的东西，考起来百分之百正确；二求老师重点强调的知识和方法，考到了，用上了，要百分之百正确；三求自己学过的、练过的，考起来要百分之百正确。这"三个百分之百"的固本之策，是要把同学们从题海中解放出来，精做题，讲效率，做一题，得一题，举一隅，反三隅。

　　每一届学生，从高一起我都让他们准备五本厚厚的笔记本，三年一贯地从五个方面做自己语文积累的档案，记录自己语文学习的足迹。第一本称"音形义"。记录学习课文、课外阅读中遇到的生字、生词、成语的读音、写法和意义。以首字的拼音字母为序随手收入这一档案中，留一页目录，参照《现代汉语词典》每个字母页码的比例编页码，留一点空白，以便某些字母的字词记满后补用。这一本做完全的同学，语基题怎么考都难不倒。第二本称"文言文"。这有两种做法供同学们选择：一种是将每一篇文言文和古诗按生字生词、通假字、一词多义、词类活用、古今异义、文言虚词、常见句式等顺序一一列出，写出原句，并做解释；一种是将文言文每一篇分三行，对应地抄写一遍，注释一遍，翻译一遍。后一种办法比较"笨"一点，书店也有很多类似的书，而自己动了笔墨做到底的，高考语文都得高分的，道理很简单，文言文考点全在课本，本固而分高！第三本称"诗鉴赏"。每接一个班第一节课我在课前抄两首诗在黑板上，给同学们鉴赏后，让他们抄起来，第二节起以学号或座位号为序轮流，每节课由一个同学上台鉴赏事先抄的诗，其余同学要抄诗，记鉴赏要点，好的诗还要背，直到这一届的最后一节课。高一赏现代词和外国诗，高二重点赏宋词，高三重点赏唐诗。三年下来，同学们的诗歌鉴赏能力就很强了，自然不怕高考的诗歌鉴赏题了。同时还可以将这一鉴赏能力牵移到现代文和文言文的阅读和语言表述上，又可以在作文中直接引用诗词名句，营造诗一般的意境，夺取作文高分，可谓一石三鸟，至于陶情冶性的作用自不待说。第四本称"百字文"。让同学们每天读一千字左右的美文，从中选抄一百字，每天费时不多，集腋成裘，对阅读题、鉴赏题、语用题、作文题，都有补益。第五本称"周作文"。每周写一篇作文。这与"周记"有质的不同："周记"可以记流水账，"周作文"必须成文，必须讲究篇章结构、修辞造句。高一高二不讲文体要求，可以写诗、写剧本、写小说、写辩词、写演讲稿、写新闻报道、写时事述评、写影视观感，大体是想得到、现实中有的文体都让同学们练一练。也不作字数要求，成文即可。通过周作文养成观察的习惯，思考的习惯，欣赏的习惯，记录的习惯，养成行文修饰的习惯——这些都是考试作文的"根本"。

孔子说："君子务本，本立而道生。"（《学而》）上述"一学""三求""五档案"是高中语文学习之"本"。开始时可能会麻烦一点，习惯便成自然，重在过程，重在持之以恒，在无拘无束的状态中，我们就构筑了高中语文学习的"固本工程"。"本"既已"固"，要高考不得高分，还真有点难呢。

2. 高中语文学习的养气之方①

高中语文学习必须固本，必须养气，固本与养气应齐头并进。为什么呢？先请看福建省 2005 年编号为 "05 优 12" 的满分作文《两份病危通知单》的主体内容（为省篇幅，不分行排列，其余悉搬原文）。

病危通知单。A 联，编号 001。姓名：××，年龄：××，性别：男。病史：有。职业：商人。症状：此人虽然行为规范，情绪稳定，但做事保守。体内缺乏"激情"元素，故代谢紊乱；效应 T 细胞内没有"拼搏"质体，故免疫缺乏；成骨元素中更是没有"创新"分子，所以骨质疏松，经不起打击；神经系统中缺乏"多变"突触，所以不够敏感……表现：做纽扣生意起家，生意做大却始终不敢进军服装市场，而是成立纽扣公司；不敢合并小公司，而是孤军奋战；做法停留在市场营销，而不敢进行扩大，比如房地产营销，资本的买卖；不敢……病情：有不断恶化之势，现已向国外输出，"以不变应万变"这类恶性寄生菌滋生及蔓延……建议：虽效果不大，但只能持之以恒地打点滴，注入"多变"元素。这几天勿去公司。通知家属，做好倒闭准备。

病危通知单。A 联，编号：002。姓名：××，年龄：××，性别：男。病

---

① 应永恒. 高中语文学习的养气之方［EB/OL］. 福建基础教育网，2012－02－23.

史：有。职业：网球选手。症状：此人虽想法新颖，行为创新，情绪多变。但做事、为人过于多变。体内缺乏"稳定"基因，故行为失调，效应 B 细胞内没有"规范"质体，故免疫紊乱，脑中没有"稳定思想"，故大脑缺氧，神经系统没有"想法与别人一致"激素，故……表现：以网球为业，一度成为法网冠军。大满贯也问鼎过，但行为怪异，比如发挥不在一点的位置，还研究出"超西方式握拍"，正手弧圈球老是标新立异，抢网时跳起，反手时左脚用力，击球点位置靠后……病情：久治不愈，"标新立异"行为突出，而且延续……建议：禁闭，受正规训练。通知家属，做好温网失利准备。

　　这篇作文的开头约四分之一篇幅讲的是院长找"错开两张病危通知单"的"老眼光"医生问情况，结尾是这样的："这两位病人，一位商界奇才，纽扣大王 TMMP，一位是网坛高手 RODOC。你说是'老眼光'（医生）不认真观察，还是他们的'规范'和'创新'过火了一点儿？"

　　很显然，这篇满分作文是由 2001 年四川考生的题为《患者吴诚信的就诊报告》"克隆"过来的。第一次将诊断报告这一应用性文体用来表情达意，是一种创新。而如果不管什么话题，都用"诊断报告"的形式来生搬硬套，要么是考生投机取巧，要么是教学的误导。类似可以批量生产的、不需太深语文功底的作文类型还有实验报告式、产品说明式、招聘启事式、求职竞选式、网络文学式、手机短信式、寓言演绎式、名人还魂式等，随意打开近年的报刊和作文辅导的书籍，都可以大量地看到这些形式"新颖"的满分作文。以下几类作文也充斥于报刊书籍：1. 弄虚作假，无病呻吟，为文造情；2. 东拉西扯，材料罗列，事实铺排；3. 真假难辨的"旁征博引"，来路不明的"名言警句"；4. 胡编滥造，随意拼凑，无端的名人戏说；5. 堆砌浮华语句，将大量修辞手法和所谓诗化语言生硬套入话题，以期"色彩斑斓"，让人"眼前突然一亮"……这种对形式技巧过度而片面的追求，从而掩饰认识的肤浅、情感的空虚和智性的贫乏的现象的泛滥，外因主要有：一、考试的功利趋求；二、一个时期所谓新概念写作、自由写作、创新写作、生命写作的过火鼓吹倡导；三、高考评卷不断给出的满分，造成了学生和语文老师的错觉：以为作文是可以不下功夫，可以一篇应万变，可以"玩"出精彩的；四、作文教学的无序。内因只一条，就是语文基本功浅薄，底气不足。

根基不实，则须固本，底气不足，则须养气。关于固本，本人在光明日报出版社办的《考试》（教研版）2006 年第 3 期上专题撰文《高中语文学习的固本之策》中有述，此不赘。万物无不有"气"，而作为万物之灵的人，须先有"气"，而后才有"灵"。人的精神品格、心理个性，无不与"气"相关；人的言行主脑、命运主宰，无不由"气"使然，如志气、勇气、迂气、意气、朝气、胆气，抑或傲气、娇气、凶气、俗气、痞子气、市侩气，可谓"气"态万千，不胜枚举。中学正是人长身体、长精神、蓄能量的时代，而社会转型时期，各种思想招摇过市，许多饰以诱人色彩，如果没有正气、骨气、才气、锐气、豪气、静气，则邪气、媚气、财气、小气、俗气、燥气容易侵身，塑造不良造型，影响其人格的可持续发展。因此，必须养气。

高中生是中国最累的群体之一，如何让他们在不增加负担的前提下达到养气的目的，是每一个有责任感的语文老师不能回避的问题。我的"养气工程"着落在"一、三、五"上。

"一"是课堂上加大容量与密度，腾出时间给学生讲授一点《庄子》，因为《庄子》最能涵育精神，最宜养气。当现代科学技术推动人类一日万里向前发展时，本来被人类支配的外物渐渐地反过来支配人的存在，权利、金钱、贪欲、享乐等外物驾驭着人的本质。无节制的攫取，毁灭了人类自身赖以生存的环境。《庄子》以其独特的思想价值和艺术魅力，广泛而有效地抚慰迷惘困惑的心灵，从自然、社会、哲学、政治、养生、养性、人生、情感、智慧等领域给我们开一剂消邪气、扶正气的药方，突显人生理想，深蕴生命关怀。内篇我们在课文《逍遥游》之外将该篇补充完整，从中体味摆脱现实之累、社会之羁、物质之锁之逍遥。大鹏自由自在地展翅万里高空，乃是因循自然之逍遥，并非最高境地的逍遥。庄子最高境界的逍遥是无待逍遥，即无物累、完全超脱外物的境界，那是精神上无止境无依托的逍遥，超自然的逍遥。内篇选授《齐物论》与《养生主》。从《齐物论》中读懂庄子蔑视人生纠缠于万物繁杂与差别，读懂庄子以执迷于外物和差别为最大悲哀，从而超越一切差别与对立，给人生以齐一的充实和虚无的大有。从《养生主》中领会庄子在社会的有限空间中因循自然的无限存在，如庖丁解牛般地"以神遇而不以目视""恢恢乎其于游刃必有余地矣"，以求精神上的持守与天性的满足。外篇我们在补足课文《秋水》内容，了解庄子参悟宇宙荒远辽阔的无限性以摆脱人类陷于自我陷阱的囿限之外，加授《刻意》一篇，感受庄子对自然人性被消解分化的怜悯和悲愤，享受平易恬淡、纯素无心的形体安泰与精神充盈。杂篇授《外物》一篇及《寓言》一段。通过《外物》了解人不可囿于外物，累于外物必遭心性的毁灭，要以自然为本质，以无用为用，以大钓无钓为治世无治的目标（"退耕还林"乃是这一思想的体现），达到循性自然于天游的至境，使人与自然重归和谐。通过《寓言》第一段的讲授，我们对《庄子》进行总结——诗性的哲学：1. 雄奇的想象；2. 跳荡的思绪；3. 巧妙的比喻；4. 寓真于诞、寓实于玄的独特形式——寓言、重言和卮言。

"三"即课堂教学"三思"。课堂教学是学校工作的主旋律，是学生获得知识形成能力的主渠道，也应是养气的主干流。"三思"，即一思"实"，二思"活"，三思"新"。

"实"即落实，实得。每一篇语文课文都有古今中外最美的风光在。可是由于受到影视文化、网络文化、快餐文化等冲击，由于即将高考，急功近利的焦躁，由于"语文学与不学一个样"的误解，由于我们语文课堂教学本身的疲沓困顿，由于学生长期应试而导致的审美麻木等等原因，我们失去了欣赏一幅幅美丽风光的心情与机缘，以致这些原生态的养气大补或被束之高阁，或遭错误地炮制，或囫囵吞枣，或食之不化，可惜而且心痛。比如古文，老师怕教，学生怕学，为了应付各类考试，只学字词，只粗知内容，因为考试只考字词、翻译，只考内容信息的筛选和整合，就把精妙的写法舍弃了，对深层思想含英咀华也省略了，捡了芝麻，丢了西瓜。我们在学完每一篇古文之后，让学生们至少用其中的一个思想或一种写法写一篇作文，让古文内化为学生的素质，涵养元气。"活"即在落实到位的基础上举一反三,触类旁通,学用结合。比如高中《语文》第四册第一单元,即中外小说单元,既可以借助《语文读本》或图书馆,与作者的其他篇目小说对比,扩展视野;也可以与用本小说改编的影视作品对比,比如课文《守财奴》与电影《欧也妮·葛朗台》对比;还可以反串四篇中的人物,将华老栓、夏瑜、玛蒂尔德、陈奂生、葛朗台组装在一个故事中,在比较与组装中已经汲取了文学营养,且学生们乐而为之。"新"即创新、创意,换一个角度思考问题,走一条别人没走过的路。教师必须有一种深层的人文情怀和深厚的学养功底,以免出现"别解""水煮"的误导。高中语文第三册《泪珠与珍珠》我们备课时觉得"学辅"和"教参"中有关主题"深情怀乡""思乡怀人"不能成立,于是在课堂上抛出问题,让学生充分讨论,有理有据地纠正了"学辅""教参"不全面的说法。这篇课文到完全生疏的北京12中给高一学生上,也得出同样的结论。创新思维无疑也是中学生必须涵养的底气之一。

"五"即引导学生建立"五座仓库"。为学生的高考、为学生的人生、为学生的精神家园颐养浩然之气。

一座名人库。让学生多读名人传记,了解名人,熟悉名人。名人的浩然之气"其为气也,至大至刚,以直养而无害,则塞于天地之间。其为气也,配义与道;无是馁也。是集义所生者,非义袭而取之也。"(《孟子·公孙丑上》)从中获取以天下为己任的博大胸怀,卓然不群的独立人格,自觉承担上天赋予使命的责任感,严以自律砥砺身心的道德自觉,鱼与熊掌不可兼得时的精神追求,穷达沉浮不馁不骄的达观态度。一座名著库。让学生享用精神大餐,接受前人文化遗产。庄子《逍遥游》中说过,"水之积也不厚,则其负大舟也无力;风之积也不厚,则其负大翼也无力,名著之积不足,则元气不充。"让同学们汲取可以激荡在我们的血管,充盈于我们周身的元气,使我们神完气足。一座历史库。让学生了解历史,以史为鉴,以和正气。波澜壮阔的历史从来是人类汲取力量和智慧的源泉,也是人类认识自我匡正自我的宝鉴。善于融史于今,自由吐纳,作文做人都可以"天机云锦用在我,剪裁妙处非刀尺"。一座生活库。让学生观察丰富多彩的生活，既能热情地入乎其内，又能冷静地出乎其外。古人有"读万卷书，行万里路"之说。苏辙认为养气重内心"内游"修养，更要重"外境"也即社会阅历的文气修养。他以为司马迁之所以"其文疏荡，颇有奇气"，乃是"行天下，周览四海名山大川，与燕赵间豪俊交游"的缘故。我们让学生建立生活库，就是将校园体验、社会体验、生活体验、情感体验、人生体验集合起来。一座专题库。让学生们将自己感兴趣、有专长、有钻研的事物材料收集起来，以便做强、做大、做精、做美它。每个人都有异于他人的禀赋气质，多元智能理论告诉我们，没有人可以所有智能齐驱并驾地开发和展现。曹丕《典论·论文》中说："文以气为主，气之清浊有体，不可强力而致。"人的气质禀赋在行文做事中都能表现出特有的风格与做派，带上每个人"体气"的印记。

总之，高中语文学习的"养气工程"旨在引导学生读天下好书，集生活经历，以养丰厚底气，写至美文章——引经据典的意气，遣词造句的灵气，妙用修辞的才气，角度独特的胆气，材料丰实的元气，立意高远的大气。以养浩然正气，成大写之人——立于天地之间。

参考文献：

［1］陈水德．庄子生命智慧通解［M］．安徽：安徽人民出版社，2000.

［2］何晓明．亚圣思辨录［M］．河南：河南大学出版社，1995.

［3］诸葛志．中国原创性美学［M］．上海：上海古籍出版社，2005.

［4］钱逊．中国古代人生哲学［M］．北京：清华大学出版社，1998.

［5］方智范．古典文学讲座记录稿［M］．上海：华东师范大学，2000.

3. 高中语文学习的强身之道①

语文学科在高一高二的"固本""养气"之后，进入了高三的"强身"阶段，以训练过硬本领，培养应试素质。我们高三语文学习的强身之道是一取、三练、五过关。

要"强身"，必须汲取最佳营养。在高一高二所汲取了《论语》《庄子》、名诗词、名人、名著、历史等营养之后，高三则汲取"史家之绝唱，无韵之《离骚》"的《史记》这一十全大补，以壮语文高考之行色。明代方孝孺《与舒君书》中有一段赞誉《史记》的话："如决江河而注之海，不劳余力，顺流直趋，终焉万里。势之所触，裂山转石，襄陵荡壑，鼓之如雷霆，蒸之如烟云，澄之如太空，攒之如绮毂，回旋曲折，抑扬喷优，而不见艰难辛苦之态，必至于极而后止。"《史记》对后世影响很大，唐代韩愈、柳宗元、宋代欧阳修、苏轼的"古文运动"即以司马迁的文章为楷模。

高三学生宜从《史记》中汲取以下几个方面营养。一、情理相制的思想倾向。作为史学家，首先要客观地反映历史，司马迁表现了勇敢的实录精神；作为文学家，司马迁的笔端总带着情韵，使《史记》饱含着作者强烈的爱憎。《史记》揭露批判了汉代最高统治者们的虚伪、残酷、腐朽与荒淫，揭露了封建统治集团内部的尖锐矛盾，谴责了伐大宛、伐朝鲜等不义战争，暴露了这种战争造成的巨大灾难；客观地肯定了秦王朝的历史功绩，歌颂了许多当时官方舆论所不容的人物。班固称之为"不虚美、不隐恶"。由于作者的悲惨遭遇，其笔端时常流露着愤疾之情和沉郁之气，流露出对刺客、游侠们的倾心赞颂，对失路英雄、含愤志士的无限同情。在《淮阴侯列传》中最能看到这种统一。文中几件轶事，说明韩信早年不遇而意志不凡，接着写萧何月下追韩信，刘邦筑坛拜

---

① 应永恒. 高中语文学习的强身之道［EB/OL］. 福建基础教育网, 2012 - 02 - 23.

将，写得最多的是韩信的战功，将重大战役写得有声有色。后半篇着重写韩信对汉王的知遇之感和非其罪而死，记载了二说、一擒、一斩、一烹。司马迁虽未直接议论，而其论断与感情已在叙事中体现，正如梁玉绳所说："一饭千金，弗忘漂母；解衣推食，宁负高皇？"从一小半篇幅写韩信非其罪而死以及与萧何的对比中，我们明显看出司马迁对封建专制的抗议和对韩信的同情。《考试说明》对作文要求的基础等级中历来有"感情真挚，思想健康"，"内容充实，中心明确"两条，学《史记》可得矣，为作文空泛、感情虚假者戒。二、宏微相济的人物描写。作为传记，人物描写是其中心。"宏"，指大场面、大事件的描写，是选择历史上重要事件给人物性格打底色，确定人物的基调。"微"，指小故事、小细节的穿插，往往能表现大事件很难表现的人物内在气质，微妙的心理活动，隐蔽的思想意识。"宏""微"配合着写才能生动而入木三分地写出人物。高三学生可从这里学习选材与剪裁的艺术。《项羽本纪》抓住三大事件淋漓尽致地刻画了项羽形象。一是钜鹿之战，写项羽起兵。叱咤风云，勇冠三军，摧毁秦军主力，突出其性格的主要方面：英勇善战，不可一世。写得壮烈。二是鸿门之宴，写项羽由盛到衰的转折，写政治斗争，写他的坦率、天真、不忍、纵敌、不善计谋、坐失良机，这是他性格的弱点。写得紧张。三是垓下之围，慷慨别姬，勇敢突围，斩将杀敌，所向披靡，退至乌江，从容自刎，写英雄末路。写得悲凉。其中霸王别姬是小故事穿插，写饮酒，赋诗，看似闲笔作用却大：首先是与钜鹿之战将天下玩弄于股掌之中的项王对比，形成极大反差，此时连所爱的美女都无可把握；其次是在英雄慷慨的底色之上，却有儿女情长与之统一；再次，生死关头何来空闲作诗，又有谁来听，谁来记？正是史迁笔补造化的传神写照。选材方面，如写张良，与天下存亡关系不大的言行皆舍弃不录，细节方面，如写李斯为郡小吏时对厕鼠与仓鼠的议论，都是十分精彩可学的。三、一多相兼的结构艺术。"一"是整齐划一，指结构的类型化。从人物传记讲有分传——一人一传，如《孟尝君列传》等；有合传——几个生平事迹类似的人物放在一起立传，如《老子韩非列传》等；有寄传——多人合传以一人为主兼及他人，如《廉颇蔺相如列传》以蔺相如为主；有杂传——为社会属性相同的群体列一个传，如《游侠列传》等。"多"指结构的多样化。这100多篇人物传记如何让人物呈现出各不相同的面貌，此司马迁艺术才华所在，是记叙文结构多样化的典范，可学者颇多。《项羽本纪》是单线式，通过一个人写一个时代，《李将军列传》是散点式。李广"与匈奴大小七十余战"，这样一个勇敢、屡建奇功的人物，司马迁只选择四次惊险战斗，重点写李广有智有谋的军事才能和"飞将军"的英雄本色，九死一生的李广却总遭受贬官，不得封侯，最终竟遭迫害而死，司马迁用散点式通过其军事才能与政治命运的反差表现出深厚的同情。《魏其武安侯列传》用的是网络式。在魏其侯窦婴和武安侯田蚡之间插入灌夫，形成三人网络式结构，写宫廷内部的矛盾、外戚之间争权夺利，舍弃与三人无关的事，直接写三人的纠缠。《管晏列传》用的是天桥式，用"管仲卒……后百余年而有晏子焉"的"天桥"句形成过渡。四、雅俗相容的语言特色。韩愈评柳宗元文为"雄深雅健，如司马迁子长"。雅，典雅；健，有力；雄，雄浑；深，深沉。《史记》词汇量之大，概括性之强，形象之生动不胜枚举，是我们民族语言的宝库。其个性化语言，如吕不韦见子楚质于赵时"此奇货可居"，陈涉佣耕时的"燕雀安知鸿鹄之志哉"，项羽见到秦始皇时"彼可取而代之"，刘邦观秦始皇时"嗟乎，大丈夫当如此也"等；其精练深刻毕现心理的语言，如秦王在楚王"愿得张仪"之后"欲遣之，口弗忍言"7字传神；其口语直录（"伙颐！涉之为王沉沉者！"）、其民谣、谚语、俗语的引用都是高三学生可以活学活用的典范。

　　高考文言文试题选材以人物传记为主，即使考此抒情小品文之类，多汲取《史记》这种"古文"的典范之作，就能搞定文言文。作文方面如写记叙文，上述四个方面皆可效法；如写议论文，《史记》中总有用不完的材料；写抒情小品类文又有《屈原贾生列传》可作范例。读《史记》能提高阅读鉴赏能力。读《史记》亦可学习做人，司马迁朴素的唯物思想、进步的历史观、反对民族压迫、歌颂下层百姓、求实精神、批判精神、人文情怀等有太多值得中学生汲取的东西。因而我们在对《史记》做出以上导读之外，向学生重点推荐《项羽本纪》《萧相国世家》《留侯世家》《管晏列传》《孟尝君列传》《淮阴侯列传》

《魏其武安侯列传》《李将军列传》《游侠列传》《货殖列传》等 10 篇让学生阅读。

高三为高考计是理直气壮的。考试是竞争，以竞争分优劣定取舍，虽不得已但既存在就有其合理性，我们就要研究如何积极面对。考场如战场，任何人都会全力以赴。全力以赴不能仅凭匹夫之勇，更要有技巧和智慧，智慧靠天分和涵养。天分不可期，"固本""养气""汲取"乃是涵养语文智慧之途径；技巧从"熟"而生，熟能生巧，"熟"从练中来。高考语文宜练"三点"——知识点、考点和关键点。

一练知识点，要练得全面而有序。全面是范围，有序是方法。打仗之前要穷尽战场将会出现的种种情况，复习要穷尽 12 年所学的语文知识点。语文知识是散点交错的，各知识点可以融会贯通，复习的原则、复习的顺序是由远而近，由大（宽）到小，由面到点。在全国的《考纲》和各省的《考试说明》出台之前，第一轮语文复习宜远离考点，放宽范围，面面俱到，忌一上来就直奔考点，捆住手脚，限制视野。从学生考试心理来说，只要练到了就不致太紧张。比如修辞格和标点符号，常常是"不单列"的，而在考场上修辞格却常常是一种很好的解题视角，标点符号也常常在语用题中综合出现，更何况修辞格和标点符号与作文关系十分密切。二练考点。所谓考点就是教育部考试中心每年颁布的《考试大纲》中"考试内容"的各个细目，即当年考试的范围。笔者认为，读书、思考与作文是多多益善、见缝插针的，而应考的练习决不可也不必无意义地机械训练，因为即便时间允许，多练也会麻木，也会厌烦。我们要向科学的训练要分数。科学的训练须注意以下 4 点：1. 明确考点，知道高考考什么，心中有数。2. 给考题归类，知道各类考点的得分策略，语文共 41 个考点，我们把它们分为 4 类，其中 6 个可直接突破——常识、名句、文言虚词、句式；7 个应类化突破——语言知识和语言表达中 D 层级的 7 项；3 个须包围突破——字形、字音与文言实词；其余 25 个宜策略突破——古诗文阅读的翻译，C 层级，E 层级与现代文阅读和作文和全部。3. 选好习题，按类按点，各个击破。4. 总结经验，接受教训，补缺补漏，掌握各考点的解题方向和技巧。三练关键点，这是考试规范方面的训练。比如审题一定要抓关键词，明确要我们答什么，以免答非所问，南辕北辙，离题万里。比如默写题字迹一定要工整，万不可漏笔、添笔或连笔；比如语用题的合乎规范，注意语言结构与字数限制；比如阅读题如何踩准得分点；比如作文题如何写好题目和首尾段。规范训练要让学生改掉坏习惯，形成好习惯，要让学生知道高考评卷规则，以免学生违规、犯忌而丢冤枉分。

高考语文的强身训练还要过五关。一过语机关。绝大多数省份语基 6 题 18 分仍然存在。福建省 2005 年高考取消前 6 题，将 3 个字的字形放阅读中去考；2006 年出台一个《考试说明》，语基"不单列"并不是语基不重要，也不是语基完全不考。字形放作文中考，原来 3 个错别字扣 1 分，现在是两个扣 1 分，有些用课改理念命题的省份还主张 1 个字扣 1 分，不封顶。熟语、修辞方法、标点符号、词语选用、修改病句等语基题还可以放在语用题中考。语基题主要用"包围突破"方法过关，平时考试仍要考查语基题，考到的必须记得，充分利用周练，练到的也必须过关，逐一突破，步步为营，缩小包围圈。二过阅读关。阅读题往往叫人捉摸不透，无法把握，其中以选择题形式出现的科技文阅读题，有时真让人如堕五里雾中，最强悍的学生有时可得满 12 分，有时又会全军覆没。我们可以先弄透现代文阅读的 9 个考点，每个考点做若干道练习，总结规律，临考时看一下这一题或这一问系考纲中的哪一个考点，在无法以语感立即感知的情况下，用平时归纳的解答这个考点的规律来完成这一题。我们还可以将手头有的经典阅读题按抒情类、说理类、描述类、评议类各选 5 篇来练，每篇都认真地做下来，与参考答案对下来，明白了纠正之后抄下来——三个"下来"，熟中生巧。三过古诗文阅读关。古诗文 C 层级的分析综合与 E 层级的鉴赏评价与现代文阅读要求相同，可以用上述方法解决；古文 B 层级的理解，实词用回归课本、重读注释与掌握规律、归类记忆两法结合过关；虚词和句式数量有限，每一虚词和句式都记住各种用法较经典的三五个例子，与试卷对比过关，翻译与断句的基础是理解，理解的基础在实词、虚词和句式，过关方法在前面。四过语言运用关。对近 3 年各省市高考试卷的语用题进行归纳整理，找出各种类型的语用题的解题规律，并时时将最新的模拟试题中的新题型列入其中逐一过关。比如这样几种语用题是必须训练到位的：仿句、对联、图文（表文）转换、转述、开场白、收场总结、各类应用文的写法、综合语病（包括标点符号错误）的修改、语言连贯（衔接）、语言得体（符合身份、符号场合等）、语言简明与概括（包括一句话新闻或新闻标题的拟写）、广告词、手机短信息等，五过作文关。我们主要有三招：一招是或话题，或命题，或材料选出最新版本的10个作文题，按作文行文程序进行审题、拟题、选材、结构、首尾语言等专题练习；第二招是让每一个学生自选10篇高中时写的不同类型的作文，老师与他（她）一一讨论，辨优劣，扬特长，明方向；第三招是在高考前二三十天进行一次作文热身，在限定的45分钟内完成，有兴趣的同学课后还可以写同题目不同体裁风格的若干篇作文，老师一一面评，探讨这个作文题的不同写法，每个学生作文材料还可以用于什么不同的话题，以提高每一个学生的实战应变能力和活用现有材料能力，以确保"半壁江山"在考前即稳收囊中。

本着引导学生"多读书、少做题"的原则，高三语文学习的强身运动，我们不争时间，讲究效率，避免学生筋疲力尽；不过琐碎，注重条理，避免学生不知所措；不加容量，力求精练，避免学生顾此失彼；不增强度，崇尚实用，避免学生身心憔悴。通过一年的强身运动，练就过硬身手，让学生们高考语文游刃有余、轻取高分。

参考文献：

[1] 白寿彝. 史记新论 [M]. 北京：求实出版社，1980.

[2] 韩兆琦. 史记选注集说 [M]. 南昌：江西人民出版社，1982.

[3] 朱东润. 史记考索 [M]. 上海：上海华东师范大学出版社，1996.

4. 文言文教学之"和"①

我曾花了不少时间研究过作文教学，那是因为自己爱咏诗作文，是兴趣；我曾花了不少时间研究小说和诗词等文学作品的教学，那是因为被文学形象所震撼，是喜欢；而我花更长的时间研究文言文的教学，这是因为我被逼得无路可走了，是害怕。

我在闽北山村教过初中、高中，如果说那里的学生根基浅，学不好文言文，对文言文没兴趣，似乎还有情可原。可是后来到了龙岩一中，这在福建省可以说是一流的示范校，不管初中还是高中，学生最害怕上的课还是文言文。为什么？因为无论教材怎么变，教学改革怎么改，文言文串讲的那一套上法都至今不变：逐字逐句，不慌不忙，从头到尾，无所遗漏。学生为了考试，又不得不认真听，教师怕学生弄不明白，恨不得学生把整个的翻译都背起来。老师怕教文言文又不得不那样教，更多是因为学生怕学文言文但为了应试又不得不那样学。这是一种什么样的循环呢？是一种厌烦的循环，厌烦循环的课对学生和老师都是一种折磨，都是一副枷锁。20 世纪 80 年代，我在顺昌县高阳中学、岚下中学时，就尝试着在文言文教学上砸碎这个枷锁，也有一定成效，这成效目前来看也只能用学生的中考成绩来衡量了，那就是我所教的班级学生中考语文平均成绩超过重点中学，当然那不仅仅是文言文教学的功劳。1990 年，我将文言文教学的"尝试"写成一篇论文《变被动地接受为主动的汲取——文言文教学尝试》。重拣出来，透过发黄的纸页，进入那油印的字里行间，自我感觉上世纪末我的那些"尝试"似乎还不算过时。这篇论文获得"南平地区中学语文教学研究会第 8 届年会论文"二等奖。

到龙岩一中，无论教初中还是教高中，仍然没有间断对文学作品、作文和

---

① 应永恒. 文言文教学之"和"［J］. 小学语文，2006（10）.

文言文教学的研究，直接的成果便是《学古文　写作文》这本书了。拙著《自序》的标题是"和，然后安然、自然、陶然"，那是对我研究的课题的纵向说明，目的是让学生会用这本书，我把与学生"学古文写作文"无太多关系的内容略去了。本文则想从横向的角度说说我教学文言文的想法和做法。

如果要用一个字概括，还是"和"字，这是我文言文教学的指导思想，也是我整个语文教学的指导思想。

文言文内部之和　文章内部一般有四个层面，举《陈情表》的教学为例。第一层面为语言符号层面。生字生词有：衅、闵、悯、躬、祚、茕、孑、蓐、猥、陨、逋、矜、擢、渥；通假字有闵、蓐、有、零丁；一词多义主要有：险、凶、见、吊、拜、寻、息、听、卒；活用字有：职、上、日、闻；古今异义有：成立、婴、除、告诉、辛苦；虚词主要须讲清"以""则"；句式则判断句、被动句、倒装句、省略句都有；修辞格：讳饰（慈父见背），对偶（外无期功强近之亲，内无应门五尺之僮），比拟（沐浴清化），比较（急于星火），比喻（日薄西山、乌鸟私情、臣不胜犬马怖惧之情），借代（死当结草），夸张（朝不虑夕）等等；成语：零丁（今作"伶仃"）孤苦、茕茕孑立、形影相吊、日薄西山、朝不虑夕等。这属于语言符号层面的东西，是我们文言文课堂教学的主旋律，一定要过关，这里主要是课堂上如何操作的问题。可以布置学生预习，自查工具书解决，又可以抽查小测解决，还可以学生互相检查解决，也可以和后面三个层面"和"在一起解决。这篇课文，成语的问题可以让学生造句、组段来解决。第二层面是形象层面。通过语言层面的理解唤起我们对形象的想象，我们眼前可以想象李密出生6个月时父亲死去的情景，可以想象李密4岁时母亲改嫁的情景，可以想象从4岁至44岁祖孙相依为命的情景，还可以想象如下情景：李密面对晋武帝时的矛盾，96岁的祖母刘氏年迈体弱的情景。这一层面可以让学生口头描述，可以让学生就其片段写短文描述，以培养理解、想象、表达等能力，还可以通过表演重现课文。第三个层面是文章含义即文章主题的层面。这首先要让学生了解背景：司马氏集团灭蜀之后，为了笼络西蜀人士，大力征召西蜀名贤到朝中做官，李密也是其中之一；李密是亡蜀降臣，如若不应诏，会被误认为"矜守名节"，不与司马氏合作，将招来杀身之祸。司马氏集团通过阴谋和屠杀建立了西晋政权，为了巩固统治，提出以"孝"治理天下。李密至孝，与祖母相依为命，故写此奏章，陈述自己不能奉诏的原因，提出终养祖母的要求。文中所写皆是真情实意。这个层面是我们教学切入的主要工作面，我们是通过提出问题来引导学生研读课文、解决前二层面的问题的。在介绍了课文的背景、介绍了李密作为蜀汉旧臣对刘禅有较深的感情并称之为"可以齐桓"等情况、介绍了封建社会"伴君如伴虎"的普遍现状之后，提出这样两个问题：1. 李密不能奉诏其实有几个原因，为什么抓住"孝"字反复陈述？2. 题为"陈情表"，作者以叙述（即"陈"）来表达"情"，作者是如何"陈""苦情、难情、忠情、孝情"的？这两个问题其实已牵涉到"陈情"的角度、内容、层次和表达技巧了。第二个问题涵盖了全文的四个自然段，可以分四组分别解决。这个层面的两个问题解决了，前面两个层面的问题也基本解决了。教学中，第二个问题还可以分解成一个个小问题。第四个层面是意蕴层，这个层面突破了文章形象和主题的具体意义，成为超越形象意义的带有普遍性心理哲理的内涵。这已不仅仅是"内部之和"了。教学《陈情表》自然应当让学生对被封建社会当作传统美德的"忠""孝"观念加以评价。

文言文在语文科内之和　文言文教学是可以与诗词"和"的。王勃的《滕王阁序》是一篇典型的赋体散文。同时王勃还有一首《滕王阁诗》附于文后。我们把原诗抄给学生："滕王高阁临江渚/佩玉鸣鸾罢歌舞/画栋朝飞南浦云/珠帘暮卷西山雨/闲云潭影日悠悠/物换星移几度秋/阁中帝子今何在/槛外长江空自流"。第一句点明滕王阁的形势，写空间，写兴致勃勃。第二句点明豪华场面一去不返，写时间，写意兴阑珊。第三句写居高，第四句写临远，这颔联写出滕王阁的寂寞，并且情景交融，寄慨遥深。第五句"闲云"，紧承"南浦云"，"潭影"紧承"江"，一俯一仰，写空间。第六句"日悠悠"又写时间，写时间的漫长，风物更换，又自然地引出尾联两句：物要换，星要移，帝子要逝去，只有槛外长江永远地东流无尽。我们可以让学生通过比较鉴赏，了解诗的含蓄，散文的明朗，诗的精致，赋体散文的排场，诗的意在景中，散文的直抒胸臆。

通过比较鉴赏还可以了解这首诗与这篇赋的内容和感情是有很多相同之处的。如果程度好的班级还可以深入讨论：你更喜欢诗还是更喜欢散文？为什么散文更出名？这种上法和 2002 年第 2 期《福建教育》所登《〈滕王阁序〉教学案例》又有所不同了，效果也会同样好。还可以就文言文的人物与诗词对人物的评价契合着来上。如《鸿门宴》中的项羽，有两首评价他的诗，一首是杜牧《题乌江亭》："胜败兵家事不期/包羞忍耻是男儿/江东弟子多才俊/卷土重来未可知"；一首是李清照的《夏日绝句》："生当作人杰/死亦为鬼雄/至今思项羽/不肯过江东"。让学生通过这两首诗的鉴赏，结合《鸿门宴》中的项羽，谈谈对项羽的看法，这对强化课文的理解也大有好处。程度好一点、兴趣高一点的班级，还可以让学生们通过鉴赏项羽的《垓下歌》（"力拔山兮气盖世/时不利兮骓不逝/骓不逝兮可奈何/虞兮虞兮奈若何"）和刘邦的《大风歌》（"大风起兮云飞扬/威加海内兮归故乡/安得猛士兮守四方"）来认识这两个历史人物。司马迁《史记》选录这样的两首诗，对项羽、刘邦来说，是他们各自唯一的作品，蕴藏着他们自身十分丰富的性格密码和选录者司马迁的情感倾向，与课文结合是扩展，是深化，是研究性学习，是自主探究，效果是很好的。有时还可以通过咏叹文言文作者的诗来引入课文，介绍作者，激发学生学习兴趣，扩展学生知识面，使学生更全面深刻地理解课文。如教学贾谊的《过秦论》，可以在教学之始或教学之末用一首诗让学生更多地了解作者贾谊的悲剧人生。一首是李商隐的《贾生》："宣室求贤访逐臣/贾生才调更无伦/可怜夜半虚前席/不问苍生问鬼神"。

文言文教学可以和现代文之和 与课文中的文言文有联系的现代文教材只有一篇，那就是新编入第二册课本中的刘征的杂文《庄周买水》。文章活用了《秋水》与《涸辙之鲋》的典故和人物形象。教学第一册中的《秋水》时可让学生借来第二册课本（亦可打印给学生，练习二还附了《涸辙之鲋》），这样三篇文章放在一起研究，最经济有效，相得益彰。如果扩展到《语文读本》，教学姚鼐的《登泰山记》时可以与 2000 年 12 月版《语文读本》第二册中李健吾的《雨中登泰山》比较鉴赏。

　　文言文教学与作文教学之和　是本人历经三届做了五年的课题。概言之，即学习完每一篇文言文后，即让学生用从文言文中吸取的若干写法完成一篇作文。高中文言文凡40篇共计百余种写法，读写契合，贯穿整个高中阶段的文言文教学。读写契合，使学生作文时能消化文言文，学文言文时又为作文找到写法，对学生的素质提高和应试能力的提高都是高效的。原课题名称为"高中古代散文与现代文章学契合"，成书时，更名为"学古文写作文"，并去掉课题论证中的理论成分，以适合中学生朋友的阅读和模拟。有兴趣的朋友可以将拙著《学古文写作文》找来浏览一下。这里仅举一例简要说明。学习孟子的《寡人之于国也》之后，即布置学生在以下两项作文作业中选一项完成：1. 以孟子的语气写一封信给美国总统布什，劝他放弃进攻伊拉克；2. 以孟子的名义写一封信给伊拉克总统萨达姆，说服他实行民主。我们选用了陈舒恬同学的《孟轲给萨达姆的一封信》，内容方面字里行间皆为孟子精华，可见陈舒恬同学研究孟子已有相当火候。文笔方面也保持了孟子文风：第一，以不可阻挡的气势和严密的逻辑，先强调"民心"之重要，深入说明施仁政可得民心，再说施仁政可以德服天下，末而又说德服必先要君王起表率作用，层层深入，说服力强；第二，善用比喻，如筷子之喻，大河小河之喻；第三，语言上，整齐的排比、骈偶句式在全文比比皆是，又适应情境注意外交辞令的使用。这样，通过作文，学生较深入地研究孟子，又通过学习文言文，获得内容和技法养料，运用于作文中，古文与作文，语文与做人，皆得丰收。此外顺手举几例一眼即可看出读写之"和"的学生作文：《四合院轶事》（《项脊轩志》），《游冠豸山》（《登泰山记》），《归来》（《陈情表》），《祭猫文》（《祭十二郎文》），《庐山赋》（《赤壁赋》），《我是一只飞鸟》（《逍遥游》）等。

　　文言文与其他学科之和　与音乐和：每一篇课文朗读时都可以配以相应的音乐，这活可以让喜欢音乐、爱好流行歌曲的同学干。与绘画和：单幅的，"曲水流觞""师生言志""屈子行吟""弈秋诲弈""陶潜归去"等；连环的，凡有故事情节、行为过程、时空转换的课文的如《触龙说赵太后》《鸿门宴》《齐人有一妻一妾》《柳毅传》《愚溪诗序》等皆可画成连环图。不会画的学生也可参与，画示意图即可，再退一步，为同学的画写设计说明或脚本也行。比如一次画《邹忌讽齐王纳谏》，就有一个不会画画的学生提议邹忌之妻与妾在画面上应有区别：妻应为自然、微笑、平视面对邹忌，妾则应有所紧张、没有表情、低头面对邹忌。这个不会画的学生对课文研读是很到位的，达到了我们"以画促读"的目的。与雕塑和：可画的多也是可雕的。单人塑：烛之武、柳毅、庄周、廉颇、信陵君、司马迁等。群塑：兰亭群贤，石钟山探秘，虎丘同乐，负荆请罪，鸿门宴等。自然景物塑：泰山雪景、田园风景、茂林修竹等。人工建筑塑：阿房宫、兰亭、虎丘塔、项脊轩、滕王阁等。与时事政治和：以下的讨论题和作文题，即是学习文言文与时政结合的产物，仁义、民心与美伊战争，上市长十思疏，给校长的十条建议，庐山别墅群之我见，孔孟之道与"三个代表"等等。引导学生学用结合，通过思考生活小事和国家大事来评价古人思想，是思维训练，是能力培养。与历史和：《过秦论》和《六国论》探讨的是同一段历史，不同作者切入的角度不同，得出的结论也不同，学习这一类史论文之后，可以让学生或另辟蹊径重评秦这一段历史，或自选一个朝代加以评价，或选一个历史人物评其是非功过，或找一历史细节表明历史的偶然与必然。至于文言文与数学、物理、化学、英语、地理、生物等学科的和，各位老师和学生皆可根据自己的兴趣、爱好和研究加以挖掘，这是调动不同兴趣的学生学习文言文积极性，全面提高学生素质的一个途径。

文言文与考试之和　以上诸"和"是可以最直接最近期地产生效果的，即可以提高考试成绩了。中、高考语文试卷中的仿句题和对联题是可以通过学习文言文来训练的。文言文中有许多优美的骈句，本身就是最好的对联范式，多读成诵，形成语感。还可以改造一些句子让学生仿写或对对子。现选一些课文的组句为例：崇山峻岭徜徉于茂林修竹间所以游目骋怀；息交绝游登东皋以舒啸；暴霜露斩荆棘祖父创业不易；奇伟瑰怪非常之观常在险远；临终赐三矢无忘乃父之志；三五明月照半墙桂影斑驳风移动；先孝后忠皇天后地可共鉴；愚溪愚丘愚泉愚沟愚池咸以愚辱；人生如蜉蝣寄于天地一粟托于沧海何不侣鱼虾友麋鹿驾扁舟抱明月焉；学鲲鹏胸有凌云志扶摇九万里；雁落平沙霞铺江上峦壑竞秀可觞客……

　　中、高考都有阅读和鉴赏题，这多为文言文教学所忽略，我们多把目光盯在字词句式的教学上，白白浪费了许多时间。现举 2002 年审查通过的高中语文第一册中的几篇文言文教学中引发学生思考的问题为例。《烛之武退秦师》："今老矣，无能为也已"，句子语气词的叠用说明烛之武什么样的心情和性格？《勾践灭吴》："栖"字多指鸟类停歇在树上，课文为什么说"越王勾践栖于会稽之上"？《触龙说赵太后》："徐"与"趋"是有矛盾的，文中为什么连用为"入而徐趋"？《邹忌讽齐王纳谏》：同样赞徐公之美，妻、妾、客说法有什么不同？表现了各自怎样的心理？《子路、曾皙、冉有、公西华侍坐》：为什么胸怀天下、提倡复礼归仁的孔子在这里却推崇曾点呢？文言文中有许多课文和古诗比较接近，完全可以通过鉴赏这些文章让学生更多地学会鉴赏古诗词。文言文与古诗词比较接近的课文有《兰亭集序》《归去来兮辞》《滕王阁序》《阿房宫赋》《登泰山记》《愚溪诗序》《赤壁赋》《虎丘记》《报任安书》等，都应当认真鉴赏，充分挖掘其美学价值。

　　作文总是语文试卷分值最高的题目。这里专门讲从文言文中学习议论文的结构的问题。议论文的四种常见结构，我们可以用四篇能背的文言文来记住。联想格——《爱莲说》：概括——联想——析理；回评格——《得道多助　失道寡助》：概括——回评——归纳；列据格——《生于忧患　死于安乐》：列据——析理——归纳；推递格——《出师表》：立论入据——承接递据——再接递据——归纳。而议论文总的又可以从以下四个方面来安排结构：是什么、为什么、怎么样、会怎样，这四个结构都具备的最典型的课文是《谏太宗十思疏》。记住了这五篇议论文的结构，学生写议论文的结构条理就不会有问题了。

　　文言文与人情社会之和　文言文是了解中国历史、中国国情的最好范本。苏东坡有"月有阴晴圆缺，人有悲欢离合，此事古难全"的词句。晶莹碧透的至情至孝，我们读李密的《陈情表》可以洞见；肝胆痛断的至情之哭，我们读韩愈的《祭十二郎文》则为之叹惋，家庭细琐的散漫委婉，我们读归有光的《项脊轩志》会为之深缅；发自内心深处的血泪郁结，我们读《报任安书》有太多的感慨。

　　"文以载道"是相当一部分的文言文作者的一种自觉。文言文中表现或涉及自己政治见解的占绝大多数。《季氏将伐颛臾》提出了"均""安""修文德"的策略，孟子《寡人之于国也》《齐桓晋文之事》《庄暴见孟子》《孟子见梁襄王》等文章分别说明了施仁政、保民而王、与民同乐、不嗜杀等政治观点；《谏太宗十思疏》提出十条政治措施；《过秦论》《阿房宫赋》《六国论》《伶官传序》等文则从反面提出了执政者仁政、清廉、团结、忧劳的重要；《病梅馆记》托物言志批判压抑思想、摧残人才的罪恶；《促织》通过"变形"控诉统治者的荒淫腐朽及对百姓的欺凌和迫害；《种树郭橐驼传》以寓言形式告诉统治者做官治民要顺应自然，减少繁杂的政令滋扰。

　　军事斗争的运筹帷幄、机诈诡谲、刀光剑影，我们看《鸿门宴》，最是惊心动魄。此外《勾践灭吴》《信陵君窃符救赵》《烛之武退秦师》《廉颇蔺相如列传》等文中也可见其端倪。

　　外交与君臣关系体现在文言文中又蕴含着多少中国文人士大夫的人生智慧。有以退为进的烛之武，有谦逊下士的信陵君，有智勇兼备的蔺相如，有深沉幽远的文种，有善于设喻的邹忌，有迂回包抄的触龙。

　　教育方面，孔子的循循善诱、师生融洽，荀子的假物而学、深入浅出，韩愈的传道、受业、解惑、择师等，放在课程改革环境下的今天，亦有许多颠扑不灭的所在。

　　文言文与宇宙人生之和　人生天地间，宇宙自然是我们生命的寓所，以人观照之，则都是"人化"了的世界。在风花雪月的清光美影下，在山光水色的迷人景致中，在恬淡静雅的田园风景里，在奇险怪峻的沟壑峰峦间，无不寄寓着人生的情感意绪，无不渗透着生命的心灵性情。王羲之借山水以唱情怀，柳宗元居愚溪以抒愤懑，袁宏道访虎丘而明政理，姚鼐登泰山而寄性灵。

　　诺贝尔物理学奖获得者杨振宁从小就有数学天赋。在他读初二的时候，父亲为他请来了一个家庭教师，教他学《孟子》。他用一个半暑假，每天去他父亲的办公室学习，直到能把《孟子》全文从头到尾背下来。杨振宁于 1997 年 6 月

27 日在《光明日报》上说："《孟子》里头有许多儒家哲学，你可以了解整个中国的思想方式，现在回想起来，这对于我这个人整个的思路，有非常重大的影响。"做人是头等大事，我们文言文教学也应理直气壮地教学生从中华民族的文化宝库中吸取丰富的养料。仁，我们的孔子"仁者爱人"，"己所不欲，勿施于人"，"己欲立而立人，己欲达而达人"。义，孟子在鱼与熊掌不可兼得时舍生取义，"富贵不能淫，贫贱不能移，威武不能屈"，在《五人墓碑记》中也得以充分表现。礼，政治和道德的规范，是恭敬之心，辞让之心，信陵君能礼贤下士，才有侯生朱亥的两肋插刀。智，是道德修养与知识的统一，从这个角度说，文言文课文中的作者及主角，绝大多数是智者。信，孔子说"人而无信，不知其可也。"市场经济，信是基础。晋文公不许子犯的击秦之请，是信，秦王得璧而无意偿赵城，是无信。忠，对国家、君王、他人尽力，是忠。屈原、孔明尽忠报国堪为万世师表。教材中烛之武、邹忌、文种、伍子胥都是忠国忠君的榜样。诚，是真实无妄，古人所说的"慎独"也是诚。至诚之心使魏征多次逆龙鳞，使触龙敢冒"唾面"之难堪而进谏。孝，百善孝为先。李密与祖母相依为命，血缘情深，其孝心终于感动晋武帝。节，苏武大漠牧羊 18 年，是为国守节，陶渊明不为五斗米折腰是为自己的独立人格守节。勇，周处杀虎斩鲛为民除害是勇，蔺相如不畏暴秦完璧归赵是勇，司马迁宁受宫刑著史流芳更是大勇。廉，诸葛亮把廉洁看作与名节攸关的大事，自己生活费用，完全靠官府俸禄，不另为家业增丝毫，去世前在《自表后主》中说："不使内有余帛，外有赢财，以负陛下。"包拯家训明令：子孙有贪赃者，死后不得葬入家族坟地。勤，燧人氏钻木取火，有巢氏构木为巢，神农尝百草，大禹治洪水，皆是中华民族先人用辛勤劳动创造中华文明之写照，愚公移山精神是我们战胜敌人的法宝，也是我们建设和创新的法宝。俭，朱伯庐《治家格言》有言："一粥一饭，当思来处不易；半丝半缕，恒念物力维艰"。旧教材司马光的《训俭示康》中说："有德者皆由俭来"，把"俭"提到何等高度。

人生的智慧还在于能明白天下哲理。王安石借游褒禅山道出"世之奇伟、瑰怪、非常之观，常在于险远"、人"不可以不深思而慎取之"的哲理；苏轼通过实地考察，得出"事不目见耳闻"不能"臆断其有无"的哲理；韩愈从土大夫耻学于师的风气中，得出"弟子不必不如师，师不必贤于弟子，闻道有先后，术业有专攻"的哲理；文种则在国运艰难中以"夏则资皮，冬则资绤，旱则资舟，水则资车"的哲理晓喻越王勾践。

人生难免有挫折，不如意事十之八九。古代的大智慧者，是怎样看待生命的？面对不断的失望和腐败的官场，陶渊明高唱"归去来兮，田园将芜胡不归？"只管将自己的情思意趣交融在宇宙天地自然的大化之中。面对无限的长江和短暂的生命，苏轼沉吟："物与我皆无尽也"，只管怡然自得，超然旷达，因为"造物者之无尽藏"可以"取之无禁，用之不竭"。面对生命的尽头和夕阳的余晖，孔子慨叹："太山坏乎！梁柱摧乎！哲人萎乎！"这位历史巨人悲壮而坦然地告别了他孜孜以求的理想。最洒脱的当属一生死、齐彭殇的庄子了，你看他用那离奇的想象和怪异的形象去构筑一个精神和情感的超越时空的自由世界，他顺应自然万物的本性，适应天地万物的变化，在无始无终无边无垠的空间遨游，达到"无己""无功""无名"的绝对自由逍遥的境界！

以上诸"和"绝对不是截然分开的，分开了就不是"和"了；以上诸"和"不可能也没必要在教学中面面俱到，那是为了"和"而"和"，那是"同"了。我们举《子路、曾皙、冉有、公西华侍坐》为例说明。内部之和，这篇短文的语言符号层面十分丰富。从形象层面上看，可以写成剧本，让学生上台表演，这就是读写之和，语文与戏剧之和了。可画可塑是语文与其他学科之和。让学生根据文章内容为曾皙选一首适合他弹奏的曲子，是与音乐之和。对子路"哂之"，对冉有和公西华未置可否的问题设计与讨论，是与考试之和。对"喟然叹曰：'吾与点也'"的深入挖掘，则是与阅读鉴赏的和，与人情社会的和，与人生态度、性格特征、晚年心境的和，与"莫春者，春服既成，冠者五六人，童子六七人，浴乎沂，风乎舞雩，咏而归"的描述结合起来理解，也是与宇宙天地人生之和了。这篇短文是何等精妙地表达孔子晚年无奈中的执着。孔子对三个弟子并未完全否定的淡然态度，某种程度上肯定了他们的从政精神。对曾皙的赞同，又有他几十年人生历程中对社会的深刻认识，以及对人生淡然而伟大的深刻体悟。学习这样的课文，我们会对当时尊严的师道、循循诱导的教育方法、宽厚仁爱而又直率表露的人生品格，理解别人、了解自己的心灵态度，无奈而又乐观的人生意趣等肃然起敬；我们会为简短语言就使境界全出，描写的凝结，语言的传神，富有变化的表述等精彩技巧所折服；如果仅为应试而通译全文，串释字词，势必买椟还珠，捡了芝麻丢了西瓜！

每带一届学生，第一节课文课上，我都要告诉学生，学语文有三个层次的目标：高考高分，生活美好，精神丰盈。应试教育环境下的社会、家庭都逼我们只为第一层次的目标而作刻苦的机械的训练。稍明机智一点的人，能把眼光放稍远一点儿，知道语文学好了，将来找工作会多一个筹码，却很少有人把语文的学习与人文素质的培养和精神家园的构建结合起来。特别是文言文教学，最令人心痛。

1988 年，75 位诺贝尔奖获得者在巴黎宣称：如果人类要在 21 世纪生存下去，就必须回到两千五百年前，去学习孔子。那绝不是去学我们高考考的"之乎者也"，而是去汲取孔子的智慧。西方学者对中国传统文化的深情关注，更应引起中国人的深思。编入课本的文言文是中华民族几千年文化的积淀，是民族精神的结晶，绝大部分都能陶冶情操，澡雪精神的。

从这个意义上说，文言文的教学还要强化和深化，所以，本人在完成教学内容之后，高一加授《论语》，选授《孟子》，高二选授《庄子》，高三选授《史记》，我觉得这对高考丰收、生活美好、精神丰盈都是极其有益的，这也是语文教学的"和"。

5. 汲取《论语》智慧　提升人生品格

香港著名企业家霍英东先生说："中国传统文化的伟大精神，形成了一种无比强大的凝聚力、推动力，感染着、熏陶着所有海外赤子，使他们团结协助，自强不息。在困难面前，不丧失信心；在失败之后，不气馁退却；在顺利之时，不骄傲自满。孔子的许多好的思想，一直鼓舞着海外华人，使他们能够在他乡异地，艰苦创业、勇往直前，做出成绩。"（《孔子诞辰 2540 周年纪念与学术讨论会论文集》，三联书店 1992 年版）这段话从一个侧面表现了孔子的人生观对后世的影响。给高中学生讲授《论语》，让学生从中汲取人生智慧，不仅有益于学生度过人生最劳累的高中时期，更有益于学生走向社会后，提升人生品格，铸造人生辉煌。

　　"志当存高远"，这是诸葛亮对后代的教诲。人生是一本书，立志就是这本书的第一章，正如古语说的"志者，气之帅"。人生的路不可能笔直平坦，它总是坎坷不平，充满艰辛，《墨子·修身》篇中告诫人们："志不强者智不达。"要拥有成功，就要克服软弱。而怀抱远大理想的人，就能坚持到底，矢志不移，最终取得成功。《论语》中"志"字凡 17 见，专谈立志问题的也有 11 章，足见孔子对立志问题是十分重视的。孔子把志于道（即实现仁）看得非常重要而迫切，他说"朝闻道，夕死可矣。"（《论语·里仁》）"志士仁人，无求生以害仁，有杀身以成仁。"（《论语·卫灵公》）他的学生曾参说："士不可以不弘毅，任重而道远。仁以为己任，不亦重乎！死而后已，不亦远乎！"（《论语·泰伯》），也就是说，立志、闻道、求仁，在一定意义上比生命更重要。孔子自称，"吾十有五而志于学。"（《论语·为政》）又说："志于道。"（《论语·述而》）"苟志于仁矣，无恶也。"（《论语·里仁》）"士志于道而耻恶衣恶食者，未足与议也。"（《论语·里仁》）孔子时常让学生各言其志，立志问题是孔门师生讨论的热门话题之一。除了选于《论语·先进》的课文《子路、曾皙、冉有、公西华侍坐》外，《论语·公冶长》也描述了师生言志的场面。子路的志是："愿车马衣轻裘与朋友共，敝之无憾。"颜渊的志是："愿无伐善，无施劳。"学生想听听老师的志向。孔子说："老者安之，朋友信之，少年怀它。"显然。孔子的"志"重点在政治方面。孔子一再讲到他的政治理想，在《论语·阳货》中说："苟有用我者，吾其为东周乎！"在《论语·子路》中他自信地说："苟有用我者，期年而已，三年有成。"孔子的最终目的是再现周公开创的大一统的政治制度和社会秩序，其志可谓大矣。

入世济世　人的一生应怎样度过才有价值，这是一个历久常新的问题。《左传》襄公二十四年记载了叔孙豹的话："大上有立德，其次有立功，其次有立言。虽久不废，此之谓不朽。"立德指道德品格高尚，成为人们的楷模；立功指建树功勋，造福当时，沾溉后世；立言指留下言论思想学说，在精神上给予人长远的影响。孔子继承了"三不朽"的人生价值观，对人类社会抱有执着的情怀，关心民生疾苦，关注对人生问题的思考与解决。孔子认为人应有成就感和紧迫感，力争为社会、为后人留下有益的东西。不但个人要活得充实、有意义，还应对人群有所贡献。孔子说："君子疾没世而名不称焉。"（《论语·卫灵公》）这与现代心理学家把成就感、自我实现的需要看作是人的最高层次的需求是不谋而合的。而孔子的贵名、为名是与他的核心思想"仁"联系在一起的。他说："君子去仁，恶乎成名？君子无终食之间违仁，造次必于是，颠沛必于是。"（《论语·里仁》）可见孔子是要通过行仁则成名。行仁是成名的基础，成名是行仁的结果。成名绝不是为了一己的出人头地而不择手段地争名，更不是虚伪地欺世盗名。成名是为了给大众和后人留下有益的东西，所谓"泛爱众"（《论语·学而》），所谓"博施于民而能济众"（《论语·雍也》）都证明了这一点，这种成名是崇高的。《史记·孔子世家》在描述孔子修《春秋》时的心境时写道："子曰：'弗乎，弗乎！君子病没世而名不称焉。吾道不行矣，吾何以自见于后世哉？'乃因《史记》，作《春秋》。"孔子教学授徒，"删诗正乐"，分明具有"自见于后世"的用意，以"述"为"作"，将思想长留于天地之间。

自强不息　孔子一生百折不挠的韧劲，脚踏实地的求实精神，坚持不懈的旺盛斗志，永远进取的高尚品质，从内因方面讲，所有这些无不贯穿着他的成就意识和自强不息的奋斗精神，才使他从一个出生于士阶层的孤儿，成长为当时就有很高知名度的博学之士，成为一个伟大的教育家、思想家。这种自强不息的精神，如果用《论语》中的一句话概括，就是"知其不可为而为之"（《论语·宪问》）。孔子早年就"志于道""志于仁"，终生奋斗，老而弥坚。政治上他曾有过春风得意、踌躇满志的三年仕鲁时期，但更多的还是屡遭冷遇、四处碰壁的痛苦。周游列国十几年，未得重用，吃尽苦头，"斥乎齐"，"逐乎宋"，"畏于匡"，"困于陈蔡之间"（《史记·孔子世家》），遭遇坎坷，却始终坚信自己的理想，愈挫愈奋，永不退缩，即使到了"甚矣吾衰矣"的晚年，仍满怀"自见于后世"的热情，编书立说，授徒讲学，寄希望于下一代。孔子赞扬颜渊不断上进的精神："吾见其进也，未见其止也。"（《论语·子罕》）对于苟且偷安、不思进取的表现，则给予深深谴责："士而怀居，不足以为士矣！"（《论语·宪问》）面对奔腾不息的河水，他自勉说："逝者如斯夫！不舍昼夜。"（《论语·子罕》）看到凌寒傲雪的松柏，他自励："岁寒然后知松柏之后凋也！"他还打比方说："譬如为山，未成一篑，止，吾止也；譬如平地，虽覆一篑，进，吾往也。"（《论语·子罕》）这种把未来操在自己手中的自强不息精神，值得钦佩。

乐观进取　孔子有"忧"吗？有。"德之不修，学之不讲，闻义不能徙，不善不能改，是吾忧也。"（《论语·述而》）又说"君子忧道不忧贫。"（《论语·卫灵公》）"有国有家者，不患寡而患不均，不患贫而患不安。"（《论语·季氏》）看来，不计较个人生活的优劣，甚至以苦为甘；不以贫贱为耻，而安贫乐道；心中忧虑的只是道德是否长进，社会是否安定，民生是否富足，这是孔子的"忧"。而孔子的主体精神是洋溢乐观情调的。孔子自述："饭疏食，饮水，曲肱而枕之，乐在其中矣。不义而富且贵，于我如浮云。"（《论语·述而》）"其为人也，发愤忘食，乐以忘忧，不知老之将至云尔。"（《论语·述而》）他赞美弟子颜回："一箪食，一瓢饮，在陋巷，人不堪其忧，回也不改其乐。贤哉回也！"（《论语·雍也》）孔子曾遭受挫折，但从不灰心；还曾遭遇危厄，总是从容面对，"讲诵弦歌不绝"。有个学生问他："君子有忧乎？"他说："无也。君子之修行也，其未得之，则乐其意；既得之，又乐其治。是以终身之乐，无一日之忧。小人则不然，其未得之也，患弗得之；既得之，又恐失之。是以有终身之忧，无一日之乐。"（《孔子家语·在厄第二十》）"知者乐水，仁者乐山"（《论语·雍也》）更是他以审美的眼光观察人生所得的体会。其丰富意蕴留给后人永久的回味、思考和启迪。

通权达变　孔子在《论语·宪问》中说过："贤者避世。"在《论语·微子》

中对隐士们有所评价。孔子说："不降其志，不辱其身，伯夷、叔齐与！"对柳下惠、少连："降志辱身矣，言中伦，行中虑，其斯而已矣。"对虞仲、夷逸："隐居放言，身中清，废中权。"这三类人都属于隐士，孔子对他们虽然尊敬，但并不认为是自己学习的榜样。他觉得自己与他们都不同："无可无不可"。意思是说，没有什么固定不变的可以，也没有什么固定不变的不可以，言下之意是，一切以客观环境和具体情况来定夺。也就是说，认定一个大原则、大目标，坚定不移；在具体行动上则根据实际情况的不同而采取灵活的态度，孔子是圣人中的识时务者，因为所处的环境有顺逆穷达的不同。孔子有时也发点牢骚，如"道不行，乘桴浮于海"（《论语·公冶长》），如"欲居九夷"（《论语·子罕》）。这些当然只是说说而已，而孔子认为主观态度应根据客观环境而调整和改变的语言也有些记载。"天下有道则见，无道则隐。邦有道，贫且贱，耻也；邦无道，富且贵，耻也。"（《论语·泰伯》）"子谓颜渊曰：'用之则行，舍之则藏，唯我与尔有是夫！'"（《论语·述而》）后来，孟子发展概括为："穷则独善其身，达则兼善天下。"（《孟子·尽心上》）这是儒家通权达变的方面，与"知其不可为而为之"并不矛盾。环境无法选择，顺境中，客观允许，就好好干、拼命干；逆境来了，客观不允许，就别蛮干，可幽居独处，保存自己，"兼善天下"已不可能，退而"独善其身"吧。这种修养功夫，也是积极的人生态度。

人生是一门大学问。孔子知难而进、乐以忘忧、勇往直前、通脱豁达的人生态度和人生智慧，也应成为中学生的精神财富。

6. 让《论语》成为学生道德素养的一块基石①

德国哲学家康德有一段至理名言："有两种东西我们愈是时常反复地思索，它们就愈是给人的心灵灌注了时时翻新、有增无减的赞叹和敬畏，这就是我们

① 应永恒. 让《论语》成为学生道德素养的一块基石［J］. 福建教育学院学报，2006（5）.

头上的星空和心中的道德法则。"在高中实验班的语文课堂上腾出时间给学生讲授《论语》，除了能达到让学生的语文素养上一个台阶、提高高考语文成绩的目的之外，还能让学生提高道德素养，为学生们的人生铺一块坚实的基石。

　　把孝悌献给家人。人是社会的，每个人都处在一定的社会关系中，从而构成一定的人伦关系。而"孝悌"则是人伦关系的基础，因为家庭是社会的细胞，人一出生首先接触的人就是父母兄弟。"孝"指善事父母，即子女对父母的爱敬之心。"悌"，即善事兄长，拿到今天讲即是兄妹之间的爱敬之心。孔子讲"孝"时有时连带讲到"悌"，但主要还是讲"孝"。有一句歌词说得好，"只要人人都献出一点爱，世界将变成美好的人间。"很难想象一个连父母兄妹都不能爱的人，能为社会献爱心！一个用父亲献血得来的钱花天酒地、沉溺网上的人，绝对是这个世界的寄生虫。各种各样的爱都是由孝悌这种亲情之爱推衍出来的。所以，"其为人也孝弟，而好犯上者，鲜矣。"（《论语·学而》）所以有子说"君子务本，本立而道生。孝弟也者，其为人之本与！"（《论语·学而》）如何做到"孝"呢？孔子说："事之以礼。"（《论语·为政》）魏书生老师要求他的班级、学校、辖区所有学校的学生每天要做家务，就是这个道理。这个"礼"，这个做家务，绝不是虚应做事，更是发自于爱敬之心。孔子说"今之孝者，是谓能养。至于犬马，皆能有养，不敬，何以别乎？"（《论语·为政》）父母对子女的爱是最无私无伪的，因此，子女的"孝"也必然是纯真无伪的。当然，"孝"用于当代，应该有全新的"人本关怀"内涵。

　　把忠心献给祖国。孔子的"忠"主要指对上要竭心尽力。孔子主张"君使臣以礼，臣事君以忠"，"事君尽礼"（《论证·学而》），明显地道出了君臣关系的不平等，臣为君可以拼出性命，君为臣决无此要求。孔子的学生曾子经常检查自己是否"为人谋而不忠"（《论语·学而》），这又说明对普通人的忠具有平等因素，人与人可以相互尽忠。放在当时的历史条件下看孔子的"忠"，也还是有一定的开明性的，因为孔子主张"勿欺也，而犯之。"（《论证·宪问》），即君主有过错，臣应犯颜直谏，甚至可以抛弃他，另投明君。孔子正是这样离开鲁国的。放在现实中看，与我党的组织原则也是一致的：个人服从组织，少数服从多数，下级服从上级，全党服从中央。古时"忠君"常是一种旗号。将这个"君"理解为国家的利益、集体的利益、人民的利益，那么"忠"也就有了全新的时代内容，即忠于祖国，忠于人民，忠于事业，这无疑是中华民族传统美德之一。战争时期的"忠心"表现为尽职尽力，甚至可以为祖国献出生命。建设时期，则主要是尽自己的所能为祖国和人民出力。要有尽"忠心"的能力，首先要有本钱，对学生来说，这个本钱就是多学本领，落实在各学科的学习中去，努力学习，振兴中华就是这个道理。

把宽容献给他人。《论语·卫灵公》记载了这样一件事，子贡问孔子：有哪一句话是可以终身奉行的？孔子说："其恕乎！己所不欲，勿施于人。""恕"就是宽恕、宽容。孔子把"恕"当作"可以终身行之者"，足见宽容在孔子心目中的分量。孔子对"恕"的直接解释是"己所不欲，勿施于人"，这是为人的起码道德，孔子一向主张严于律己，宽以待人，向周围的人学习，不自以为高明，所谓"君子求诸己，小人求诸人。"（《论语·卫灵公》）"不患人之不己知，患不知人也"，都是这个道理。人生活在社会中，都要和人打交道，和人打交道，难免有磕磕碰碰的。孔子告诫我们说："躬自厚而薄责于人，则远怨矣。"（《论语·卫灵公》）这实在是人事关系的润滑剂。孔子的学生曾参也是秉承了乃师的教诲的，曾参说："以能问于不能，以多问于寡，有若无，实若虚。"（《论语·泰伯》）宽容别人也不是无原则的。对于交友，孔子也有精辟的论述可以作为我们交友的指南。"居是邦也，事其大夫之贤者，友其士之仁者。"（《论语·卫灵公》）就是说，应该与道德高尚的人交朋友。"益者三友，损者三友。友直、友谅、友多闻，益矣。友便辟，友善柔，友便佞，损矣。"（《论语·季氏》）这是说，同正直的人、信实的人、见闻广博的人交朋友，是有益的；同逢迎拍马的人、两面三刀的人、花言巧语的人交朋友，是有害的。总之，孔子交友是要看对象的，是有原则的。当今社会，到处都是诱惑，交友不慎，成天与不走正道的人在一起，在青少年学生还没有很强的分辨能力和自控力的情况下，交上了坏朋友，则将"群居终日，言不及义"。（《论语·卫灵公》）则不仅会浪费自己的美好时光，耽误自己的锦绣前程，还可能对社会造成不良影响。

我们还应特别教育学生慎交网友。

把诚信献给社会。孔子周游列国时，过蒲，蒲人因故包围了孔子一行。危难中，蒲人提出条件：只要不去卫国，可以放行。孔子与之签了盟约，但随后竟去了卫国。子贡问："盟可负邪？"孔子说："要盟也，神不听。"（《史记·孔子世家》）也就是说，在受到要挟的情况下许的诺言，是不必过分拘泥的。这不是说可以把守诚信当儿戏，也不是说守诚信可以有双重标准，只是说守诚信不是绝对的，不能任何情况都守诚信，只讲守诚信而不问是非曲直，会走向反面，因为在孔子看来，还有比守诚信更高的标准，那就是义。义所在，则言必行，行必果。反之，义不在，而"言必信，行必果，硁硁然小人哉！"（《论语·子路》）两千多年后的今天，看到这些充满了辩证色彩的记录，看到孔夫子原则性与灵活性统一的思想，为之肃然起敬。其实孔子是最讲求诚信的。信，是孔子的教学内容之一。"子以四教：文，行，忠，信。"（《论语·述而》）因为信是做人的基本品格之一。孔子反复教育学生要"主忠信"（凡四见：《学而》《子罕》《颜渊》《卫灵公》），"敬事而信"（《论语·学而》）。孔子认为，只有守信了，才能在社会上立足。孔子还有形象的比喻，说明守诚信之重要："人而无信，不知其可也。大车无輗，小车无軏，其何以行之哉？"（《论语·为政》）孔子还特别强调守诚信是朋友交往的根本之道，主张"与朋友交，言而有信。"（《论语·学而》）信还是立国的根本。孔子说："信则人任焉。"（《论语·阳货》）还把"民信之"作为与"足食、足兵"并列的政治与原则，认为"民无信不立"（《论语·颜渊》）。在社会主义市场经济初步形成的今天，守诚信特别有现实意义。对于中学生，守诚信是今后在社会大课堂里立足的根本。

把自省留给自己。孔子十分强调道德修养的自觉性，因此重视自省。孔子说："见贤思齐焉，见不贤而内自省也。"（《论语·里仁》）他的学生曾参还提出"吾日三省吾身"的命题（《论语·学而》），即每日每时对自己的思想和言行进行反省，认为这是自我督促、自觉上进的好方法。通过自省，如果发现错误，那么"过则勿惮改。"（《语语·学而》）如果有错误却不改正，那才是真正的错误："过而不改，是谓过矣。"（《论语·卫灵公》）孔子还把别人提出自己的错误看成是幸运，说"丘也幸，苟有过，人必知之。"（《论语·述而》）只有小人才文过饰非，讳疾忌医："小人之过也必文。"（《论语·子张》）孔子的学生子夏也发挥说："君子之过也，如日月之食焉，过也，人皆见之；更也，人皆仰之。"（《论语·子张》）凡是人，都难免犯错误。对待错误的态度，确实是衡量人的道德修养水平的标志之一。常常自省可以少犯错误，以臻于道德的自我完善。"内省不疾，夫何忧何惧！"（《论语·颜渊》）

学生总是要走向社会的，中国的社会自古以来法制不像西方那样健全，而多依靠人治。人治，就尤其要重视社会中包括官员和百姓在内的每一个成员的道德修养。用《论语》对早晚要成为社会成员的学生进行道德素养的教育，是对法制不完备的一种"自我补救"。《大学》中说："古之欲明明德于天下者，先治其国；欲治其国者，先齐其家；欲齐其家者，先修其身。"只有社会中个人的道德水准提高了，社会才会安定，天下才会太平。授《论语》从这个意义讲，也是为社会做贡献呢。

7. 让古文为学生的发展奠基

——我的古文教学实践

老师们怕教古文是因为古文教学必须字、词、句、篇、语、修、逻、文面面俱到，要花大量时间备课，又往往事倍功半，吃力不讨好。学生们怕学古文是因为古文难学，老师的教法单调。于是向学生也向老师自己提出一个问题：古文是不是可以不学？

畏难情绪的宣泄是必然的，但最终大家都能冷静下来，达成共识：古文不能不学，因为高考要考，而且这两年又加大了古文分值。这就有了第二个问题：高考可以不考古文吗？假如高考不考古文，那学生也就不会去学古文，中华文化就要断流。于是韩国的诗人会论证端午节是他们的，屈原是他们的，日本的商人会论证《三国演义》是他们的，《孙子兵法》是他们的，保不定美国的政客还会证明孔夫子是他们的呢。中学语文课本里只有《劝学》等屈指可数的古文，十年的文化荒漠，使中国落后了半个世纪，代价惨重！

第三个问题比较幼稚，以至于很少有人有胆量直接提出来：能不能把古文翻译为现代文之后再让学生学，现在榨果机已经很普遍，老人、婴幼儿以及图新鲜的青壮年人会把甘蔗、苹果等榨成汁来喝。这对牙齿不健全的老幼病残者及偶尔为之图"快餐"便捷的人来说当然可以，但牙齿健全的人如果长此以往，则牙将不牙，味将不味，含英咀华的功能会日趋退化！

以上从反面让学生清楚古文不能不学，姑且称之为"反驱力"。我们还要调动学生的内驱力，中国现当代政治家、军事家、科学家、教育家、文学家，无一例外地都接受着古文的滋养。杨振宁读初二时能全文背诵《孟子》，在谈到学《孟子》的往事时说："《孟子》里头有很多关于儒家的哲学，你可以了解整个中国的思想方式，现在回想起来，这对于我这个人整个的思路，有非常重大的影响。这比我父亲那个时候找一个人来教我微积分有用得多。"① 蔡元培、钱钟书学贯中西。鲁迅尽管对古书有过愤激之词，但他对古典文学的研究颇为人称道，他的创作更是浸淫着古代文风。古文是中国文化的载体，通过学习古文我们可以批判地继承中国传统文化，吸取各民族的优秀思想，构建一个全新的文化体系。孔子"道之以德"是我们"以德治国"的基础，孟子"民本"思想，是我们"为人民服务"的源头。老庄的"道法自然""齐物"观是我们摆正人与自然关系的纲领。在中国社会，儒、释、道的融合与发展，绘出了多少中国人丰富多彩的人生图画，熔铸了中华民族的民族精神。古诗文是中国人人生的必修课。

反驱力和内驱力还须有一些大家认同的规则来保障，对学生来说，还要有一定的外驱力。中考、高考就是最大的外驱力。教师给学生的外驱力就是多检查，想办法让学生多读，从学生能做的事开始，循序渐进，持之以恒，三年即见成效。相传苏格拉底向学生们推荐有益于健康的大家都能做的甩手运动，学

---

① 杨振宁. 教授谈教育［J］. 光明日报，1997 – 06 – 27.

生们开始都能做，但随着时间的推移，这人人都会做的甩手运动，只有柏拉图能坚持下来。于是柏拉图成了苏格拉底的衣钵传人，开始把哲学看作一个整体，写出了《理想国》等作品。

我于是问学生：课本里的古文读三遍能做到吗？课堂上齐读时不出错别字能做到吗？学生说，这能做到。我再问学生：该背的古文默写下来，或者抄一遍，能做到吗？学生说，这能做到，因为课文要求，也要做的。我又问学生：把不容易的字词句划出来，归类一下，有时间看看，能做到吗？学生说，归类有困难，课后多看倒可以做到。我于是找出参考书，花点时间，自己归类，就成了《学古文　写作文》（海峡文艺出版社出版）这本书每篇的前半部分。我对学生说：学古文没有捷径，读诵、抄写、类化是必须通过的渠道，人人都会，贵在坚持，日积月累，形成语感。

学生通过以上三个学习渠道可以从古文中获取知识，袭取方法，汲取人文精华。

语文知识多源于古文。不学好古文就难学好语文。现在仍在使用的成语"山穷水尽、穷兵黩武、穷寇勿追、穷而后工"中的"穷"字的意思分别与"欲穷其林"（《桃花源记》）、"心目耳力俱穷"（《促织》）、"谗人间之，可谓穷矣"（《屈原列传》）、"穷且益坚"（《滕王阁序》）中的"穷"同义。现在仍在用的成语"嗤之以鼻、无耻之尤、无价之宝、何罪之有、皮之不存（毛将焉附）、失之东隅、收之桑榆"中的虚词"之"字意思分别与"执策而临之"（《马说》）、"辍耕之垄上"（《陈涉世家》）、"此亦飞之至也"（《逍遥游》）、"句读之不知"（《师说》）、"孤之有孔明，犹鱼之有水也"（《隆中对》）、"得之心而寓之酒也"（《醉翁亭记》）的"之"同义。现在仍在用的成语"人非草木、于心何忍、金石为开、时不我待、无济于事、天知地知"等分别是古汉语的判断句、疑问句、被动句、宾语前置句、介宾短语后置句、宾语省略句。《廉颇蔺相如列传》中就有"完璧归赵、发上冲冠、发指眦裂、负荆请罪、布衣之交、刎颈之交、价值连城、两虎相争、攻城野战"等成语仍在频频使用。《滕王阁序》中就运用了比喻、借代、比拟、夸张、对偶、对比、映衬、反问、用典、移就、摹绘、示现等修辞格。学习古文还可以获取中国历史、中国文化和中国国情等有关知识。

中学生的作文，袭取古文的写法足够我们使用。笔者在华东师范大学方智范老师指导下所做的课题"高中古代散文与现代文章学的契合"，即把"契合点"放在袭取古文中的写法来写作文这一点上。可以从古文中储备丰富的材料。可以依托古文进行评写（读后感、评论文、赏析文）、改写（如将《烛之武退秦师》改为小说，训练心理描写和环境描写能力）、戏写（如将《勾践灭吴》戏写为《勾践顺吴》)、仿写（仿《阿房宫赋》为《龙岩一中赋》)、扩写（将《谏太宗十思疏》扩为《谏太宗二十思疏》)、续写（将《齐人有一妻一妾》续写至 1000 字左右的小说）、创写（假如孔子参加美国总统竞选，请为他拟一份演说辞）等。可以袭取和活用古文的写作技巧。入选课本的古文，每一篇都指点着我们作文的门径，其立意的方法、谋篇布局的技巧、驾驭语言的能力都有太多可取的地方。

我们更可以汲取古文中的精华，以提高人文素养，完善人格情操。人生观方面：有范仲淹先忧后乐的苦乐观，有司马迁忍辱著史的荣辱观，有触龙为计深远的价值观，有苏轼坦荡旷达的生死观，有庄子逍遥无待的宇宙观。修养方面：学鲲鹏扶摇九万里立志，学廉颇负荆请罪的改过勇气，效孔子的学思结合和荀子的假物而学以博学，效孟子的苦其心志劳其筋骨以磨炼，法古人之每日三省吾身、善养吾浩然之气。传统美德方面：仁——孔子的仁者爱人，义——孟子的舍生取义，礼——信陵君的谦让下士，智——烛之武的以退为进，信——柳毅不负重托，忠——屈原、诸葛亮的尽忠报国，孝——李密的至孝衷肠，亲——归有光、韩愈的真挚幽远，节——陶渊明不为五斗米而折腰，勇——蔺相如不畏暴秦而完璧归赵，廉——莲出淤泥而不染，思——水能载舟亦能覆舟……古文是我们取之不尽用之不竭的精神宝库。

由此可见，学好古文，对高考、对人生、对精神都大有补益。为了调动学生学习古文的积极性，使学生变被动地接受为主动的汲取，变苦学为乐学，还要在"趣"字上大做文章。

活动的乐趣。以绘画的形式让学生画出课文内容，这是可以普及的方法。比如《邹忌讽齐王纳谏》第一段中的"妻美我""妾美我""客美我"三幅图，大家都能画，问题是谁的画最能把握课文，符合人物身份性格。有一位同学是这样处理的："妻美我"中妻与邹忌对视、微笑、神情自然；"妾美我"中妾不敢与邹忌对视，眼看地下，没有笑容，有些怯生生的样子；"客美我"中客也不敢与邹忌对视——因为这明显是假话，却笑得灿烂，透着讨好的神态。能这样处理画面足见这个同学是深入探研了课文，无论怎么考也难不倒的。还可以让学生画阿房宫，病梅与健梅，曲水流觞等。让学生用橡皮泥为课文做雕塑，就会受到许多限制，可以以小组为单位，进行分工，一篇课文雕一尊，选最能表现课文内容的那个瞬间来雕。既能锻炼捕捉事物的能力，又能引导学生深入了解课文，还能给学生的创造留一个空间。可以塑的内容实在太多了。单人雕：屈原、孟子、司马迁……群雕：侍坐章、鸿门宴、魏征谏太宗……风情景物雕：石钟山、项脊轩、愚溪……课堂表演每学期也可以进行一两次，这要有充分的准备：把课文译为现代汉语，写成剧本，有导演，有演员。观众须熟悉课文才好做评论，适合表演的课文很多。高三时也可以布置学生做，虽然高三功课紧，但这种有趣又实用的活动许多同学都乐于参与的，这也是多种天赋的学生难得的在中学的舞台上展示的机会。高三的课文几乎都适合表演：如《齐桓晋文之事》《齐人有一妻一妾》《廉颇蔺相如列传》《信陵君窃符救赵》等。

探究的乐趣。古文教学不能让学生仅仅接受知识，也应该像现代文一样，让学生通过读懂文本之后学会怀疑，学会思考，学会探究。课程改革的所有理念都适用于古文教学。我们分四类加以阐释。一种是理解性探究，比如《烛之武退秦师》可以探讨：佚之狐为什么敢把话说得那么绝对——"师必退"？烛之武的牢骚在文中起什么作用？"今老矣，无能为也已"8个字就有三个表语气的词，有何作用？这些问题引导学生理解文本刻画人物的技巧，引导学生在不起眼处生疑。一种是挖掘式探究。比如《屈原列传》我们提出问题：为什么这篇人物传记司马迁与别的人物传记写法不同而大量使用议论？为什么写屈原的文章却用许多篇幅写宫廷斗争？屈原投江而死是积极的还是消极的？这是引导学生探究作者意图。一种是假设性探究，如《庄暴见孟子》：假如孟子问"独乐乐，与人乐乐，孰乐"，而齐王回答说"独乐乐"，孟子该如何把话题转向能表明他与民同乐的"民本"思想上来？这就有了想象创新的成分了。一类是比较式探究，如上完《愚溪诗序》和《赤壁赋》后，提一个问题：柳宗元和苏轼都是所在朝代的进士，都做了高官，都因政治被贬，排开外在因素不论，仅从两篇课文看两人为何一个才活 47 岁，一个却活了 65 岁，这个问题乃是引导学生通过探究了解作者的思想性格。

扩展的乐趣。学语文仅靠几本课本是绝对不够的。学古文仅靠课本中的一点选文也是不够的。我们每学期都能腾出五周时间，开设专题：高一讲《论语》、选讲《孟子》，高二选讲《庄子》，高三选讲《史记》。孔孟解决作为中国人在中国国情下的处世为人问题，庄子解决文学与精神家园问题，《史记》解决史学与素养问题，同时也兼顾高考，因为高考古文的文本无一例外的都是人物传记。

综上所述，如果要加以概括的话，我教古文就是这四个字：驱、渠、取、趣。"驱"解决"为什么"的问题，"渠"解决"怎么学"的问题，"取"解决"学什么"的问题，"趣"解决"怎么教"的问题。在教与学的过程中，这四个方面不是割裂的，而是和谐统一的，你中有我，我中有你。四个方面共同实现这样三个层面的目标：让高考夺得高分，让生活充满阳光，让精神得以充实，一句话——为学生的发展奠基。

8. 文言文有效性教学的探索①

一份高考语文试卷，分值最高的是作文题，难度值最大也就是拉分最大的通常是古诗文阅读鉴赏题。在作文没有太大出入的前提下，文言文试题的得分

---

① 应永恒. 文言文有效性教学的探索［J］. 福建教育，2011（1/2）.

率是语文成绩的关键。而分值最高的作文则完全可以悉数从文言文中取法,甚至作文的内容也可以凭借文言文提供的浩瀚的材料,历年各省满分作文就是有力的明证。从应试的角度看,可以毫不夸张地说,搞定古文就可以搞定语文。一个学生的语文素养,语文审美能力与运用能力,是与其文言文修养成正比的。一个中国人的发展走向,生存质量与精神空间,与中国古代先哲的思想,特别是孔孟与老庄思想有千丝万缕的联系,而孔孟老庄的思想正是凭借文言的载体传流至今,没有文言文素养则难得先哲真髓。

由此看来,文言文的修习对学生高考、语文素养的提高、生存质量的提高至关重要。文言文的教学应引起语文老师的高度重视。20 世纪 80 年代,大学毕业来到闽北山村中学教初中时,我就研究如何提高中考成绩,得知文言文教学是重中之重,第一篇论文是《变被动的接受为主动的汲取——文言文教学尝试》,学生语文平均分高出县一中 2 分。到龙岩一中教高中时,我就研究高考,发现作文是一份高考试卷的"主要矛盾",而文言文则是"矛盾的主要方面"。后来出了一部 33 万字的专著《学古文 写作文》,去年,这部专著再版。从教三十余年,文言文教学探索一线贯穿。拙文从 3 个方面谈人教版课改新教材文言文有效性教学的实践与追求。

一、让孩子们"快乐地玩"

一群孩子在一位老人的家门前嬉闹,叫声连天。几天过去,老人难以忍受。于是,他出来给了每个孩子 25 美分,对他们说:"你们让这儿变得很热闹,我觉得自己年轻了不少。这点钱表示谢意。"孩子们很高兴,第二天仍然来了,一如既往地嬉闹。老人再出来,给了每个孩子 15 美分。他解释说,自己没有收入,只能少给一些。15 美分也还可以,孩子们仍然兴高采烈地走了。第三天,老人只给了每个孩子 5 美分。孩子们勃然大怒,"一天才给 5 美分,知不知道我们多辛苦!"他们向老人发誓,他们再也不会为他而玩了。

在这个寓言故事中,老人将孩子们的内部动机"为自己的快乐而玩"变成了外部动机"为得到报酬而玩",而他操纵着"美分"这个外部因素,所以就操纵了孩子们的行为。寓言中的老人像不像我们的学校、老师，而"美分"，像不像我们的考分、评价？当外部评价成了我们的参照系，成了我们教学的全部，我们的情绪很容易受波动，我们的内部动机很快就被外部动机所取代。又因为考分与评价因素是我们左右不了而恰恰又反过来左右我们的东西，我们只好降低以至于全部削除自己的内部动机，以至我们最终忘记原初动机，成为外部评价与考分的奴隶，远离我们的好奇心和快乐。

我们的教育教学是不是被考分剥夺了我们教育过程、成长过程的幸福与快乐了呢？教学文言文时，我们思考过比文言文知识更高位的文本内涵吗？思考过文言文教学的价值吗？我们的文言文教学仅仅停留在为了考题的解释、翻译而进行的逐字逐句、从头到尾、不厌其烦、无所遗漏的串讲上，仅仅停留在《课标》"常见的文言实词、文言虚词、文言句式的意义或用法"的解读上，基本上放弃《课标》中"体会其中蕴涵的中华民族精神，为形成一定的传统文化底蕴奠定基础……从中汲取民族智慧"的内容，基本上不管学生成长需求的营养，将我们丰富饱满的文言文课文资源压缩成干巴巴的字词饼干，以换取"美分"，扫荡尽学生"为自己玩——为自己的人生发展学习"的好奇心与快乐。孙绍振老师对这种现象深恶痛绝："……有一种办法，就是蒙混，把人家的已知当作未知，视其未知如不存在，反复在文本以外打游击，将人所共知的、现成的、无须理解力、没有生命的知识反复唠叨，甚至人为地制造难点，自我迷惑，愚弄学生。这样的教师白白辜负了自己的生命。"（上海教育出版社《名作细读（修订版）序言》）

2006年我省高中实施新课程改革，在认真学习《普通高中语文课程标准》的基础上，根据多年的教学实践，我将文言文的教与学归纳为如下五个层级：

1. 字词落实，夯实基础。

2. 掌握内容，陶情冶性。

3. 学习写法，学会鉴赏。

4. 课外延伸，举一反三。

5. 形成能力，学会运用。

今以《廉颇蔺相如列传》为例，简要说明五个层级的教学。

第一层级："字词落实，夯实基础"。即我们平时教学最注重的、高考直接考的，我们按传统的划分来归类落实。

生字词：遗（wèi）：送给，袒（tǎn），列观（guàn），倨（jù），睨（nì），镬（huò），渑（miǎn），怿（yì），刎颈（wěn jǐng）；**通假字**：可于不（通"否"），拜书送于庭（通"廷"），唯大王与群臣孰（通"熟"）计议之；**一词多义**：书，请，对，幸，许，负，立，交，设，引，恐，毕；**词类活用**：上壁，乃前曰，舍相如，衣褐，欲刃相如，间至赵，廷叱之，完璧归赵，必欲急臣，止臣，绝秦望，先国家之急而后私仇也，为秦王寿，严大国之威；**古今异义**：左右，指示，约束，宣言，亲戚，所以，因而，明年，以往；**文言虚词**：以，之，因，于，必，今，已而；**常见句式**：判断句，倒装句，省略句，被动句，固定结构。

这个层级用串讲也是可以的，但要克服串讲讲过就忘的弊病，在串讲时注意板书的归类或借助多媒体对各文言知识进行一定的梳理。因为课本的注释中很多都有，还可以调动学生的积极性，让学生充分预习，上课时分组比赛。课时紧时可以放在课外让学生借注释与工具书完成，然后在课堂上提问复习。还可以与前前后后的文言文中相关的字词进行对比。方法很多，"实"才有效。

第二层级："掌握内容，陶情冶性"。让学生搞懂本文事件与人物。事件可归纳为"三二二"，三个故事写两个人物的两种矛盾。人物一个是蔺相如。先看其智：审时度势之智，知人论事之智，随机应变之智，争取主动之智；再看其勇：可分解为不畏强暴之勇，不怕牺牲之勇，隐忍退让之勇。另一个人物廉颇，优点是忠于国家，深谋远虑，精于军事，直率坦白，勇于改过；缺点是：居功自傲，看重出身，自高自大，心胸狭窄。教学这些内容时，一不可作为解字的附庸，二不可苍白的照搬教参。须设置些有质量的问题，对文章作具体分析，用现代观念审视课文，汲取其积极因素，评价其历史局限，注重审美体验，陶冶性情，涵养心灵，讲"透"方有实效。

第三层级："学习写法，学会鉴赏"。叙事技法通过分析弄清本文结构安排的匠心：三个故事各有侧重；两个人物一详一略；每个故事既独立又相互关联；

内部矛盾与外部矛盾交替发展，跌宕起伏。写人技法：选择典型事件表现性格，在矛盾冲突中刻画人物，语言描写展示个性。这个层级是语文素养形成的重要环节，每一篇文言文都经过时间的淘洗，都有很多值得欣赏借鉴之处，须尽可能"全"地挖掘出来。

第四层级："课外延伸，举一反三"。结合第二层级，将文章的内容提炼成探究与评价话题，鼓励学生创造性地阅读，发展想象能力、思辨能力和批判能力。比如可以提炼这样的话题（或论断）：实践造就智和勇；平时练本领关键起作用；爱国看行动；国力是外交的基础；军事是外交的基础；团结是战胜敌人的法宝；人是一个复杂的结合体等等。也指导学生按话题分类积累素材，以供作文与运用时作为语料来用。还可以穿插一些趣味性较强的活动：为蔺相如、廉颇拟对联、拟广告词；登台表演文中故事；为人物的表演说戏；给人物画像、塑像；用文中的成语在指定的语境下造句等。这个层级一定要"放"得开，不拘一格，调动兴趣，让学生学得快乐。

第五层级："形成能力，学会运用"。这是关乎第三层级写法的拓展运用，即用这篇文言文的一个或若干个写法写作文。学用结合既可深化对文章内容的理解，又可现买现卖，为我所用。比如可以让学生从班级中选材，用一个故事贯穿两个以上的人物，可以让学生写两个历史人物的故事，如诸葛亮与司马懿、李白与杜甫、苏轼与佛印等，也可以跨越时间用一件事写两个人物，如范增与陶潜、孟子与小布什、阿Q与陈奂生。当然还可以虚构，《史记》中的人物传记是我们写记叙文、传记文、小说的圭臬，学而不用，岂不浪费。这个层级讲究一个"活"字，"活"出实效。

课堂教学中五个层级不需平均使力，也不一定面面俱到，可视具体情况定重心。只是我们语文教师备课时须将五个层级的方方面面考虑周全，竭尽全力，挖掘课文，将文言文这一宝贵资源如榨油一样悉数榨出，最大限度地用好文言文，这样课堂上才能纵横捭阖，游刃有余，使学生和你一样陶醉在以文言文为载体的中国古代文化的享受之中，快乐地学，"为自己玩"。

二、取回"被抢走的草帽"

很久以前，一个卖草帽的人途经树林，担中的草帽被树上一群调皮的猴子抢走并戴在头上。他心生一计，摘下自己头上的帽子扔在地上，喜欢模仿的猴子把帽子也都扔下来了，他成功地收回了草帽。多年之后，其孙也途经那片树林，担中的草帽被那群猴子的孙子们抢走了，当他采用祖父的做法，从头上摘下草帽扔到地上时，想不到的一幕发生了，猴子们非但没有把草帽扔下来，反而一个个怒目圆睁："难道只有你才有爷爷吗？"

"星星还是那个星星，月亮也还是那个月亮"，但世易时移，"天却再也不是那片天了"。一拨一拨的学生，一个一个不同氛围的班级，总是照搬老皇历，不顾学生实际，我们有些老师都仍用"把草帽仍在地上"的"爷爷方法"，面对课堂上一代代鲜活的生命，怎么能避免两千年前刻舟求剑的楚人，手执匕首，呆对着舟上留下的刻痕，在滚滚前行的江水中，嗟叹"剑不可复得"的命运呢？我们有些老教师上文言文用十多年前的老教案津津有味地讲解，学生昏昏欲睡；我们有些年轻教师上文言文时用网络上下载的别人的课件头头是道地串释，学生茫然无绪。老教案也好，搬网络也好，蔽在照本宣科。潘新和老师指出："存在的言语生命就寄寓于永不满足的发现之中，从这个意义上说，教参是很害人的，它起的作用就是使教学变得都一样，要遮蔽住所有教师（连同所有学生）的眼睛……"（《福建教育》2010年7、8合刊第27页）其实，本质上讲，不是教参害人，而是用教参的人裹足不前，懒于发现，不肯与时俱进。

如果同样"把草帽扔在地上"不能解决问题，那么我们该如何抢回"被抢走的草帽"？

一个教育家说，教学，教学，就是教学生学。反过来说，教了学生还不会学，教就失败了。那么如何教学生学？首先搞清对象，即"教谁"的问题，这个问题为什么谁都讲得清，做起来又"目中无人"？再一个问题是：什么是学生的"学"？这里牵涉到学习的本质问题。真正的"学"是学生主动地学、自愿地学。接下来就有第三个问题：我们的"教"如何让学生能主动地学？回答也很简单，就是关心和尊重学生的尊严和价值，把每一届每一个学生看作独特的完整的人，而不是用你那些陈旧的"知识"填充的容器。

教学目标为谁而定？当然为学生。这一拨学生与前一拨学生有什么不同，这个班级学生与那个班级学生有什么不同，是我们首先要研究的。然后才是：第一，通过什么方式技术让这些学生达到目标；第二，我为什么认为这样的方式可以让这些学生达到目标；第三，这些学生的哪些因素使我这样做——对以前的学生的方式适合于对这一拨学生吗；第四，我该做些什么调整，才能让眼下的学生觉得更有效。文言文备课一样也是以备学生为中心。备学生的认知基础，备学生的认知习惯，备学生的认知心理。学生头脑里对文言文知识不是一块白板，而是有了先前的知识积淀，新的文言文知识学生也不应被动地接受，而应是全新的建构、主动的建构，而每一个学生个体对知识的建构又是不同的，是有情境的，通过你的教，学生会有所改变，但不会全部改变，学生还有一个把新的东西补入自己体系中的过程，只有学生重组放入后的知识才能构建新的知识体系。

这样，老师苦吗？老师累吗？没办法，"太阳底下最伟大的职业"当然也要有最无私的奉献，你要奉献你的时间，你要抗得住炒房炒股的诱惑，你要舍弃懒汉思想，老教师你要克服"高原反应"和职业倦怠，年轻教师你要敢于挑战自我。这是我们这个行当的职业良知。陶行知先生说："捧着一颗心来，不带半根草去"，鲁迅先生说："吃的是草，挤出来的是奶"。教学生会学乃教师之天职也。研究学生，研究不同的学生是取回"被抢走的草帽"的前提。

我举三次教学《烛之武退秦师》为例。

第一次是 2001 年。龙岩一中因"示范性高中"硬件的需要，举债买下学校旁的龙岩市体育馆，我教其中一个班。这些学生都是没上一中线、二中线的学生，有好些连一般高中的线都没上。这样集中在同一个班级，龙岩一中也是唯一的一次。学生们普遍家庭富裕，不爱读书，专门用一个班会与老师辩论：要求取消周六上课。上课时各种各样的学生都有，学校派最优秀的老师做班主任，被气跑，又派最强悍的班主任，被气病，每科成绩都要比平行班低 20 分左右。

我用了两节课和他们讲故事、聊天，天南地北，曲折地了解了他们的情况，最后当然是落在课文学习上。第三节课，我说，过一个暑假刚上课有点适应不了，累了，这节课老师不想讲了。学生很体谅我说："老师那您就休息一节课吧，我们自习。"年段进度忘了当时是什么原因，安排文言文先上。我就告诉学生，龙岩一中一年一度有个艺术节，每个班都要排节目参加选拔，我已了解到我们班文艺方面人才济济，我们排个话剧如何？然后就让他们将《烛之武退秦师》改为话剧。他们一翻到课文就说：看不懂怎么改？我说，古文和现在不同意思的内容课文下面都有注释，我知道我们班有好些同学还卖了辅导书，上面有翻译的。又有孩子说不知道剧本怎么写，我说与初中课文《陈毅市长》一样。接下来的课让学生分组表演，其他组评分，第一名的组本学期语文每人加 10 分，第二名加 8 分，第三名两个并列组加 6 分。这些孩子投入本组最好的编剧，最好的演员，最好的导演，都很认真。评分的也很认真，指出哪里没演到位，哪里不符原文。下一节课我说今天正式上《烛之武退秦师》，下面是一片叹息声，问之，说已经知道了，没什么好上了。好，知道不知道，一考才知道。孩子们说，考就考，谁怕谁。我把准备好的考题用多媒体一放，10 题，100 分。考完同学互改，平均得 90 多分。《烛之武退秦师》确定可以不用我讲了。然后我告诉学生：语文学习就这么回事，老师讲课之前，很多东西我们这么有语文细胞的孩子自己就可以搞定。学生语文学习积极性上来了。这个班倒是上得很轻松。学年结束时，市里统一命题质检，龙岩一中学生是打乱班级按前一次成绩排名安排教室的，评卷是密封流水改，这个班在当年龙岩一中的 11 个平行班中超过三个班。学生们自豪，班长把这一战果写入他们班社会实践体会汇编的前言中，留下光彩的一页。

第二次是 2006 年，我省高中课改开始，我教高一（4）班，龙岩一中的一个普通班。新教材仍把《烛之武退秦师》放在文言文的第一篇。我的目的是让孩子们知道文言文里有什么值得学习，不要只作最低层级的为考试服务的学习，要从文言文中汲取绿色营养，提高作文水平，提升语文素养，滋养心灵，服务将来的发展。具体怎么上，有实录在后，不赘。这种文言文五层级上法形成了这个班级学生高一时文言文学习的模式，后来在我校面向全市开放的"同题公开周"上，向全市展示的《采薇》就用五层级上法，不过，五层级全由学生主讲。听课老师不相信我的学生有这个能耐，就问了他们熟悉的或初中在他们学校就读的孩子：是不是老师事先备好课你们上来表演的？我们孩子真实地回答了他们。还有一个科代表专门搞了一个有关我们班半个学期以来语文学习情况的"答听课老师问"。《烛之武退秦师》的五层级上法后来在福州八中上，由于学生没有预习，课堂上忙于疏通字词，后面的层级完成得有些仓促。蔡伟谭老师告诉我："公开课和常态课不一样，不必面面俱到，把亮点上出来就可以了。"我听了深受启发。后来我想看看预习充分的生疏班级一节课能不能完成五个层级的教学，当时又没教高一，就借班上了一下，看来还可以成立。

第三次是前不久刚在自己的班级上的。我教的这个班级是一个非常特殊的班级。国家对我省有个"西部教育援助"项目，资助贫困高中生 50 人办一个"宏志班"。据透露，这个班学生中考平均分低于其他平行班十多分，有些学生是孤儿。从前两周的作文和我平时的谈话聊天得知，好些孩子还没有完全适应龙岩一中较紧张的学习环境。于是我在五层级文言文学习的要求不降低的前提下，对后两个层级："课外延伸，举一反三"和"形成能力，学会运用"不做作业要求，而把重心放在第二层级"掌握内容，陶情冶性"上。上课时不完全用教案，临时通过一些问题启发学生研读课文，感悟文言文的语言表情达意的奥妙。现将在教案"后记"中补记的问题抄在下面。

1. 佚之狐推荐中说的"师必退"，这个"必"字有什么隐含信息？有何作用？

2. 烛之武"今老矣，无能为也已" 8 个字就用了 3 个语气语，在竹简木牍惜墨如金的古代，是不是太浪费了？

3. 郑伯的话也有两个语气词，检讨自己时用"也"，说服烛之武时用"焉"，能对换吗？为什么？

4. 烛之武的说辞中现代人句逗时用了 10 个句末点号，其中就有三个"？"，是何道理？

5. 晋文公的"微夫人之力不及此"文中用"。"号断句，改为"，"行吗？

为什么?

6. 晋文公话中的"不仁"、"不知"、"不武"可以对调吗? 为什么?

7. 文中最后一句"亦去之"的"亦"字有何表达作用?

8. 秦国与晋国都退兵了，题目只说"退秦师"，你觉得是不是可以把题目改为"烛之武退秦晋"呢?

举《烛之武退秦师》三次教学的例子并不是说每次接一个新的班都要有完全不同的上法，这是难的，只是说我们文言文教学也应在备课、上课时充分关注不同层次的对象，心中要有学生，教学才有实效。于漪老师说得好："教学中有三个因素，这就是学生、学习过程和学习情境，最为重要的是学生，因为没有学生就没有学习，也就没有教学。"（摘自于漪《语文教学谈艺录》，上海教育出版社 1997 年第 1 版第 33 页）

三、巧妙包装你的"宝石"

苏丹梦见自己所有的牙齿都掉了。于是，一觉醒来，他招来智者为他解梦。智者说："陛下，你很不幸，每掉一颗牙齿，你就会失去一个亲人。"苏丹大怒："你这个大胆狂徒，竟敢胡言乱语，给我滚出去!"苏丹另外找来一位智者，向他述说自己的梦。智者听完说："高贵的陛下，你真幸福啊，这是一个吉祥的梦，意味着你比你的亲人更长寿。"苏丹听完后，命人奖赏这位智者 100 个金币。这位智者走出宫殿时，一位侍者走过来对他说："真是不可想象，其实你同第一位说的都是一个意思，为什么你会得到奖赏?"智者语重心长地说："很简单，一切都由表达方式决定的。"

这个故事告诉我们，任何时候都要说真话，但把这个意思表达出来却需要选择适当的方式。有时表达不当会出现严重问题，表达恰当则会有理想效果。文言文教学也是这样，不同的方法效果也是不同的。语文教学，本来就教无定法，出发点就是教材实际和学生实际，而语文教学的"八股"长期存在，文言文教学尤其是千课一面。有一个不是语文学科的校长到一个知名中学听一节校方推荐的文言文教学课，从头到尾，老师讲，学生读，那个校长很迷惑，问我古文是不是都这样教，注释有的是不是还要这样讲，如果一直这样上，学生是不是会发腻。我不好回答，只能说这样上比较保险，利于高考。这位校长显然不满意，他说，我们普通中学随便一个语文老师都可以这样上！囿于一个模式，为高考而教、为高考而学的现象太普遍了。我想到很久前，看过的一个寓言，有一个叫杰米扬的人煮了一大锅鱼汤，请朋友来喝，鱼汤确实做得好，朋友很高兴，赞赏了几句。没料到杰米扬又打了一大碗客气地让朋友喝，如是者三，朋友最后实在受不了，落荒而逃。再好的东西，一直灌给人家，后果也是十分可怕的。学生懂得的拼命讲，学生不懂的反而不讲——讲不出来。后来听一个我省非常好的中学的校长说，他们学校也有这种老师。

上述故事稍深一点还可以这样理解：真理就像一块宝石，如果拿起来扔在别人脸上，就会造成伤害。但是如果加上精美的包装，诚心诚意地奉上，对方必定会欣然接受。真理尚且须要包装，文言文这块"宝石"也是需要我们的教学包装的。故事中后一个智者用来包装的是语言，语言是思维的外壳，内核是智慧。文言文教学最需要教育智慧。有时候一个好的教学思路就能点亮一个课堂，虽然不是每节课都一定能有智慧的闪光，但深厚的积累，潜心钻进课文，走进学生心灵，我们坚信就时常会有可以预约的精彩。

下面说几个自己文言文教学的思路，连同上述的案例和后面的课堂实录一起求教于方家。

嫁接发散。《兰亭集序》课文上完后耽开一笔，在上完本单元的《赤壁赋》、《游褒禅山记》，（2006 年版还有一篇王维的《山中与裴秀才迪书》）之后，沿用《兰亭集序》前二段的内容之后，让学生选择苏轼、王安石、王维中的一位，依所选者的个性、情趣、风格续写后面语段，即用《兰亭集序》的前两段叙事写景文字延伸出苏轼的旷达，王安石的哲理或王维的深趣来。让学生通过练习，领会写景文的真旨，学习以景寄情、以景寓理、以景言志的写法。通过嫁接发散，又巩固和深化了所写课文的内容、写法、文言知识等的理解。

聚焦收敛。上选修（必选）教材《中国古代诗歌散文欣赏》中的《项羽之死》时，将《史记·项羽本纪》中所载项羽一生中有重大意义的三件事所表现

出的项羽的形象特征用文中的《垓下歌》加以概括：力拔山兮——勇猛、骁勇
善战；气盖世——赫赫战功，英雄气概举世无匹；时不利兮——"天之亡我，非
战之罪也"；骓不逝——非我不前，乃骓不逝，想到战马，而非将士，见物不见
人；骓不逝兮可奈何——陷入绝境，归因客观，英雄末路非英雄过；虞兮虞兮奈
若何——行将灭亡，自己可以不在乎，将士可以不在乎，担忧心爱的美人的结局，
孤独无依，妇人之仁，儿女情长。如果有可能最好用本文的暗线人物刘邦留在史
册的《大风歌》来概括刘邦的形象特征，与项羽的《垓下歌》构成对比。目的是
引导学生领会司马迁点睛之妙笔，加强对项羽、刘邦的形象的认识。

深课浅教。有些文言文内涵深刻，学生不易读懂，我花些时间研究其内在
思路，用最简洁明了的方式呈现给学生。《赤壁赋》是苏轼散文代表作，是其思
想与艺术的结晶。内容深，境界高，艺术精湛，技巧超拔，可圈可点处多，可
咏可歌处众。讲课时，我将课文归为四句诀："一线贯穿水与月，一体人物客与
我；由乐到悲'今安在'，由悲复喜'知''观''共'。"我又设计了一个板书
将四句诀内容呈现出来，概括课文内容，作为上课的线索，以便学生整体把握。

《逍遥游》也是一篇比较难懂的课文，编一个口诀化难为易："小待大待皆
有待，小年大年终有年。无待无年真逍遥，寓言重言加卮言。"《逍遥游》用以
下板书把课文的思路梳理出来：

$$
\left.
\begin{array}{l}
\text{空间}\left\{\begin{array}{l}\text{大待}\\\text{小待}\end{array}\right\}\text{有待}\\[2ex]
\text{时间}\left\{\begin{array}{l}\text{大年}\\\text{小年}\end{array}\right\}\text{有穷}
\end{array}
\right\}\text{非逍遥}
$$

$$
\text{精神}\left\{\begin{array}{l}\text{乘天地}\\\text{御六气}\end{array}\right\}\left.\begin{array}{l}\text{无待}\\\text{无穷}\end{array}\right\}\text{逍遥游}
$$

浅课深抠。高中文言文很少"浅"文，因"浅"而只串字词是我们自己的预设。即便"浅"。教师也应抠出点隐含的亮光来，教学"浅"文最能凸现教师的尺水兴澜功夫。《张衡传》在高中课本传记文中篇幅较小，文章亦无引人之情节，学生往往听完课掌握一下会考试的文言字词句式就束之高阁了，最怕学它。我布置了以下几个预习题，让学生课外做，然后在课堂上讨论与交流，解决这些问题。学生讨论后才发现文章之妙，作者范晔功夫之深，同时又亲切朴实，可仿可学。1、必须百分之百掌握的字词：通假字：员、尊、禽；词类活用：奇、目；古今异义词：不行、公车、去、下车；重要虚词：以、因、乃。2、本单元三篇传记文中，本文比较特殊，属"评传"类传记，找出文中三个三字评语说说本文的内容。（"善属文"、"善机巧"、"为政理"）3、作为传记文，本文有一大段说明文字，说说其作用。（用于陈明传主主要成就的主要成果，说明其机巧和影响）4、本文还有一个与前两篇传记文不同的特点，就是在叙述时常用概述，说说其作用。（突显特征，增大容量）5、老师觉得张衡的个性特征可以从"善机巧"和"从容淡定"两方面概括，试从张衡在文学、科学和政治的业绩来说明这两方面的性格特征。（答案略，目的是掌握用事例表现个性的方法）6、本文用语简洁而内容丰富，有收海于勺缩龙成寸的功夫，试说明开头"衡少善属文……无骄尚之情"34个字概括张衡学习的哪些方面。（内容、方法、精神、成就）7、举例说明本文详略安排的特征，体会其剪裁功夫。8、本文第一段和末二段讲到张衡对仕途的态度与作为，讲到文学成就，内容相类，作者分开写有何道理？（本传记介绍人物以时间为经，事迹为纬，前后统一，如合写则以类分层，单就本文看，亦未尝不可）9、探究张衡高素质、高成就的基础。（基础扎实——见开头，不追名逐利——见前段）10、老师十分欣赏末段"阴知奸党名姓，一时收余"的情事，可惜只有 10 个字，你能根据想象扩展写一篇作文吗？11、郭沫若曾评价张衡说："如此全面发展之人物，在世界史上亦所罕见。"联系我们的教育，写一篇议论文。其中 8 题、9 题是探究题，10 题、11 题是作文，作文题可选一题课外做。

纵向相联。文言文教学时将以往学过的同一内容或同一作者的诗文结合起来，形成纵向对比，既可深化对课文的理解，又对同一作者或同类内容有比较全面的整体感知。上面所说的教学《项羽之死》与《鸿门宴》联系起来，就是纵向相联。这里举《必修5》的《归去来兮辞并序》为例。人教版八年级上选了《桃花源记》一文及《归园田居（其三）》一诗，八年级下选了《五柳先生传》一文及《饮酒（其五）》一诗，高中《必修2》选了《归园田居（其一）》一诗。与所学过的课文纵向联系，我们出了三道讨论题，1、陶渊明在《归园田居》里讲到的"性"、"愿"，在《饮酒》里讲到的"意"，在《五柳先生传》里讲到的"志"，其实就是"真"，"真"是陶渊明人生哲学的核心，将本文与所学的陶诗陶文联系起来，说说什么是"真"，并从本文中找出写"真"的文句，加以赏析。2、陶渊明诗文语言最大的特色是平淡自然，平淡自然又主要表现在三方面：内容方面，田园生活、日常生活、农村景致、个人活动，如"开荒"、"种豆"、"读书"、"嗜酒"、"采菊"等；感情抒发方面，往往赤裸裸毫无保留道出，如"少无适俗韵……沾衣不足惜"，"衔觞赋诗，以乐其志"，"心远地自偏"等；语言平淡自然而准确传神方面，如"方宅十余亩，草屋八九间"，"暧暧远人村，依依墟里烟"，"每有会意，便欣然忘食"，"种豆南山下，草盛豆苗稀"，"采菊东篱下，悠然见南山"，"阡陌交通，鸡犬相闻"等等。请从本文中找出陶渊明语言平淡特征在上述三方面表现的语句，并加以赏析。3、有人指摘本文谋篇上有毛病：《序》言将归而赋，则归来之事当作想象之言，而问途之后都是追叙的话，自相矛盾了；钱钟书以为本文写将归之际，人未归而心先归——想象归程及以种种情状，更显归意之坚和归心之切。请以《桃花源记》的写法佐证钱钟书之说。三道讨论题将所学的陶诗陶文连成一片，将陶渊明的思想和艺术作整体观，对学生的阅读探索是会有帮助的。

　　横向相和。笔者曾写过一篇题为《文言文教学之"和"》的文章，说文言文教学可以讲求语文科内之和、与其他学科之和、与考试之和、与社会人情之和、与宇宙人生之和，讲的都是横向相和。下面的案例是讲语文科内之和的，即同类文比较着上。横向相和可以比照中强化，对"类"有一个完整系统的把握。5 册必修课本的现代文中议论文没有一个专门的单元，倒是《必修 3》中有一个文言文单元，4 篇课文是议论专题的，加上选修课本中的两篇议论文，正好可以与《必修 3》第二部分"表达交流"的议论文专题"横向相和"，将所学的知识应用到作文中去，构成"读写相和"。我们把教学思路用一个表格呈现出来。

教材	课文	议论文的表达方法			
	表达交流	学习选取立论的角度：正面、侧面、反面	学习和选择使用论据：典型、新颖、充分	学习论证：例证、引证、喻证、比证	议论中的记叙
必修3	寡人之于国也	引君入彀结尾从反面提出主张	设喻故事，形象，典型，新颖	喻证、类比论证	√
	劝学	侧面切入（全用比喻）	形象，深入浅出，新颖，充分论证	喻证、类比论证	
	过秦论	正面与反面结合篇末点论点	典型，充分，气势酣畅	例证、比证	√
	师说	正面与反面结合	典型，充分，有说服力	比证、例证、引证	√
选修课本	六国论	正面与侧面结合篇首提出论点借古论今	典型，充分，周密，气势酣畅	比证、例证、引证	√
	伶官传序	正面与反面结合以史谏今	典型，充分，透彻深刻	例证、比证、引证	√

正好6篇课文，其实只《必修》4篇就足以囊括"表达交流"中写议论文的知识了。这样教文言文不仅巩固深化了各课的内容，又读写结合，记住了议论文表达方法的知识，读写相得益彰，效果是不言而喻的。

从教三十余年，我把很多时间花在作文教学与文言文教学有效性的研究上，这篇文章是我在文言文教学实践中得出的观点。"让孩子们'快乐地玩'"侧重讲文言文教学的教材处理，即教什么的问题，是语文教师的职业素养；"取回'被抢走的草帽'"侧重讲对教学对象的研究与教学的关系，即教谁的问题，是语文教师也是所有教师的职业操守；"巧妙包装你的'宝石'"讲的是文言文教学实践的几个思路，即教法的问题，是语文教师的职业技巧。三者互相关联，你中有我，我中有你。让学生以学得快乐是主线，与时俱进、研究学生、因材施教是灵魂，包装你的文言文课堂是载体，是教育智慧。文章后的实录是为验证五层级丰富内容在充分预习时是否可行而借班上的，也不尽如人意。回顾所走过的教育教学路程，每一个脚印都留着遗憾的印记。学无止境，教无止境，追求亦无止境。今将文言文教学中所行所思整理公之于众，仅备一家之说，同时诚盼方家指点。

第四章

教学案例

1. 《促织》教案

教学目的

1. 了解《聊斋志异》的有关知识，了解本文借讲前朝故事来揭露自己所处的"盛世"的创作意图。

2. 本文情节曲折离奇，波澜起伏，跌宕多姿。让学生学会编写结构提纲，进行改写训练，并尝试将简单的材料改编为有一定故事情节的小说。

3. 赏析本文表现人物性格的主要手法——真实细腻的心理描写和生动准确的动作描写。了解文言语体的特点及意境创设的手法。

4. 掌握重要的文言实词、虚词。

教学重点难点

1. 让学生了解《聊斋志异》的主要内容和艺术，引导学生课外拓展阅读这部中国文言短篇小说的高峰之作。

2. 分析本文的情节结构。

3. 了解本文心理描写和动作描写的技巧，这是本文教学的难点。

教学设想

教学方法

1. 导读法。《聊斋志异》借怪异反映现实生活、寄托作者思想感情的文学自觉，将人物形象的塑造置于艺术创作的核心地位的艺术品位，以及情节构思、意境创造、语言运用等方面的造诣，足以使它和长篇小说领域的《红楼梦》共同成为我国古代小说史上两座不可企及的高峰。我们仅仅学习 490 余篇中的一篇，显然是不能领略其艺术风光的，因而指导学生课外阅读《聊斋志异》就很有必要。教师适当的"导"，旨在激发学生的阅读兴趣，指引其阅读门径。

2. 自读法。本单元提示指出："学习这个单元，要加强自学，借助注释和工具书读懂课文"。加上高中两年按历史编次的文言文的学习，学生已逐步形成阅读文言文的能力，这样，对本文内容和情节的把握不会有太大困难。因而不必逐句逐段地串释。

3. 赏析法。这套教材文学性强，至高二下期文学门类亦已齐备。对这篇文言小说的鉴赏还须提取精要，展开想象，加以揣摩。

4. 契合法。中国古典文学是一座丰富的艺术宝库，学生作文完全可以直接从中获取营养。让学生活用原文的一些写法，或改写，或创作，既能提高学生的作文能力，又能巩固和深化文言文的学习，这就是"文言文的学习与作文的写作契合"。

媒体设计

幻灯：自摹蒲松龄的坐画像及郭沫若为其故居的题词，制成幻灯片。如无幻灯机的学校，可画（写）在大张的纸上。

教学时数 3 课时

教学步骤·方案一

第一课时

一、导语设计

1. 高三的时候我们将学习奥地利小说家弗兰茨·卡夫卡（1883—1924）的广受赞誉的小说《变形记》。其主人公格里高尔是一家公司的推销员，长年累月到处奔波，挣钱养活家人。一天早晨，他从不安的睡梦中醒来，发现自己变成了一只大甲虫。后来又在自己的恐慌和家人的厌倦中悄然死去。小说把现实与非现实、合理与悖理、常人与非人并列在一起，淡化时间、地点和社会背景。再有1982年获诺贝尔文学奖的哥伦比亚作家加西亚·马尔克斯（1928—）的代表作《百年孤独》作为"魔幻现实主义"的经典闻名于世。小说以马贡多林镇为背景，描写布恩地亚家族七代人的命运，折射出哥伦比亚乃至整个拉丁美洲一个多世纪的历史进程，多方面地探讨了拉美地区贫困落后的原因。小说置生活于魔幻的氛围中，赋予生活以神话性和梦幻性，与印第安人古老神话和民间传说有机地联系起来，大量采用象征主义手法，比如纯洁善良的俏姑娘雷梅苔丝在现实中无法存身之后的升天，老族长老布恩地亚死时天空下起的黄花雨，马贡多人患的集体健忘症等等，别开生面。其实，在中国小说史上很早就有了上列两部小说的那些表现手法，如以六朝干宝《搜神记》为代表的志怪小说、唐代传奇等。这方面成就最高的当数清代文学家蒲松龄的《聊斋志异》。初中时我们学过了其中的一篇《狼》，已可见端倪，今天，我们再学习《促织》。

2. 用幻灯放出朱湘绘的蒲松龄坐像，放出郭沫若为蒲松龄故居的题词（如无幻灯，则可用大张白纸摹画）。

（说明1、由《变形记》《百年孤独》导入，一可说明中国小说的优秀传统，二可引起学生课内学习的兴趣，课外阅读的兴趣，比较的兴趣；2、蒲松龄的坐像给人直观的感受，郭沫若的题词可作为阅读《聊斋志异》的挈领。）

二、解题

1. 以提问方式复习有关蒲松龄的知识。蒲松龄（1640—1715），清文学家，字留仙，一字剑臣，号柳泉居士，世称聊斋先生，山东淄川（今山东淄博市）人。出身于没落的地主家庭。十九岁初应童子试，连中县、府、道三个第一。后屡应乡试皆落第，七十一岁始成贡生。一生穷愁潦倒，长期以教书自给。坎坷的遭遇使他对当时政治的黑暗和科举的弊端有一定的认识，生活的贫困又使他对广大下层人民生活和思想感情有一定的了解和体会。能诗文，善作俚曲。用20年时间，在40岁左右写成《聊斋》，以后不断修改增补。

2. 以提问形式复习《聊斋志异》，教师加以扩展补充。

《聊斋志异》，简称《聊斋》，文言短篇小说集。"聊斋"，书斋名；志，记；异，奇异的故事。

荒怪陆离的"假象"，透骨入髓的本质——思想内容：1. 爱情类，2. 官绅批判类，3. 科举批判类，4. 人情世态、公案、动物等类。

身份是花妖狐魅，性情是尘世众生——艺术形象：1. 人性与物性交融，2. 人性与神异性统一。

奇诡幻诞的外壳，真实可信的内容——情节特点：1. 情节逻辑，2. 幻想逻辑，3. 理念逻辑。

形制于咫尺之幅，境界在万户千门——意境创造：1. "假象"与现实的对应，2. "假象"与实像的对比，3. 用"假象"夸张，4. 用"假象"讽喻。

借助文言之语体，展现生活之神髓——语言特点：1. 文言的朴素精练；2. 文言的生活气息；3. 文言的生动自然；4. 文言的巧设譬喻；5. 口语的妙引巧配。

3.《促织》中的一些文化常识（见"附：备课资料"）

说明：上例《聊斋志异》的介绍各条款最好援《聊斋》中例加以简要说明，以引起课外阅读之兴趣，同时又为后两课时的研习打好基础。

三、研习课文

1. 整体把握，扫清字词障碍

说明　可用提问、挂小黑板或幻灯形式重点解决以下问题：1. 实词重点放在一词多义上：令、岁、顾、报、邑、靡、纳；2. 虚词重点是"以"和"然"字；3. 句式重点在省略句和倒装句上；4. 成语须了解：向隅（而泣）、呆（蠢）若木鸡、卖儿贴妇、无出其右、毫发不爽、目不交睫等。

2. 把握文意，概括大意。

说明：让数名学生概括，视时间和学生的程度可作20字概括，50字概括，100字概括，以培养不同字数要求的概括能力，答案可多样。

四、布置作业：为本文编一个结构提纲。

第二课

一、导入

1. 检查字词及译句：裨（bì 弥补、补益）、抢（qiāng 碰、撞）呼欲绝、（chuò）然、复、伏、假此科敛丁口、遂为猾胥报充里正役、林中少年好事者驯养一虫……

2. 检查作业——结构提纲，进入研习。

二、研习课文

1. 请学生说总体结构提纲：背景①——情节②～⑧——评语⑨。

2. 请学生讨论主体部分即情节内容的层次及：开端②——发展③④——高潮⑤⑥⑦——结局⑧。

3. 师生共同研习与欣赏具体的情节内容。

说明：以上三个步骤师生在和谐、民主的讨论气氛中进行，答案不求统一，教师边参与讨论，边将结果板书出来——参考板书附本课时后。板书时注意在原文中找到依据，改造原句，概括而又相对整齐地记下来，注意条理性，让学生较容易记住。

4. 研习第一自然段

（1）提醒或让学生自己找出本段重要词语，并加以揣摩：尚、岁征、媚、责、笼养、昂其直、奇货、猾黠、假、科敛、倾。

（2）分析写了哪几类人物及其各自的情状，理解其表层意思：宫廷——祸根，民间——受罪，官府——媚上，里胥——刁猾，游侠儿——无赖。结果——"每责一头，辄倾数家之产"。

（3）提供材料，提出问题，深入研习作者的创作意图。

教师：促织之戏，唐天宝年间已盛行，为什么把背景选在明朝宣德年间？宣德年间是"治世"还是"衰世"？请看与作者同时代的诗坛宗师王渔洋写在《聊斋》手稿上的一条评语："宣德治世，宣宗令主……顾以草虫纤物殃民至此耶？抑传闻失实耶？"

讨论后不难看出王渔洋的用意乃是提醒读《促织》时要联系眼前现实。康

130

熙年间正是清代的"盛世",康熙本人正被视为"英主"。可当时的统治集团和康熙本人同样追求声色犬马,酷爱"斗鸡戏虫",至今传下来的斗蟋蟀盆,以康乾年间制作最精,康熙时更有以制盆扬名于世的人。

可见作者的创作意图实际上是在借讲前朝"令主"当政的"盛世"时代的事,来揭露"当时""英主"当政的"盛世"的黑暗现实。

5. 研习篇末"异史氏曰"这一段。此仿"太史公曰"体例,点明意图。乾隆年间本为避文字狱删去指斥天子的几句话。

三、布置作业:将本文改为话剧剧本。注意:1. 注意剧本的格式,2. 用口语体(不用文言),3. 以四人小组为单位,每人改情节的一个部分即可,每人改一场或开端,或发展,或高潮,或结局;每部分依情节提纲(即板书)分为二至三幕;四人小组即一个完整的剧本。下节课表演。

第三课时

一、导入

检查上节课布置的剧本作业,选出改写得好又便于表演的一幕,请学生上台表演。同时让台下的学生特别注意观察表演者是不是能在神情动作中表现人物的心理。

二、研习课文

1. 研习"人物形象的刻画"。教师:从表演中可以看出,心理活动是不容易表演的。这是因为,(1)古典小说很少直接的大段写心理的内容,(2)《促织》的心理描写多是和行动描写结合在一起的,而同学们的演技还无法将心理活动的内容从语言行动中表现出来。让我们重点研习四、五、六、七自然段。

说明:此系本课教学的难点。我们借助上节课改编剧本的作业及学生的表演自然导入。研习时我们从四方面分解难点。1. 选好研习点——四、五、六、七自然段,并以第四段为重点。2. 落实在词语上。比如为了得出"写出矛盾心态"的内容,我们在第四自然段找出了"反复自念""细瞻""执图""躔迹披求"等十多处词语加以揣摩，领会成名在寻求促织中希冀、急切、惊愕、狂喜等矛盾心态。3. 与情节联系研习。我们重点让学生看高潮部分的情节：虫毙儿手由喜而怒——得尸于井化怒为悲——尚有气息而心稍慰——没了促织又复焦虑——门外虫鸣希望复生，让虫时又有"渐怍——大喜——骇、愕——惊喜"的心情变化。作者对成名的心理描写写出了人物悲欢离合的命运，人物形象因其细腻、真实的描写而丰满。4. 将行动描写的分析结合在心理描写中进行，水到渠成，事半功倍。这样，难点就化解了。

2. 研习"语言特点"。教师：请看第六自然段"未几……半夜复苏"的内容，仅76字。我们剧本用了多少字？160字左右？好，现在通过比较来看一下文言语体的特点。

研习得出文言语体的特点之后，用幻灯放出《红玉》中冯相如与狐女红玉初次相见的情景的一段话："一夜，相如坐月下，忽见东邻女自墙上来窥。视之，美。近之，微笑。招以手，不来亦不去"，让学生在加深对文言语体表现力的体会的同时，自然引出本文"意境创造"的特点。

3. 研习"意境创造"。教师：从幻灯的文字和那76个字的阅读中，我们眼前呈现了情、意、象和谐统一的直接画面，以及潜藏在文字后的深邃隽永的间接画面和间接意蕴，这就是古人所谓"象下之意""境生于象外""象外之象景外之景"，即优秀之作的意境之美。而《聊斋》的意境又多是在世间"实无此象"的"假象"中创造的。我们看看"假象"的作用。（板书）

放幻灯，让学生讨论"假象"与现实的关系：

我朝宣宗，最娴此戏，曾密诏苏州知府况钟进四个。一时语云："促织瞿瞿叫，宣宗皇帝要。"此语至今犹存。

——沈德符《万历野获篇》

宣宗酷爱促织之戏，遣使取之江南，价贵至数十金。枫桥一粮长，以郡督遣，觅得一最良者，用所乘骏马易之。妻谓骏马所易，必有异，窃视之，跃出为鸡啄食。惧，自缢死。夫归，伤其妻，亦自经焉。

——吕毖《明朝小史》

《促织》将两个材料都用上了。材料虽典型，但仅有轮廓。小说虚构了许多情节——包括虚幻的情节，安排了喜剧结局，具有引人力量，构成曲折离奇、波澜迭起的情节。一只小小的蟋蟀，竟使人为之悲与喜，为之死与生，为之贱与贵，让读者从看似荒诞的故事中体会作者的悲愤与无奈，从而有力地实现了作者的创作意图。

（说明由此直接引出下一环节内容。）

三、布置作业

下面是一个真实的材料，请同学们学一点蒲松龄的笔法，根据自己的意图，虚构一些情节，努力刻画人物，写一篇千字以上的小说。

《扬子晚报》载：澳大利亚布里斯班，一位警官受命带队搜捕一公寓4楼的非法聚赌的赌徒。警员冲上公寓时，竟数错楼层，一直冲到5楼。也没看门号，就一脚把门踢开。见有几个神色慌张的家伙，正在包装枪械。警察如获至宝，把武器贩子抓获归案。后来据此线索还破获一个武器走私集团。警官也因此立功升职。而4楼的赌徒，则闻风逃散。

板书设计

第一课时

刺贪刺虐入骨三分
写鬼写妖高人一等

乡村里一个寒儒	历史上文学巨星——生平著作
荒怪陆离的"假象"	透骨入髓的本质——思想内容
身份是花妖狐魅	性情是尘世众生——艺术形象
奇谲幻诞的外壳	真实可信的内容——情节特点
形制于咫尺之幅	境界在万户千门——意境创造
借助文言之语体	展现生活之神髓——语言特点

第二课时

故事情节

背景	开端	发展	高潮	结局	评语
①	②	③　④	⑤　⑥　⑦	⑧	⑨
祸起宫廷	追比杖责　自行搜觅　会征促织	执图冥搜　具资诣问	与人试斗　忽又得虫　虫死子亡	成名家富　皇上喜悦　层层进献	一人飞升　天道酬厚
倾家荡产	陷入绝境　不中款式　无所赔偿	终获佳品　神示画图	虫显异能　将献公堂　更陷绝境	裘马扬扬　抚宰蒙恩　选显异能	仙及鸡犬　善恶有报
					天子踮步　皆关民命

求而不得	求而得虫	失而复得	并受虫荫
惟思自尽	举家庆贺	悲极而喜	皆大欢喜

曲折离奇　波澜迭起

第三课时

形象刻画　　　　语言特点　　　　意境创造

心理描写真实细腻

写出矛盾心态　　朴素精练　　"假象"的讽喻作用

写出人物命运　　生活气息　　"假象"的夸张作用

行动描写准确生动　　生动自然　　"假象"与现实对应

动作表现心理　　巧设譬喻　　"假象"与现实映衬

动作推动情节　　妙引巧配

方案二

第一课时：删去马尔克斯和卡夫卡的内容，对《聊斋》的扩展性介绍点到为止，腾出时间解决字词问题、训练概括能力。

第二课时：首段和尾段皆不补充材料，仅从文面进入研习。

第三课时：不必学生上台表演，不补充《红玉》内容。

方案三

②	③④	⑧	⑨
会 自 追 征 行 比 促 搜 杖 织 觅 责	具 执 资 图 诣 冥 问 搜	层 皇 成 层 上 名 进 喜 家 献 悦 富	天 天 一 子 道 人 跬 酬 飞 步 厚 升

第一课时：在方案二的基础上，减去所有《聊斋》的扩展内容，板书内容换为提示概括的要点。

第二课时：在方案二的基础上，改写作业，全班统一，只需完成第六自然段前 76 字的改写即可。

第三课时：在方案二的基础上，不讲"意境"的有关内容，直接研习"假象"的作用及与现实的关系。作业字数 800 左右即可。

（关于三个方案的说明，以上方案一适用于好的班级，方案二与方案三分别适用于中等班级和慢班。）

2.《滕王阁序》教案①

教学目的

1. 了解"初唐四杰"，重点了解王勃；了解骈文的发展线索及一般特征；了解对联。

2. 掌握骈文的两大特征——对偶和用典。

3. 在作文中适当运用对偶和典故。

4. 背诵全文

教学重点和难点

1. 理解课文内容及写法，熟读直至背诵。

---

① 应永恒.《滕王阁序》教案［J］. 福建教育，2002（2）.

135

2. 作文中自然运用对偶和典故。

教学设计

教学方法：讲授、预习、答问、讨论等。

教学时数：2 课时

说明：1. 高一新教材文言文以古代散文为主选文，从先秦一直到明清，共6 个单元，文学史的线索十分清晰，散文细类的各类文体亦有许多涉及。《滕王阁序》从文学史的角度须让学生了解初唐四杰，特别应了解王勃；从文体角度须让学生了解骈文及其对偶和用典的特征。2. 本文典故多、知识广，既有语言上的障碍，又有知识上的障碍，学生比较陌生，容易产生畏难情绪。宜提前布置预习，参照译文和注释，扫清文字和文化知识障碍。疏通文义，熟读成诵。课堂上以提问、学生小组互问互答等形式检查预习，腾出时间解决学生半生不熟的问题。3. 本案例针对有较好文言基础的班级，如系学生文言基础薄弱，则须三课时才能完成：第一课时解决文化知识、文学知识、文体知识方面的问题，以使高一文言文编排系统完整，使学生对全文有一个总体把握；第二课时则疏通全文，熟读能诵；第三课时着重解决对偶与用典问题。

教学步骤

第一课时

一、导语设计

用幻灯（或小黑板）打出 2001 年高考江苏考生的作文《赤兔之死》片段：

赤兔马泣曰："吾尝慕不食周粟之伯夷义、叔齐之高义。玉可碎而不可损其白，竹可破而不可毁其节。士为知己而死，人因诚信而存，吾安肯食吴粟而苟活于世间？"言罢，伏地而亡。

这篇洋溢文言气息的作文获得高考满分，南京大学教授对该作文给予极高评价。今天，我们要学的文章系 1300 多年前的文章《滕王阁序》。韩愈曾说："江南多临观之美，而滕王阁独为第一，及得三王（王勃、王绪、王仲舒）所为序、赋、记等，壮其文辞。"（《新修滕王阁序记》）课前，我们已布置了预习，学习本文有三个任务：一要了解骈文中骈句（对偶句）和用典的特征，了解一些骈文的发展特点和王勃的情况；二要背诵这篇千古名篇，三要在作文中学会用典和对偶（排比）。

说明：引高考满分文为的是克服学生对文言文的畏难情绪，选段既有对偶又有用典。还想通过这个导语激发学生的阅读兴趣。我们平时对所有课文的预习作三个层面的要求：一、解决字词句问题，疏通文义；二、理清思路，把握文意；三、探究特点，提出问题。对本文的预习要求是第二层面。提出任务乃是给学生定一个目标。

二、解题

1. 关于骈文

（1）什么叫骈文　骈文就是用对偶句写的文章，骈文的名称在骈文产生以后许久才始见于唐代。柳宗元在《乞巧文》里说："骈四俪六，锦心绣口"，骈文即骈俪文，四六文是对骈文的较高要求，即四字句和六字句相对。此外，骈文还要求用典故来比附今事，确切的典故往往语言简略，含义丰富，使人产生联想，体味不尽。

（2）骈文发展概况　最早的骈文战国时就有了。清朝阮元称《易·乾卦·文言》是骈文，而清朝李兆洛的《骈体文抄》称李斯的《谏逐客书》为"骈文初祖"。其实最早的骈文是骈散相杂的。范文澜在《文心雕龙·丽辞》里讲到骈文的形成，一是由于联想到同类的事物，因而形成对偶；二是便于记忆，对偶句容易记住；三是由于证明：孤证不立，双证才行；四是由于均平，对偶使词句整齐。可见对偶句形成于自然。不管是《易·乾卦·文言》还是《谏逐客书》都是比较自然的骈散结合的。到了汉代，骈文对偶句多，散句少，排比句也多了，出现了四六文。汉代骈文还有意对辞不对现象，如枚乘的《奏吴玉书》、邹阳的《狱中上梁王书》、班彪的《王命论》等。魏晋六朝是骈文极盛的时代。到了齐梁时代，沈约提出了音律论，特别是刘勰《文心雕龙》讲了骈文的情和采，骈文的音律，骈文的对偶"四对"——言对、事对、正对、反对，并指出了要求。建安时骈文如孔融的《荐祢衡表》，梁代讲声律的骈文如徐陵的《玉台新咏序》。唐代的骈文称四六文，要求上联两句平仄相反，下联两名平仄也相反，上联下句的平仄与下联上句的平仄一致，即相承，这已经有近体诗的味道了。如本文"腾蛟平起凤仄，孟学士仄之词宗平；紫电仄青霜平，王将军平之武库仄。""鹤汀平凫渚仄，穷岛屿仄之萦回平；桂殿仄兰宫平，列冈峦平之体势仄。"宋代的骈文趋于散文化，且不用典或少用典，不用辞藻或少用辞藻，开创这种散文化骈文的是欧阳修。明代的骈文，没有什么创新，它的变种即八股文。八股文由破题、承题、起讲、入手、起股、中股、后股、束股等组成；其起股、中股、后股、束股的每股皆有两段相比偶的文辞，共八股，故称八股文。这八股文成了明清两代科举制度考试的一种文体，后来落入内容空泛、形式死板、束缚人思想的文体。清代的骈文家主要有汪中，作品有《哀盐船文》，讲究押韵，也是韵文。

2. 关于"初唐四杰"和王勃

（1）"初唐四杰"——骆宾王、卢照邻、杨炯、王勃。四杰皆少年即负才名，骆宾王七岁赋诗，被称为神童。卢照邻十岁即从名师曹宪、王义方授《苍》《雅》及经史，"下笔则烟飞云动，落纸则凤回鸾惊"《释疾文·粤若》。杨炯"幼聪敏博学，善属文"（《旧唐书·本传》），以文才应童子科及第，待制弘文馆。王勃"六岁解属文，构思无不滞，词情英迈"（《旧唐书·本传》，）年纪稍长，又通六经，指瑕《汉书》。四杰的诗歌作为走向盛唐顶峰的过渡，在对六朝的继承与革新中大步向前，带有明显的过渡性。四杰不仅在理论上反对六朝绮靡文风，又在创作中自觉追求一种壮大的情思与气势，使得诗歌的题材内容突破了宫廷的藩篱；同时在艺术技巧方面继承了六朝以来的成果，促进了近体诗的最终成熟。四杰在文章和赋方面的贡献主要表现在思想面貌上，反映了时代精神和主观意识。他们的文章在辞藻富赡、语言秾艳之外，还透露出英才华发、俊逸清新的气息，议论、叙事、抒情皆文笔纵肆，挥洒自如。

沉响风蝉—骆宾王

失水穷鱼—卢照邻

行潦浮沤—杨　炯

落霞孤鹜—王　勃

（2）王勃（650—675），字子安，绛州龙门（今山西省稷山县人），祖父是隋朝著名学者王通。6 岁即善文，14 岁科举及第，沛王李贤闻其名声，邀请他作王府修撰，后因游戏文《檄英王鸡》（假托沛王鸡声讨英王鸡），高宗以为是挑拨诸王子，大为震怒，逐出沛王府。后又因杀官奴而犯罪，父亲也受连累贬为交趾令。上元二年（公元 675 年），王勃前往交趾省亲，途经南昌，正赶上当地都督在滕王阁上设宴。王勃在宴会上赋诗并写下《滕王阁序》。随后在前往交趾时渡海溺水，惊悸而死。本文遂成王勃的"绝唱"。王勃的诗篇逞才使气却不失真情的流露，藻饰华丽却不失自然流动的气韵，没有应制诗的富贵气息，开始自由地抒写情志，表达动人的情思，如《杜少府之任蜀州》。王勃的文章词彩宏放，众体兼长。

3. 关于本文的写作情况《唐摭言·卷五》道："王勃著《滕王阁序》时年十四。都督阎公不之信，勃虽在座，而阎公意属子婿孟学士等为之。已宿构矣。及以纸笔巡让宾，勃不辞让。公大怒，拂衣而起，专令人伺其下笔。第一报云'南昌都郡，洪都新府'，公曰：'是亦老生常谈。'又报云'星分翼轸，地接衡庐'，公闻之，沉吟不言。又云'落霞与孤鹜齐飞，秋水共长天一色，'公矍然而起，曰：'此真天才，当垂不朽矣！'遂亟请宴所，极欢而罢。"

说明："解题"步骤中内容详尽，目的是给教师教和学生学的参考，以省查找资料之琐，也可使教师授课能胸怀全局，高屋领颔。若遇学生程度稍低或预习不充分的情况，为完成教学任务，可作简略处理。另引文中有十四岁作《滕王阁序》之说，据文本推，似觉不实。

三、研习课文

1. 齐诵全文（能背则背）。

2. 疏通文句

（1）字词：襟、带、控、引、下榻、列、雅望、懿范、维、序、属、俨、崇阿、汀、渚、萦回、津、舳、遏、凌、睇眄、迥、盈虚、越、怀、舛、酌、涸、扶摇、芳邻、抚、敢……

（2）成语：物华天宝、人杰地灵、俊采星驰、胜友如云、高朋满座、腾蛟起凤、钟鸣鼎食、云销雨霁、渔舟唱晚、逸兴遄飞、天高地迥、萍水相逢、命途多舛、君子见机、达人知命、老当益壮、穷且益坚、青云之志……

（3）用典（成语中出现的此略）：徐孺下陈蕃之榻、雁阵惊寒、睢园绿竹、邺水朱华、怀帝阍而不见、冯唐易老、李广难封、屈贾谊于长沙、窜梁鸿于海曲、酌贪泉而觉爽，处涸辙以犹欢、东隅已逝、桑榆非晚，孟尝高洁、阮籍猖狂、无路请缨，等终军之弱冠、有笔投怀，慕宗悫之长风、非谢家之宝树、接孟氏之芳邻、叨陪鲤对、龙门，杨意不逢、钟期既遇、兰亭已矣、梓泽丘墟、请洒潘江。

说明：这部分内容可用教师提问、学生问教师、学生互问等形式操作；其中用典方面内容教师可视情况而定解说的繁简。

3. 理清思路，把握结构：

地势之雄	人物之俊	宴会之盛
构筑之雄	眺望之广	秋景之美
欢娱宴游	感慨人生	勉励自己
再说遭遇	有幸与会	应命作诗

说明：可由学生自我分析，以培养其分层能力和概括能力。可用小组讨论、学生质疑、教师解答、点拨、启发等多种方法，最好不要越俎代庖，直揭答案，如有学生将上列分析的一二部分综合一段，三四部分综合一段，或二三部分合一段，只要言之有理——划分标准相同即可。

4. 背诵课文——据上列段落提纲背，不会背者可以看书。

四、作业

1. 背诵全文

2. 课后背诵《荷塘月色》所引萧绎的《采莲曲》；诵读《过秦论》及《读本》中曹丕的《与吴质书》、王维的《山中与裴秀才迪书》、韩愈的《送李愿归盘谷序》等骈文。

3. 每人至少搜集两幅风景名胜对联，课后交流——如找不到名胜对联则其他对联亦可。

4. 每人从文中选三个成语造句。

说明：背诵这篇课文于阅读、于鉴赏、于作文都十分有益，也为顺利完成下一课时任务服务；如系连堂课，则须将上述作业当预习作业布置。完成上述作业一可加深对骈文的理解；二可带出过去学过的课文中的引文，说明引用可以使文章更好地表现主题；三是为下一课服务，为"读写契合"课题服务。

第二课时

一、检查作业

1. 几个学生读选文中成语所造的句子。

2. 了解学生诵读其他骈文的情况。

3. 齐背《滕王阁序》第一自然段

说明：按作业顺序倒过来检查，主要是为了自然引出本课时的教学。对联作业检查放在以后的程序中。

二、研习课文

1. 教师示范分析课文第一部分

（1）提问本部分段意（参照上一课时板书）。

（2）"南昌故郡，洪都新府"，写古今之变迁，入题。"星分翼轸"四句，写地势之雄。"物华天宝"四句，写人物之盛。"雄州雾列"呼应"星分"句，"俊彩星驰"呼应"物华"句；"台隍枕夷夏之交"再承"星分"，"宾主尽东南之美"再承"物华"。多层渲染，以壮文气，也充分体现了骈文的优点。"都督阁公"以下句具体写盛宴。

（3）其余各段让学生边背诵边归纳。

第二部分。"潦水尽"二句写秋景；"俨骖騑"四句写自己来到滕王阁；"层峦"下八句，写阁在山水之间；"披绣闼"以下十句，写阁上眺览。

第三部分。"遥襟俯畅"下十句，写参与宴会诸人。"穷睇眄于中天"，引出"天高地迥"二句；"极娱游于暇日"引出"兴尽悲来"二语，于是紧紧相承抒发身世之感，引用"冯唐"等四人怀才不遇而失志之典，借他人之酒杯，浇自家之块垒。"所赖君子见机"以下，用于勉励自己不因处境困窘而改变志节。

第四部分。"无路请缨"四句，再说自己遭遇。"舍簪笏"下八句，说自己路过滕王阁，把当时的宾主合在一起说；"杨意不逢"等四句再说自己渴求知遇。"呜呼"之后，述作序的旨意，以谦辞作结，收束全文。

（4）归纳本文特点：

脉络分明　　　　文思缜密

驱遣典故　　　　骈句优美

辞藻华丽　　　　内容充实

精工描画　　　　抒情跌宕

说明：教师的分析意在将自己的思维过程分析方法向学生做出示范，为学生的运作提供一个参考的图式。在提示学生运用学过的"理清思路""概括要点"的方法之后，如果学生又能背熟全文，后面三部分的归纳分析则不会有太大问题。如果怕时间不够，可以由教师带过，因为本文教学并不以分析内容为目的，能疏通文义，了解总体行文思路，特别是能背诵即可。关于特点归纳，只需分析第一段就已水到渠成。

四、品味鉴赏

1. 本文系骈文精品，全文除"嗟呼""所赖""勃""呜呼""云而"九字外，前后完全对偶，且多为四字和六字。老师出一句，学生依文而对。

第一组　　师：襟三江而带五湖

　　　　　　生：控蛮荆而引瓯越

　　　　　　师：落霞与孤鹜齐飞

　　　　　　生：秋水共长天一色

第二组　　师：徐孺下陈蕃之榻

　　　　　　生：龙光射牛斗之墟

　　　　　　师：萍水相逢，尽是他乡之客

　　　　　　生：关山难越，谁悲失路之人

第三组　师：衤詹帷暂住

　　　　　生：启戟遥临

　　　　　师：登高作赋

　　　　　生：临别赠言

第四组　师：腾蛟

　　　　　生：起凤

　　　　　师：鹤汀

　　　　　生：凫渚（或"桂殿""兰宫"）

第五组　师：恐沾衣而浅笑

　　　　　生：畏倾船而敛裾

　　　　　师：登东皋以舒啸　木欣欣以向荣

　　　　　生：临清流而赋诗　泉涓涓而始流

第六组　师：伯牙绝弦于钟期

　　　　　生：仲尼覆醢于子路（曹丕文）

　　　　　师：寒山远火

　　　　　生：深巷寒犬（王维文）

师：坐茂树以终日

生：濯清泉以自洁（韩愈文）

说明：以上对子分类思路是：第一组按原文顺序，邻句相对；第二组是原文顺序的倒列；第三组倒列之外加上系由句中抽取——并未全句对；第四组系句内之对及多对；第五组是以前学过的课文句子，后一对又是交错找对；第六组是作业中要诵读的《读本》中课文句子。

2. 教师据课本情境编出句，学生对句。

第一组　师：滕王阁中，高朋满座

　　　　　生：都督宴上，胜友如云

第二组　师：天高地迥，落霞与孤鹜齐飞

　　　　　生：虹销雨霁，秋水共长天一色

第三组　师：倚马可待，王勃锦心绣口

　　　　　生：下笔千言，谁人起凤腾蛟

说明：例出于课文，又无法照搬，促学生动动脑筋。三组又有渐难的层次，有过渡性。

3. 有关对联的知识及名联赏析

（1）对联，雅称"楹联"，俗称"对子"，被誉为诗中诗。作为我国独特的语言艺术和书法艺术的结合体，不仅在我国灿烂的文化艺术殿堂中占据一席之地，也是我国为世界文化宝库中增添的艺术瑰宝之一，放射着奇异光彩。溯其渊源，最早的对联是"春联"，而"春联"又由"桃符"演化而来，"桃符"产生于秦代前后，两块深红色桃木板上书"神荼""郁垒"二神，或画出二神图像，悬之于门，意在镇邪驱鬼。随着六朝骈文的出现，桃符内容也更新了，产生两句对偶的"桃符诗句"，此乃春联雏形。最早的对联当属梁代文学家刘孝绰兄妹所作。随着格律诗的产生和发展，隋唐是对联的形成和发展时期。宋代时春节仍沿袭门户悬桃符之习俗。明朝开国皇帝朱元璋将春联由宫廷豪门普及到百姓门户。清代康、乾盛世对联艺术炉火纯青，日臻完善。对联大多在构思上独具匠心和巧思，手法上运用比喻、夸张、拟人、假借、镶嵌、反复、重叠、映衬、反衬、双关、回文、顶针、歇后、拆拼等修辞，妙笔无所不在。形式上有正对、反对、串对（流水对）。上下句词性相对，音韵相谐，字面上有对称美，声音上有韵律美，创造出如诗如画的意境和韵味，看去赏心悦目，读来妙趣横生。较之于骈文中的骈句，更注意独立性、意境性、音律性。

（2）请学生们读搜集来的风景名胜楹联。

（3）幻灯打出一些风景名胜楹联。

衔远山、吞长江、其西南诸峰林壑尤美

送夕阳，迎素月，当春夏之交草木际天

月来满地水

云起一天山

佛脚清泉，飘飘飘飘，飘下两条玉带

源头活水，冒冒冒冒，冒出一串珍珠

青山笑我头已白

泉水照人心自清

群崖乱立山无序

一水长镌石有声

前路赤炎炎日，试问能行几步？

这里凉飕飕风，何妨暂歇片时？

一日无心出

群山不敢高

说明：要有赏析。如第一副乃是别出心裁的集句联：上句分别来自范仲淹《岳阳楼记》和欧阳修《醉翁亭记》，下句分别来自王禹偁《黄冈竹楼记》和苏轼《放鹤亭记》。

五、布置作业

1. 选当地一处风景名胜或自以为值得写的地方，写一篇千字左右的写景抒情散文，要求参照《滕王阁序》的结构来写，用一两个典故，有两三处对偶句或排比句。

2. 附加题，有兴趣的同学不妨一试。将下列短文改为以对偶为主的文章，后附参考文，完成后可以对照一下。

龙岩的山

龙岩的山，每一座都是美的。林木披覆使山浓绿得像是琼浆那样浓酽。有岩石的地方，间或有各种姿态的树稀疏地散布在岩隙里，天然有致。矮小的山像翡翠佩玉般的可爱。高耸的山则如剑如柱，颇带阳刚之气。没有风的时候，成片成片的山林远远看去静得如小鹿卧鸣，象狡兔休憩。有风的时候，置身林间，可以看见林木翻腾，象群马乱奔，更可以听到虎啸龙吟之声，让你体验一下豪壮的滋味，当然胆小的也会有惊骇之感。小径上，常有林农带着工具登攀其间。林雾涌来的时候，所见有限，却还能听见远远的山涧的喧响和各种不知名的小鸟的唱叫。林雾散去时，偶尔能看见一挂一挂白练般山瀑山涧，有的从崖顶直拖下来，有的在石间窜来窜去，活蹦乱跳。太阳照入林中时，在树影的衬托下光柱更显得直落和晃亮。身在山中，常有如在仙境的幻觉。

附一：课堂板书设计

第一课时

骈四俪六	沉响风蝉	一、地势之雄	人物之俊	宴会之盛
锦心绣口	失水穷鱼	二、构筑之宏	眺望之广	秋景之美
对偶联想	行潦浮沤	三、欢娱宴游	感慨人生	勉励自己
用典寓志	落霞孤鹜	四、再说遭遇	有幸与会	应命作诗

第二课时

本文特点			对偶特征	
脉络分明	文思缜密	由桃符始	逐趋完善	
驱遣典故	全文骈句	巧心巧思	妙笔修辞	
辞藻华丽	内容充实	字面对称	声韵和谐	
精工描画	抒情跌宕	讲究意境	韵味无穷	

附二：作业 2 参考文

龙岩之山，山山皆美。披木覆林者，绿浓有如琼浆，稠而难化；间石杂岩者，疏淡如夜星，稀而有致。低则如翡翠之佩，使人心旷神怡，高则似碧玉之剑，令人血沸气豪。无风时，远观竹篁成片，仿佛鹿卧兔憩，安人以宁静；起风时，近贴树木为林，有如虎啸龙吟，壮人以胆魄。小径曲斜，有农人荷锄登攀；烟岚氤氲，闻鸟类引吭高歌。峰回路转，偶有白练自陡崖倏然纵挂，其势似进似崩，其速似涌似喷，激起团团水雾；日照光射，总有巨手从空中直然穿林，其态如柱如箭，其状如缎如锦、布下条条光阵。人在山上，几忘此乃人间；身处林中，恍如斯即仙界。

参考文献及说明

［1］方智范著. 艺苑心踪［M］. 上海：上海社会科学出版社，1996.

［2］林清晖，林东海著. 初唐四杰［M］. 辽宁：春风文艺出版社，1999.

［3］周振甫选编. 骈文精萃［M］. 山西：山西古籍出版社，1996.

说明：这个教案曾征求过同课题组的陈宏梅老师和林春兰老师的意见，又因为她们评职称的需要，《福建教育》正式发表时加署了她们的名字。

华东师范大学古典文学博导方智范教授评点：

高中古代散文与现代文章学契合这个课题，用一年多时间在三个不同层次学校的若干个班级进行实验，取得了可喜成果，证明了文言文的阅读与现在中学生文章的写作之契合可以两相促进，一箭双雕，事半功倍；证明了应试教育与素质教育并非是不可调和的矛盾。古代散文对写作的指导是多方面的，其思想博大精深，思路纵横开阖，结构变化无穷，语言华美有致，我们的作文完全可以直接从中获取营养。古典文学对学生人文的涵养，情操的陶冶，素质的提高，都有和风细雨般的泽润。古典文学修养与作文水平的提高又直接间接地使高考受益，多么实惠。《滕王阁序》这个教学案例给我们提供了"契合"这个课题的课堂操作图式。案例集中体现了课题的三大特点：文本把握的深度，知识延伸的广度，读写契合的适度。对课文第一段的示范研习，对写作特色的把握，都比较到位。所补充的骈文的有关知识和体的特征，四杰的主要成就和地位，王勃的经历和创作《滕王阁序》时的传闻，对联的起源和发展等，都能开拓学生视野。布置的作业又能抓准契合点。但附加作业难度大，不宜提倡。好在是让有兴趣的学生选择试刀，又提供了参考文以供对照，优秀的学生想来会有信心完成的。另外，文言文诵读与背诵这是教学中不容忽视的问题，熟读成诵，形成语感，学生会终身受益的，这一环节也得到了足够的重视。总之，用"契合"课题的思想进行《滕王阁序》的教学，不同层次的学生都能学有所得的。

3. 《烛之武退秦师》课堂实录

课文版本：人教版，普高《语文必修1》

执教老师：应永恒

授课班级：龙岩一中2012届高一（7）班

教学说明：为了较好地挖掘文言文的教学资源，而不是为了高考只教字词等文言基础知识，本人从2006年新课程伊始就探索"文言文五层级教学法"，即：一、字词落实，夯实基础；二、掌握内容，陶情冶性；三、学习写法，学会鉴赏；四、课外延伸，举一反三；五、形成能力，学会运用。而在课堂教学实践中，五个层级常常是融合在一起的，这样才能尊重文本，符合实际，提高实效，本实录就是这样的。然而，为了使初次接触"文言文五层级教学法"的一线老师更快地理清"五层"的思路，特意在有关内容前加上小标题予以提示。

第一层级：字词落实　夯实基础

多媒体显示：课题《烛之武退秦师》（《左传》）

师：同学们好！

生：老师好！

师：请坐下。当今时代媒体非常发达，信息渠道非常畅通。今天上的这篇课文《烛之武退秦师》，事先已经布置同学们去预习了。同学们上网查询了非常多的内容，现在就让同学们来展示预习的成果。

多媒体显示：《左传》

师：先提问一个同学，《左传》是一本什么样的书？"左传"的"左"是什么意思？"传"是什么意思？查询到的同学请举手。

生1举手回答：《左传》是一本编年体史书，"左"指的是左丘明，相传的作者；"传"是一种文体。

师补充：是叙事详细的编年体史书，这个"第一部"一定要记得，这是非常重要的。……"传"是一种"文体"吗？……请你回答。

生2："传"在这里不是文体，而是"注释"，是解释经典的意思。

（多媒体展示——《左传》是我国第一部叙事详细的编年体史书。

"左"——作者左丘明，鲁国史官。

"传"——解释，解说，阐发。）

师：好！"左"是作者左丘明，"传"是解释、阐发的意思。那么，是解释、阐发什么书，同学们知道吗？解释、阐发哪一部史书？名字叫什么？

众生：《春秋》。

师：好！解释《春秋》有三家，一家是叫"公羊"的人解释的，叫《春秋公羊传》；还有一家是叫"谷梁"的人解释的，叫《春秋谷梁传》。《春秋》这本书有三个人为它作阐发、解释。这个"传"和我们现在的"传"是不一样的。

（多媒体显示——《左传》《公羊传》《谷梁传》被称为"《春秋》三传"。）

师：刚才同学回答得很好。现在，我们看看这篇课文。这里有许多词语是需要我们解释的。先看通假字：

（多媒体展示——通假字：1. 今老矣，无能为也已；2. 行李之往来，共其乏困；3. 何厌之有？4. 秦伯说；5. 失其所与，不知。）

师：请同学们认真看一下，在这些句子当中，哪些是通假字？哪个同学先找到了？第一句的通假字是？

生3："已"。

师：哪个"yǐ"啊？

生3："无能为也已"的"已"字。

师：通什么字？

生3：通"矣"，就是"了"的意思。

师：好。第二句呢？

生3："共"，"共其乏困"的"共"，应该是"亻"的"供给"的"供"。

师：第三句的通假字呢？

生3："何厌之有"的"厌"字，应该是"满足"的意思，通"餍"，原意是吃饱的意思。

师：好。第四句？

生3："秦伯说"的"说"，应该通"愉悦"的"悦"。"忄"的"悦"。

师："忄"的吗？

生3：哦，是"忄"。

师：哦，没关系。可能是紧张一点了。最后一句？

生3："失其所与，不知"的"知"通"智"。

师：读音也要读成"zhì"（去声）。

（多媒体显示：在学生回答的同时逐一在屏幕亮出答案：1. 已通矣，语气词；2. 共通供，供给；3. 厌通餍，满足；4. 说通悦，高兴；5. 知通智，明智。）

师：大家看，刚才这个"共"、这个"厌"、这个"说"、这个"知"都是读它们的本字，读的时候要注意。回答得很好（指生3），请坐下。

（众学生鼓掌。）

师：我们继续看同学们预习的情况，看词类活用的情况。（指屏幕）这些词语用不同颜色标示出来了，请同学们来解释一下。

（多媒体显示——1. 晋军函陵，秦军氾南；2. 夜缒而出；3. 若亡郑而有益于君；4. 越国以鄙远；5. 既东封郑，又肆其西封；6. 朝济而夕设版焉。）

（在学生回答的同时逐一亮出答案。）

生4：第一题"军"字是名词作动词，驻扎的意思。

师：那么这个"夜"呢？

生4：名词作状语，在夜晚。

师：好。其实这个夜晚，名词作状语的现象，在古代很常用。那么，这个"亡"呢？

生4：这个"亡"是使动用法，使……亡。

师：很好。这个"鄙"和"远"呢？

生4：是形容词的意动用法。

师：哪个是形容词的意动用法？

生4：鄙。

师："鄙"是形容词的意动用法。它本来的意思是什么呢？

生4：以……为边境。

师：本来的意思？

生4：嗯，是身份低微。

师：身份低微，有这么个解释，但这主要是现在的解释。古代呢？我们初中有没有学过："蜀之鄙有二僧，其一贫，其一富"？那个"鄙"是什么意思？

生4：边境。

师：对了，是边驿，边境的意思。在这个地方活用了，是不是啊？活用为"以……为边境"。没错！还有一个，"远"字？

生4：是形容词作名词，边远的地方。

师：好了，很好。下面这个"东"和"封"。这个"东"和"夜"字是一样的用法，是不是啊？

生4：向东。

师：那么这个"封"呢？先解释它什么意思，在古汉语里的意思，和我们现在不一样了。

生：是……古今异义？

师：现代的意思大家都很清楚，古代的是什么意思？哪个同学知道，帮助她一下。

生5：疆界。

师：疆界的意思。很好！那么在这个地方，疆界活用为什么？

生5：活用为动词。

师：嗯……

生5：意动用法，以……为疆界。

师：很好！

师：再看看，"朝"和"夕"？

生5：都是名词作状语。

师：这个就比较简单了。（亮出答案——朝：名作状，在早晨；夕：名作状，在晚上。）请坐下。

（全班同学鼓掌鼓励）

师：同学们再看一下，解释古今异义的词。刚才我们已经牵涉到古今异义的词了。

（亮出题目——1. 若舍郑以为东道主；2. 行李之往来；3. 共其乏困；4. 微夫人之力不及此。）请个同学来说说，这第一句的古今异义词是什么？请举手。

（稍停顿）哪个词是古今异义？清楚吗？谁举手来说。好，请个男同学来说吧。

生6：第一句"东道主"是古今异义词。古义是指东方道路上的主人；今义泛指宴客的主人。

师：他把意思都说出来，非常好！那么这句中有两个古今异义词，"以为"也是古今异义词，在这里"以为"是两个词，中间省了一个"之"字，本该是"以之为"的。第二句中的古今异义词是什么？

生6：是"行李"，古义是指出使的人。

师：第三句呢？

生6：第三句是"乏困"。

师：是"乏困"，现在是什么意思？古代是什么意思？

生6：现在是指缺少休息，古代是指缺少的东西，缺少的物质。

师：好！（亮出第四句中"夫人"一词），古代是指什么？

生6：指那人。

师：这位同学说得很正确，在古代是两个词"夫""人"。请大家看屏幕上的答案。

（亮出答案——1. 以为 $\begin{cases} \text{古：把……作为} \\ \text{今：认为} \end{cases}$　东道主 $\begin{cases} \text{古：东方道路上的主人} \\ \text{今：请客的主人} \end{cases}$

2. 行李 { 古：出使的人

今：出门所带的包裹、箱子等

3. 乏困 { 古：缺乏的东西

今：精神不好

4. 夫人 { 古：那人

今：一般人的妻子 ）

师：好，请坐下。我们再看特殊句式。省略句比较容易，我们在屏幕上看一下，大家一齐回答。

（多媒体显示）辞曰："臣之壮也，……"这一句省略了什么？

生齐答：主语。

师：（多媒体显示）许君焦、瑕这一句呢？

生齐答：主语。

（多媒体显示）夜缒而出；敢以（　　　）烦执事；晋军（　　　）函陵，秦军（　　　）氾南

师：这些句子分别省略什么？

生齐答：省略了宾语、介词。

师：最后一句省略的是介词"于"。好，接下来我们再看看这些是什么特殊句式？

（多媒体显示——是寡人之过也；邻之厚，君之薄也；以乱易整，不武。）

生齐答：是判断句。

师：再往下看。这些是什么特殊句式？

（多媒体显示——以其无礼于晋；佚之狐言于郑伯；何厌之有？）

生齐答：是倒装句。

师："以其无礼于晋"是什么倒装？

生：介宾结构后置。

师：第二句呢？

生：也是介宾结构后置。

（亮出答案：1. 于晋无礼——介宾短语后置；2. 于郑伯言——介宾短语后置。）

153

师：第三句就不一样了，是什么句？

生：宾语前置句。

师：（亮出答案：有何厌——宾语前置）是宾语前置句。好，很好！

第二层级：掌握内容　陶情冶性
第三层级：学习写法　学会鉴赏

——本部分"内容"与"写法"融合，"性情"与"鉴赏"共生

师：现在我们开始分析这篇课文。

（多媒体显示——故事）

请同学们读第一自然段，我来起个头，大家来读。我们来看看第一段起什么作用？（领读）"晋侯秦伯"一二起。

（学生齐声朗读第一自然段内容）

师：好。同学们看一下，在这篇文章里面，第一段有没有出现本文的主角？

生：没有。

师：请思考一下，这第一段对主角的出现有什么作用？

生7：是背景介绍。

师：是背景，起了铺垫的作用。同学们都已经预习得非常清楚了。（多媒体显示——背景：大兵压境）它从叙事的角度来说，起了背景铺垫的作用。这铺垫是对人物起的作用。

（师：板书——写人艺术：铺垫）

除此之外，这里有几个句子要注意："秦晋围郑"——谁在围郑？

生：是两个国家——秦国和晋国。

师：对，二攻一。了解背景的同学都知道，秦晋两国当时都是大国，而这个郑国是当时的小国。在这样的背景下，形势就非常危急了，就是我们这儿写的"大兵压境"。接下来讲的是"秦晋围郑"的原因，有几个原因啊？

生：两个。

师：是两个，注释里面都有。然后还有一句，这句非常奇怪，我们看这是

不是有点多余啊？"晋军"？我们读的时候看要怎么读，要划分节奏的话，按我们刚才读是"晋军/函陵"。这样读，节奏线划得对不对？

生：错。

师：应该怎么读？

生齐读：晋/军函陵。

师："晋/军函陵"，这就把刚才"军"作为动词活用的作用给"读"出来了。

师：同学们再看，晋国的军队驻扎的地方和秦国的军队驻扎的地方是不一样的。一个是驻扎在氾水的北面，一个是驻扎在氾水的南面，即"氾南"。两个地方不同，交代这句话有什么作用？

生8：说明秦晋貌合神离。

师：貌合神离。读了后面我们才知道他们是貌合神离，而文章在前面就暗示了，这叫什么艺术？

生8：埋下伏笔。

师：埋下伏笔，非常好！后面和它照应，我们称之为前后照应。（板书——叙事艺术：巧设伏笔　前后照应）

师：我们再看第二段，主角出现了没有？烛之武出现没有？题目是"烛之武退秦师"，烛之武出现没有？我们把第二段读一下，"佚之狐"一二起。

（生齐声朗读第二段内容。）

师：刚刚开始的时候，烛之武还是没有出现。是一个大臣先推荐的，这个大臣叫作佚之狐。佚之狐推荐——故事开端了。烛之武有没有马上就答应他？

生：没有。

师：没有马上就答应他，这就构成了叙事的——

生：起伏。

师：起伏，波澜。这个起伏表现在什么地方？同学们看啊，一个地方是"秦晋围郑"，这时我们的心提起来了；接下来佚之狐推荐有个烛之武，我们的心放下来了；没想到，烛之武不干，心又提起来了；接下来，郑伯亲自认错，我们的心又放下来了。这样的写法叫什么？

生：波澜起伏。

师：波澜起伏，非常好！（板书——波澜起伏）波澜起伏构成了故事的跌宕。注意这个地方，古代用的是竹简，没有现在纸张这么方便，所以整个故事的叙述非常紧凑，篇幅非常短。但是有一个词语重复了。你们看，这重复的词语在哪？为什么在这个地方重复？如果拍电影，导演在这个地方要说戏了——如果我们是导演，在这个地方，你要怎么说戏？什么地方有重复啊？提示大家一下，烛之武的话，前面第一句话，大家再把这句话读一下，"辞曰：'臣之壮也……'"一二起。

生齐读：臣之壮也，犹不如人，今老矣，无能为也已。

师：好。哪个词语，从表意的角度来讲，是可以不要的？

生：犹。

师："犹"可以不要吗？壮年的时候"尚且"不如人，"今老矣"……，什么地方可以不要啊？"无能为也"行吗？为什么还要加个"已"字啊？刚才说过这个"已"字是通假字。"也"和"矣"的表意作用在这里是一样的，是不是啊？这个地方重复了，为什么？提问一下。谁想到？请个同学来说一下。好，这个同学已经举手很久了。

生9：我觉得它是起到强调的作用。

师：强调什么内容？

生9：强调"臣之壮矣"都不用的话，"今老矣"，就更不可能了。

师：就更不需要为你所用了。

生9：是。

师：很好！太精彩了，为她鼓掌。

（生鼓掌）

师：那么，同学们看一下，这个地方，表现出烛之武的个性。我们等下为他的个性做个评价。接下来我们再看看，情节出现了这个波澜之后，在郑伯亲请并请到之后，烛之武就"夜缒而出"，课文出现了高潮，就是"夜访秦伯"

的情节，最后的结局是"秦晋退兵"。（多媒体显示——开端：佚之狐推荐；发展：郑伯亲请；高潮：夜访秦伯；结局：秦晋退兵）有关"夜访秦伯"的内容，我们在分析人物的时候再来分析。（指多媒体）这就是本文的情节结构。从叙事艺术角度看有什么特色呀？

生10：组织严密，结构井然。

师：好。（板书——叙事艺术，组织严密，层次井然）

师：现在我们来分析一下人物。在分析人物的时候，我们先分析其他人物，换句话说，所有其他人物都是和主要人物烛之武有关系的。前面讲背景对故事发展来讲，起到铺垫的作用。如果从写人的角度来说，它其实是为烛之武的出场作（生答"烘托"）——烘托。是不是啊？好。（板书——写人艺术：烘托）有了背景作烘托了。佚之狐他有察人之明，胸有成竹，体现在哪个字上？

生10：必。

师：哦，同学们找得太准确了。"师必退"啊！烛之武在历史上的记录除了本文外只有一行。但佚之狐敢这么肯定说"师必退"。开国际玩笑！两个大国围着一个小国，你一个烛之武，一个老人，之前名不见经传的老人，就能让他们"师必退"！所以我们说佚之狐胸有成竹，又有察人之明，体现在"必"字上。但是他还不是主要人物，这个人物对烛之武的出场到底起什么作用？

生10：烘托。

师：还是烘托吗？背景烘托。换个词。人和人的关系？（生答：衬托。）很好，这个是衬托。侧面衬托，写人的一种手法：不直接写人，写别的人物来衬托他。再看看，郑伯这个人有什么特征？一旦烛之武说"年轻的时候不用我，现在才来用我，我不干了"，郑伯马上承认自己的错误，（指导学生看屏幕）叫作"勇于认错，用人不疑"。那么郑伯是一个"伯"，国君啊，国君向一个普通的，之前名不见经传的老头认错，这对描写主人公来说是什么手法？……不直接写烛之武，而是通过郑伯来写烛之武，这是什么写法？

生10：侧面描写。

师：侧面描写，侧面来写烛之武。再接下去，秦穆公这个人物，是当时大国的君主。在这篇文章里，他和晋国有很深厚的历史关系，秦晋两国你帮我我帮你，有个成语叫"秦晋之好"。谁能解释这是什么意思？同学们有没有注意到这个成语？

师：（停顿，生10无法回答）哦，历史上秦国和晋国有很多君主之间有联姻关系。所以"秦晋之好"，过去一般人在结婚时，对联的横批上写"永结秦晋"。秦国和晋国他们有很深厚的关系。但是这很深厚的关系，三下两下就被烛之武给破坏掉了。从这个角度来说，这也是一种衬托。而这种衬托，和后面晋文公……晋文公知道吗？他的名字叫什么？重耳，经过了19年的磨难，回国当国君，后来成为春秋五霸之一——这样的两个大人物，历史上这么出名的人物，结果被烛之武这么一"说"，就解除了盟约，退兵了，这对烛之武究竟有起什么作用？

生10：衬托。

师：这里的衬托，是从什么方面衬托？

生10：侧面衬托。

师：侧面衬托？侧面？在当时秦穆公和晋文公与烛之武是对立面，应该是……（生10：反衬）对了，反衬。（示意生10坐下）（板书——反衬）他们用最后的结局证实烛之武的才能。（看板书——写人艺术　铺垫　烘托　衬托　侧写　反衬）当然我们说这些写人的艺术都是属于侧面描写，真正的正面描写是直接展示烛之武这个人的。（板书——展示）直接展示烛之武的内容，构成了全文的主体。我们看看，是怎么直接展示的？

师：这段说辞，有很强的论辩色彩，可以当一篇议论文来读。我们把烛之武的说辞分为五层。（师指上述"多媒体显示"）同学们看一下，第一层是"秦晋围郑"。这一层从论辩艺术来讲，我要让你退兵，先不说你必须退——如果先说你必须退，你肯定不肯退——那么先说什么呢？……对，先说"郑既知亡"。……"知亡"就投降吧，啰唆什么？……是的，有用心，也就是有"艺术"。这种艺术叫什么？

生11：欲扬先抑。

师：欲扬先抑，非常好！（板书——议论艺术　欲扬先抑）先退一步，后面再进他几步，是不是啊？这是一个地方。再看，"亡郑而有益于君，敢以烦执事"，一直到"君之薄也"，就是把我的国家灭亡了以后，对你秦伯有没有好处？

生11：没有。

师：对秦国没有好处，对晋国才有好处。是不是啊？这一层运用了什么艺术？同学们看一下。亡郑，对你有什么好处？没有好处。那么，亡郑以后，这结局出现了之后——反过来说，对你有什么好处？（生群：反证）对啊，"反证"。（板书——反面说理）

师：再接下来，我们看第三层，"若舍郑以为东道主……"，也就是说，让我的国家留下来的话，"存郑"，对你有什么好处？这叫什么啊？什么面啊？

生11：正面讲述。

师："讲述"？（生11：议论……说理）对，正面说理。（板书——正面说理）接下来看第四层。第四层烛之武在帮助秦穆公回忆秦国和晋国交往的历史，"朝济而夕设"，"朝济夕设"什么意思？我们用原文的词语……早上我帮助你渡过黄河，你回去了，晚上你防御工事就筑起来了。所以，回忆历史。按我们论证方法来说，这叫什么方法？

生11：举例论证。

师：举例论证，举的例子是历史，我们说"引史"，其实就把要说的话、要讲的理寄托进去了，寄托在这个明摆着的史实里去了。让我们来归纳一下……

生11：引史寓理。

师：对了，引史寓理。非常好。把意思寄托到历史里去了。（示意生11坐下）再接下来，最后一层，点明它的意图，是什么呢？大家看，今天这个情况看，是"阙秦利晋"，屏幕已经亮出来了。而分析今天的局势目的是为了揭穿它的本质，这个本质正是从现实中推导出来的，我们叫作"析今推理"。（板书——议论艺术　析今推理）

师：总结一下烛之武的说理艺术——欲扬先抑，反面说理，正面说理，引史寓理，析今推理。最后，晋国也退兵了，说明晋文公也是一个伟大的政治家，非常清楚和秦打仗没有意义。

师：我们来看看烛之武的人物形象。同学们来说说，尽量多方面来回答一下。谁来？

生12：我觉得烛之武深明大义，而且是非常爱国的一个人。

师：深明大义，爱国。还有呢？

生12：嗯，能言善辩，我觉得。

师：还有呢？

生12：非常有责任感。

师：什么责任感？

生12：捍卫国家的责任感。

师：这是爱国主义精神了，是不是？前面我们分析烛之武"久不得志"，指的是哪句话？

生12：就是："今老矣，无能为也已。"

师："壮"的时候，"犹不如人"。是不是啊？很好，基本上归纳出了烛之武的特征了。我们看屏幕。

（多媒体显示——烛之武形象分析　1. 久不得志　2. 深明大义　3. 有勇有谋）

师：前面侧重分析烛之武的"谋"，现在看烛之武的"勇"表现在什么地方？

生12："夜缒而出"。

师：好，很好。他的外交说辞非常讲究艺术，没有因为自己是小国，就低声下气地去乞求人家可怜，所以说是——（生12：不卑不亢）对。（多媒体显示——烛之武形象分析　不卑不亢）好，请坐下。非常好。

第四层级：课外延伸　举一反三

师：现在我再请同学们为烛之武写一张名片，用一句类似现在的广告词来概括烛之武的上述特征。给大家两分钟的时间。

（同学们开始思考，动笔。）

师：有没有写好的？谁先说？

生13：我说是"千古一谋士，古稀智退敌"。因为他当时去秦国的时候，已经是七十多岁的老人了。

师："古稀"和"千古"对应。表示数词、量词对应。嗯，还动用了个艺术手法，叫作什么？

生13：对仗。

师：对仗，对偶。非常好，从内容看，是个流水对，很准确地把烛之武特征的某个方面抓住了。很好，大家为她鼓掌。

（众生鼓掌祝贺）

师：还有吗？看看其他同学。

生14：风化瓦解，智退秦师，机智善变，深明大义，唯烛之武也。

师："唯烛之武也"，后面这"唯烛之武也"要不要再写？

生14：可以省略。

师：对，前面的就行了，名片嘛。她用的也是对仗的方法，很好，请坐下。其他同学？我再叫一个男生吧，你说说看。

生15：还没想好。……

师：还没想好，我提示一下，你说烛之武他能说会道，他一个人凭什么？

生15：舌战。

师：嗯，对，抓住"舌"，"舌"什么？

生15：舌战群儒？

（众生笑）

师：群儒吗？

生15：没有。

生15：舌战……秦晋。

师：舌战秦晋？有"晋"吗？

生15：……也没有。

师：秦军？是整个秦军跟他舌战吗？

161

生15：舌战秦伯。

师："舌战秦伯"倒是可以的，要来点"艺术"，但是这作为一个名片，作为一个广告词，太写实了，效果显不出——广告的效果显不出来。我们说，广告词嘛，要用"舌"，舌头分量重不重？我们从另外一个角度来说，竟然这一根舌头就能够怎么样？

生15：三寸之舌。

师：三寸之舌怎么样？对方是……

生15：百万之师。

师："百万"？有百万吗？……噢，"两国之师"。中间用个什么词连起来，把"三寸之舌"与"两国之师"联系起来？"强于"？"胜于"？都可以。还可以从什么角度？他少年不得志，少年怎么样，老年怎么样？再来拟一下。……（看时间）这个，留到后面来做吧。

师：好，我们进入下一个问题。同学们看，本文的主角是烛之武，而烛之武的具体工作，他一个人能不能完成啊？

生：不能。

师：是啊，烛之武背后还有许多幕后英雄，包括推荐他的佚之狐，慧眼识才；包括郑伯，善于做思想工作，善于自责；还有他自己的"夜缒而出"……自己怎么"缒"？……对，肯定还有许多郑国士兵的帮助，比如先要有侦察兵，侦察哪里可以"缒"，选择"缒"的地方，然后派什么人去"缒"，派几个人去"缒"比较妥当等。

师：好，同学们，本文还讲到了人与人的几种关系，比如君臣关系，除了君臣关系，还有什么关系？

生：同僚关系。

师：同僚关系。还有什么关系？

生：敌对关系。

师：就是敌我关系，是不是啊？对了。这种种的关系，有君臣、同事、同盟、敌对……同盟关系，秦和晋是同盟的，是不是啊？

　　然后我们再看看，烛之武能够退秦师，我们学过哲学都知道，一件事的成功都有内因和外因。什么内因？

　　（生各说各的）

　　师总结：他非常有语言才华，准确地把握形势，用我们现在的话来说——素质高啊。从外因来说，我们刚才讲的都是外因，是不是啊。烛之武本来集勇和谋于一身。总之我们可以从本文中找出很多的话题，并从这篇文章里找到例子来加以评论。

第五层级：形成能力　学会运用

　　师：现在我们要布置作业了。

　　（多媒体显示——作业　必做题：从本文中寻找一个话题并以本文的事例加以议论；选作题：1. 写人叙事文，题目：应老师给我们上课 2. 议论文，题目：给_____的一个建议 3. 把本文改为电影剧本）

　　刚才通过分析，知道本文可以证明很多话题，用这篇文章的例子对你找到的那个话题——比如说"关系"的话题、"团结"的话题、"义和勇"的话题、"内因和外因"的话题加以证明和议论。现在我们高考有个"短文评说"题，100 到 150 字，我们就按照这个模式，从《烛之武退秦师》中找一个话题，再用本文的一个例子进行评论。这是必做题——每个同学都必须做的。

　　其他三个作业是这样的，一个是写人叙事文，题目就是"应老师给我们上课"，你们要记得写人叙事有这些艺术，（指向板书），要用上黑板上所写的这些艺术写记叙文。再一个是议论文，要用我们课文里的议论艺术，给我们的语文老师，数学老师，或者说是班主任，或者给我们的校长，甚至给我们的市长写一个建议，这是议论文。再一个呢，我们可以把这篇文章改成一个电影剧本，这个可能就比较长了。一部电影一般是一个半到两个小时，我们可以选择一些片段的内容来加以改写。如果你有能力，做三题两题，如果没能力就选一题就可以了。

　　我们这一篇课文是我们高中以来第一篇文言文。文言文应该怎么读，我有五个建议——学习文言文的五个层级。这五个层级在我们这节课里面都体现出来了。

（多媒体显示——文言文学习的五个层级：一、字词落实，夯实基础；二、掌握内容，陶情冶性；三、学习写法，学会鉴赏；四、课外延伸，举一反三；五、形成能力，学会运用。）

第一个层级我们落实在预习检查上了，就是"字词落实，夯实基础"，这个层级主要注意这个"实"字，你们把这个"实"字圈起来，字词一定要实实在在地搞清楚，高考主要就是对字词的理解、解释和翻译，拉分比较大，这是为我们高考服务的；第二个层级是掌握内容，陶情冶性，刚才讲的叙事、写人和议论等内容，在我们的多媒体里展示出来了，这个层级讲究一个"透"字；第三个层级是写法，老师在黑板上写出来了，要学会鉴赏，这个层级讲究一个"全"字；接下来"课外延伸，举一反三"说的是什么呢？就是刚才我们写的名片以及延伸出来的话题，起码可以延伸出十多个话题出来，在以后的作文当中都可以应用，这就是第四个层级，讲究一个"放"字，要放得开；内容可以应用，写法能不能应用呢？我们刚才选做的三题作业，都是叫我们要用本文的写法来写文章的，这是第五个层级，讲究一个"活"字。

师：以后学习文言文就要学得"实"，学得"透"，学得"全"，然后"放"得开，用得"活"，五个层级记住了吗？

生齐声：记住了！

师：谢谢同学们！下课。

生：谢谢老师，老师再见！

（翁怡芳老师根据录像整理）

板书

写人艺术

大兵压境——背景铺垫

佚之狐——侧面衬托

郑伯——牛人烘托

秦穆公、晋文公——反面衬托

烛之武——正面展示

叙事艺术

背景：大兵压境——巧设伏笔

开端：佚之狐推荐——渲染气氛

发展：郑伯亲请——曲折有致

高潮：夜访秦伯——层层推进

结局：秦晋退兵——照应前文

波澜起伏　组织严密

议论艺术

郑既知亡——欲扬先抑

邻厚君薄——反面说理

往来供困——正面说理

朝济夕设——引史寓理

阙秦利晋——析今推理

文言文学习的五个层级

一、字词落实，夯实基础——实

二、掌握内容，陶情冶性——透

三、学习写法，学会鉴赏——全

四、课外延伸，举一反三——放

五、形成能力，学会运用——活

4. 《兰亭集序》课堂实录

授课教师　应永恒

地点：武平二中

师：非常有幸，在这节课我们一起上王羲之的《兰亭集序》，昨天已布置了预习，现在检查预习情况。首先，老师补充介绍"序"。"序"是一个专集，一个集子最前面的部分的内容。它可介绍著作、书、集子的写作过程、目的。可能同学们也预习到了。注释也有相关介绍。这篇序是一次活动中大家吟诗作赋留下的许多优美的诗文，由王羲之作了此序。

王羲之留给同学们印象最深的是什么？

生（纷纷）：书法，天下第一行书

师：这篇文章它的价值，据我的理解，恐不会输于书法。（多媒体示他人临摹的王羲之书法），下面开始检查预习，请一位同学看看这些通假字：

wù qū

晤 趋

一词多义：一、修、志、临、之、次、迁

词类活用：

古今异义：

师：现在我们看看这篇课文。预习中我们知道，这篇文章分为三个部分：第一、二段为一部分，第三段为一部分，第四段是一部分。现在我请同学们在每段（部分）中找一个字，最能表现这段思想感情内容。看看谁先找到。

一、二两段……

生（纷纷）：乐。

师：（板书"乐"），第三段也用一个字。

生（齐）：痛。

师：（板书"痛"）第四段。

生（齐）悲。

师：（板书"悲"）

"乐"具体来说有何乐？请同学们找出原文中句子。找一句算一句。"永和九年……暮春之初"有没有乐？

生（齐）：没有。

师：暮春之初什么景色？

生（纷纷）：春天。

师：看到这个词语，你们有没感到生机勃勃？

生：有。

师：有没乐在里面？

生（齐）：有。

师：这是什么乐？暮春景物之乐。

"此地有崇山峻岭、茂林修竹，又有清流急湍……"

（概括一下）

生：有山、有水、有林、有竹。

师：（板书"山水林竹"）。这都是景物描写的乐。

我们再看看事情方面他们有什么乐。

生：流湍急水。

师："流湍急水"是事情的乐吗？

生：不是。

生：一觞一咏。

师："一觞一咏"什么意思？

生：有人喝酒，有人作诗。

师："一觞一咏"是为什么事情？

生："修禊事也"。

师：（板书"修禊觞咏"），除此外，还有"乐"吗？

生：仰观宇宙之大，俯察品类之盛……极视听之娱。

师：这都是大自然，给我们人类带来的乐，这一段从表达方式来说，"山水林竹"侧重于？

生：景物描写。

师：（板书"写景"）而讲修禊事情时，侧重于？

生：叙事。

师：（板书"叙事"）

小结：这段记录是什么境界呢？"审美"（板书），特别是对山水。因为山水美，修禊事也美，有一种"愉悦"。所以"乐"。（板书："审美境界""生活境界"），生活境界也能给人一种美，生活同时也是一种……大家看下面一段。

"夫人之相与，俯仰一世"……什么叫俯仰一世？

"俯"为低头，"仰"为抬头，"俯仰"即"一世"，什么手法？

生（齐）：夸张！

师：是的。说明时间过得太快了，人生太短暂了。所以"俯仰一世"就带来了下文的"痛"（板书"俯仰一世"），那么这一段的主要表达方式是什么？

生：抒情。

师：（板书"抒情"）抒发了一种"痛"的感情。现在，我们找三个虚词，在每一句，可以把这一段分成三层。在第一句中找一个虚词，请同学们找一下。

（生思考）

师：提醒一下，第一句……

生："夫"。

师：好！"夫"带起的内容是什么？第二个虚词？

生："夫"带起的是生命短暂。

师：好。因为生命短暂，有的人"取诸怀抱，悟言一室之内"，有的人"因寄所托，放浪形骸之外"。这都在俯仰之间，一世已过，不知"老之将至"。那么，第二个虚词在哪儿？

（生思考）

生：向。

师："向"是什么意思？

生：过去。

师：刚才找到的"夫"是发语词，无实义。现在也是找无实际作用的词语，请你再认真找一下。

生：当。

师："当"后讲的是"暂得于己……不知老之将至"讲的还是生命短暂啊，接下来。

生：及。

师："及"后讲到的是什么？"俯仰之间，已为陈迹"，好的事情，非常快过。所以"及"所带的是生命无常。无常后，"犹不能不以之兴怀"，还是不能引起……"向之所欣"，一旦成为陈迹的话，就"不能以之兴怀"了。接下来，又有一字。

生：况。

师：你说一下："况"后面带出的是什么？况后"终期于尽"，什么意思？最终都会消灭、死亡。生命必然死亡。带出"痛"字。三个虚词，引出"痛"字。同学们讲得非常好。谢谢同学们。我们再看，这三个"痛"和刚才的"乐"，是不是感情变得太快了？

生（犹豫）：不是。

师：怎么一下子乐，一下子痛呢？

（生思索）

师：中间有个过渡，什么叫过渡？"乐"与"痛"中间有个过渡，找得到吗？过渡一般在什么地方？

生：上下衔接的地方。

师：对了，上下衔接的地方。哪一句？

生：夫人之相与，俯仰一世……

师：哪一句承上？

生：人之相与。

师：承上的什么内容？

生：乐！

师：具体的，我们看黑板上，"人之相与"，"与"是什么意思？看注释，交往。前面什么事情讲交往？"修禊觞咏"都是讲交往。好的"人之相与"承上，哪一句启下呢？"仰一世"，下面讲生命短暂，生命无常，生命死亡。所以它由"乐"过渡到"痛"是非常巧妙的。同学们领会一下，接下去，"痛"到"悲"的话不需要太多过渡了。但是，老师前面有说过，这是一篇序言，是不是？最后一段，我们来看看它悲在何处？——刚才讲到"乐"，有三个地方讲"乐"，现在"悲"有几个方面？同学们预习得很充分，同学们，谁来说说？我们根据内容来概括一下。

生：……未尝不临文嗟悼，不能喻之于怀。

师：前面的背景是？

生：每览昔人兴感之由，若合一契。

师："览"是什么意思？看，看过去的人和我们今天的诗文，这篇序，哎，"若合一契"，他们的感想竟然是契合的，非常像，但不是完全一样。什么东西非常像？

生：兴感之由。

师：生发的感情，悲痛。过去人是这样，现在人也一样，后面人怎么样？

生：后之视今，亦犹今之视昔。

师：所以悲在这地方出现。悲的是什么？悲的是在人类历史长河里，人类生命长空里，结果都一样地有这样的"乐"，更重要的是有这样的"痛"。伤感啊，非常悲伤。人类挥之不去的"俯仰一世"的情结。这种状态，记录生命的状态。

（板书：生命境界）

师：前面说，宇宙之大，怎样？

生：俯察品类之盛。

师：宇宙大是和我们什么小来相比的？

生：生命。

师：生命的短暂，生命的渺小。"品类盛"是什么意思？万物蓬勃成长，非常多。那我们个人呢，生命就非常单薄。好，我们联系全文一看，把它放在历史长河中人类很悲哀，是不是？这是一个"悲"，而且这个"悲"同学们已经看到了。一个，是放在历史长河里面太悲伤了，还有没有？这一段在序文中有什么作用？结构上先看。序言，这里有关序的东西有没有？

生：悲夫，故列叙时人，录其所述。

师：这是讲咏诗作的人，回到讲"序"。呼应前文的序，呼应前文的"修禊事"，"一觞一咏"的"咏"。换句话说，在这段里面我们要注意的第二点，放在"修禊事"里面，过渡了。这么快乐的事情，俯仰之间就过去了，到"悲"了，这是一个小的当事背景，第三个，放在自然背景，因为它要和前面联系。自然背景那么美，人类享受的时间却那么短暂。所以，这又悲了，中间还有一句，悟言一室之内，或……放浪形骸之外，我们联系时代背景。高度高压，知识分子不敢说话，所以有的关起小屋来"云"，有的放浪形骸，对生命不是很重视。死生不是了不起的事情，心灵自由是首要的事。第四个是放在时代背景中去的悲。那到底真的就是这么悲吗？我们如何看等这种悲？"悲"放在四个背景，历史长河，是我们同学找的，景、事、时代。这么多悲会对中学生产生负面影响吗？

生：不会。

师：为什么不会？

生：固知一死生为虚诞，齐彭殇为妄作。

师：好，大家一起读一下。（生齐读）解释一下，这句话什么意思？

生：庄子所说的生与死相同是荒谬的，长寿的彭祖与夭折早逝的儿童是一样的观点可谓胡乱造作。

师：那么作者所要论的是？死和生是不同的，长命和短命也是不同的，对的是什么，上文一句话（齐读）。

生：古人云："死生亦大矣"。

师：好，请坐下，死生是大事啊，怎么放在"一"这个地方？隐含什么意思？人要重视活着的日子。那同学们的心结解开了，老师来总结一下。

我们这样看：确定人类有这样那样的悲伤痛苦，第一要承认，王羲之把它写下来了。第二，在面对着生命的沦沉，生命衰亡的过程中，先是面对生命的蓬勃，像老师刚说的把窗帘打开，让阳光照进来，让我们生活在阳光里面。我们不也是在享受生命吗？"死生亦大矣"，这是大事啊。在面对生命的衰亡的时候也面对生命的蓬勃，非常辩证。第三，"一死生为虚诞，齐彭殇为妄作"重视生命，重视长寿。重视生命的长度、宽度、厚度。所以，我们看悲，是这样看的。现在，这篇文章（补充板书：若合一契，议论）的特点：第一个特点：写景、叙事、议论、抒情相互交融；第二个特点：借题发挥，借这个序来说自己对宇宙人生的看法。第三个特点：它文笔法清新简练，三个字把我们人类最关注的，直到现在还有非常的人关注以后也会有很多人关注的重大主题表现出来，所以我们说可以和他的书法齐名。第四个特点：文笔洗练，清新洗练。那么，在一篇写景抒情这样的文章里面，写景是文章的血肉，叙事是这篇文章的骨骼，抒情和议论是这篇文章的灵魂（板示血肉、骨骼、灵魂）这里不再作引申。有一个问题，让我们来做一件事情，按照原文，模拟下曹操、韩愈、柳宗元和苏轼，看看如果他们在同样的景物条件下，会有什么不同的感想？用写景和叙事结合的方法来写。同学们把练习本打开，请把李白和杜甫或其他名人如李清照等补一下。做完后，同学们看后面一篇《读武夷山》，就是用写景、叙事、抒情、议论的手法来写的一篇美文。请同学们回去后用这几种手法来写一篇作文，内容是梁野山、文博园后西山也可以。

老师总结一下，古文的学习，要注意几个步骤：第一是落实字词（板示）；第二是掌握内容；第三是学习写法；第四是课外延伸；第五是学会运用，这是文言文学习的五个步骤。我们平时只重视字词，应付高考，后面的是最最重要的，我们要通过内容的掌握陶冶我们的情操，从人家只看出乐悲中，我们看出他对生命的热爱珍惜，学习他的手法，在课外延伸这种手法，把这种手法用在我们作文中去。这节课就上到这里，谢谢同学们。

板书：

兰亭集序

王羲之

乐　审美境界　山水林竹　写景　血肉

修禊觞咏　叙事　骨骼

痛　生活境界　俯仰一世　抒情 ⎫
悲　生命境界　若合一契　议论 ⎭ 灵魂

5. 《项脊轩志》课堂实录

时间：2012 年 12 月 14 日上午第二节

地点：漳平一中

活动：福建省送培下乡活动

执教老师：应永恒老师

记录：陈芳老师（漳平一中语文教研组组长）根据录像整理

师：文言文在我们高二学期必修课和选修课中已学习了非常多，应该说，文言文怎么学同学们很清楚了，我现在提问一个同学，学习文言文，应该怎么学？

生：文言文学习首先要通篇阅读，然后应该重视掌握实词、虚词。

师：实词、虚词阅读和我们现代文阅读不太一样的地方，是它文字上距离我们比较远，要疏通，这是首先的一件事情，还有呢？

生：然后是字词在具体语言环境中的理解。

师：字放到整句中，句又放在整篇中理解，然后对整篇内容有所了解，还有吗？

生：句式结构。

师：对，文言文的句式结构，语言的表达和我们现在不一样，然后我们通过语言疏通之后，了解它的内容，内容了解之后，古代文章中有很多宝贵的写法，我们要向他们学习，学了以后，我们在作文当中生活当中都可以用进去。今天，就和同学们一起学习这篇课文《项脊轩志》。

师：我们学这篇课文，按同学们刚才说的，先疏通字词，现在，我们一起看幻灯片（打开幻灯片，重点字词用红色标示），请同学们理解加红色的字在句中的意思，特别了解这些词语与现代汉语有什么不同的意思及用法。第一段请：

生："每"是每当的意思，"顾视"应该是左右看、朝四周看的意思。

师：很好，接下去。

生："为"是"替"的意思。

师：替什么？它肯定有一个对象，不然"替修葺"要翻译为现代汉语，就无法讲通。那说明"替"后面一定省略了什么？

生：省略了"之"，就是指项脊轩。

师：对，就是指为项脊轩做修葺的工作。对字词的理解要联系上下文，不能单单看红色的字。

这个"上"有什么用法？

生："从上面"，名词活用为状语。

师：整句翻译呢？

生：稍微把项脊轩修葺了一下，使雨水不从上面漏下。

师：很好。接下去这个"兀"字呢？

生：独自的意思。

师：独自，很好。它本来是突起来，指一个东西突然间高起来，有"独立"的意思。

生："万籁"是万物、自然界的意思。

师："万籁"形容多，自然界各种声音多。接下来看第二段。这一段我们就不面面俱到，挑几个重点的字词理解。先看第二句的"再"字。

生：是"又一次"的意思。

师：在这里翻译成什么？

生：翻译成"两次"。

师：很好。第三句的"乳"字什么意思？

生：用乳汁喂。

师：乳字本来是什么词？

生：名词。

师：乳汁是名词，但在这个地方是用乳汁喂养，就活用为动词，着落在"喂养"这个词上。再看下面一句"某所"的"所"字。

生：在这个地方。

师："而母"的"而"字呢？

生：通假字，通"尔"字，就是你的意思。

师：接下来看"比去"这个词。

生："比"是等到，"去"是离开。

师：很正确。下面这个"阖"字比较少用，但我们也用过，来组个成语看看。

生：阖家欢乐。

师："阖"字是全的意思，那以手阖门呢？是全的意思吗？

生：是关的意思。

师：对。我们现在到第四段再抽几个字。（让学生抽取认为最难的三个词语。）

生：第二句的"吾妻归宁"的"归宁"的意思是"嫁到我家"。

师：这个"归宁"是"嫁到我家"吗？特别是这个"归"字有没有弄错？前面有"吾妻来归"，所以，"归宁"的"归"应该是

生：应该是"回到娘家省亲"

师：对，你刚刚说的是前一个"归"的意思，可能是看错行了。那么，

"归"和"宁"合在一起，就是"回家探望自己的父母"。下面再选一个词分析。

生："然自后余多在外"中"然自后"是"然而此后"的意思。

师：（补充）然而自此以后。很好，再看下一个"手"字。

生：手，亲手的意思。

师："亲手"和"手"有什么不同吗？手是什么词？

生：名词。

师：亲手呢？

生：动词。

师：手，亲手，作状语，作"植"的状语。好，挺好，请坐下。

师：我们刚刚学的是实词，现在我们来看看虚词，先来了解"而"，请一位同学来说说这几个"而"字的意思，先找三个。

生：第一个表"并列"。

师：要注意联系上下文，即前面说什么，后面说什么，要注意。第一个"而"字，你认为是并列，有没有同学有不同的看法？

生：我认为是转折。

师：为什么？

生：因为前面写的动，后面写的是静。

师：哦，前面是有声，后面是无声，所以是转折？

生：对。

师：同学们想想，是转折好，还是并列好？

（学生有说并列的，也有说转折的，举手表决，各半）

师：是并列还是转折，我们先不急于下结论，等分析课文时，我们再来联系理解。同学们先看，上下句之间用的是不是分号？

师：再来看看"客逾庖而宴"的"而"是什么意思？

生：表修饰。

师：中心词是"宴"，这"宴"不简单，它要越过什么？

生：厨房

师：好，表修饰。再看"余扃牖而居"，注意"牖"的读音和写法，它的意思是？

生：窗户。

师：对。我们学过了"瓮牖绳枢"，是出自《过秦论》，接下来从整句话的意思来分析"而"的意思，先理解"是怎么居"的？

生：关着门窗居住着。

师：对，表方式。好，再看一个词"之"，这个词相对容易，我就不提问了

师：解决了字词，接下来，我们来了解这篇课文到底写了什么？

（板书课题：项脊轩）

幻灯片：作者简介

师：（提醒）认真看，等等提问。

（幻灯片：解题：项脊轩——）

师：同学们想想"项脊"这二字，含有什么意思，更重要的是要看到，自号"项脊生"，要和作者联系起来，归有光为什么要自号"项脊生"？

现在，我们一起来分析这篇文章，题为"项脊轩"，请同学们一起把课文中描写有关项脊轩的内容朗读一遍，记住，只读有关项脊轩描写的内容。

（学生齐读课文）

师：前面有没有学过，你们读完这些内容，有没有多读？借书，有没有多读？我刚刚叫你们紧紧扣住项脊轩的一些词语，有没有多读，我们现在来分析一下．写了项脊轩两个方面的内容，一个是项脊轩，是什么？

生：小。

师：房子？

生：大。

师：大小？

生：结构。

师：结构，大小结构，同学看借书满架后是不是写轩的？

生：不是。

师：你们刚刚都读了是不是呀？因为这个地方是写什么呢？知道吗？写人在轩的活动，剩下的前面是写项脊轩的，这前面如果叫你们分成两部分的话，你们看看，应该怎么分呢？如果分两段，这个同学有感觉了？

生：到"使不上漏"这里吧。

师："使不上漏"这里，前面是一部分。

生：前面一部分是写项脊轩的外部结构。

师：刚才那个墙，下面有一个墙是不是外部呀？那你看你们分的是不是有一点点，你们看，我们从这个结构来讲有没有办法从这个时间或者别的角度来分？

生：到修葺。

师：想好没有？好，那个，想好没有？

生：到，余。

师：先请坐下，没关系．这个同学举手，请回答下。

生：我觉得应该是前后两段时间顺序，项脊轩修复之前和修复之后。

师：修复之前和修复之后，那原来那个叫原貌是不是呀？那我们看：原貌和修葺之后，修葺的葺字怎么写呀？

生：草头。

师：应该是什么？

生：还有一个口。

师：中间还有一个口字，这个我写大一点点，加重一下，因为如果没有口字，那个是什么字呀？

生：茸。

师：好。修葺前的原貌是什么样的？有什么特征?，一个旧南阁子里，旧说明什么？百年老屋说明是什么？

生：旧，破。

师：旧，百年老屋还有一个很严重的是什么呢？

生：尘泥渗漏。

师：尘泥渗漏，下雨会怎么样？

生：漏水。

师：用两个词语概括。

生：漏雨。

师：漏雨，是因为，除了漏，漏不能概括，渗再大一点点，对刚刚有一个同学说破旧，好，接下来破旧完了还有什么特征？有一句话。

生：小。

师：可容一人居说明什么？

生：小。

师：还有一个地方非常重要是？

生：坐南朝北。

师：还有一个地方，他说可容一人居说明很小，还有一个是说下雨的时候每移案。

生：顾视无可置者。

师：想换个位置，这里漏雨了，没办法放置，所以这写出什么特征？

生：狭窄。

师：狭窄，狭小都可以．第三个，日过午已昏什么意思？

生：昏暗。

师：非常的阴暗，昏暗。接下来修葺之后这三方面的问题解决了没有？什么问题没办法解决，但是改善了？什么问题基本解决了？他修葺做了几件事情呀？不上漏，就是补它的破旧，旧有没有办法补？

生：没有。

师：没办法补，好，窗户开了干什么作用？

生；采光。

师：采光，所以昏暗的这种状态有解决了一些，叫增亮，增亮除了窗户之外，还有什么是增亮的？它的朝向是朝什么地方？

生：朝南。

师：朝北的肯定照不到太阳的，冬天肯定照不到，那这个太阳要怎么照呢？他用了一个物理学的原理嘛。

生：反射。

师：反射原理，在对面有一道白墙，阳光照到白墙上就怎么样呀？

生：反射。

师：反射回来，在哪里体现？

生：日已反照。

师：日已反照，日已反照前面要先砌墙是不是呀？

生：是。

师：增加亮度，亮度一增加，其实就感觉到原来那么狭小。还有一个非常重要的，有一句话，有一个同学读出来了，杂植兰桂竹于庭，有什么作用？

生：改善环境，美化环境。

师：美化，对了，这个同学的词语用得太好啦。那我们说这个再看看这个志是什么？志是一种文体，和这个记有点不一样，他是写人，看起来是写物，其实是在写人写事，我们看看它写了什么人什么事？你们能不能归纳一下：共几件事情？第一件事？

生：借书。

师：借书干什么？摆架子吗？

生：摆书架。

师：读书是不是呀？嗯，读书，读书的状态如何？最能表现词语是什么？哪些词更能体现这个人物的特征？按照项脊轩里的多可喜的这个喜的状态，你们喜欢哪个词语。

生：偃仰啸歌。

师：偃仰啸歌，这一件事情，读书，然后呢，读书之后还有什么呢?，我们刚才在里面说的万籁有声，这说明他在干什么？听万籁是不是？万籁之声，融于自然。第三件事情，是什么事情呢？把窗户推开来看到了什么？

生：小鸟。

师：或者走出门看到了小鸟，小鸟怎么样？

生：啄食。

师：小鸟啄食应该是说白天看到的，晚上呢？

生：明月半墙、桂影斑驳、珊珊可爱。

师：那我们体现夜晚的词是？

生：桂影斑驳。

师：那，就用桂影斑驳吧。桂影斑驳是晚上的景色，读书，融于自然，白天的享受，夜晚的享受都很好．在项脊轩里这个地方我们课文有一个词语，一个字概括了，哪个字呀？

生：喜。

师：看到了，有些同学看到了，什么字呀，喜字，这说的是喜字，它已说的不是人和事了，是感情了，项脊轩，写轩，然后写人再写事到写喜这个地方，其实是写情了，写出了喜这个情是这篇课文的主体部分吗？

生：不是。

师：主体是写什么？

生：悲。

师：悲，那么有几个地方写到悲呢？大家概括一下。你们说第一个悲，第一件很悲伤的事情是？

生：本来是大家族分家了。

师：分家了，他用了一些什么词语来描写分家之后的一种状态？有没有说分家不好？同学读一下这句，分家之后的那种状态是怎么描写出来的？这个女同学，你读一下。

生：读了几个句子（请抄课文）

师：门墙到处都是，太多啦，这是一个细节的描写，是不是？那还写了什么？

生：东犬西吠。

师：东边的犬在西边叫？感觉到分家之后，人好像感觉到狗叫的声音都不太一样啦，不太融合，有了东西之分啦，还有吗？再什么？

生：客愈疱而宴。

师：客愈疱而宴，参加宴会还要穿过厨房，这些事情是很大的事情还是很小的事情？

生：很小的事情。

师：这叫琐事是不是？

生：是。

师：这是琐事，这是一件事，你用一个词语，你用一个课文里的句子来概括，四个字。

生：往往而是。

师：往往是什么？没说清楚，门墙，是小门墙，好，用小门墙，这个非常有隐喻义的，本来没有墙，是通的，现在有了小门墙，不通了，分家了，这也很好，这是一件事，是悲，但他没有直接说悲，而是通过细节和琐事来说这个悲，来说明这个悲，同学们再看，第二件事情是什么事？概括出来。

师：我们的同学在认真思考。我们以后在预习的时候，字词要过关，内容能理解多少就理解多少。现在我们看看，谁先说？说一件事情，说不出来没关系。

生：母亲死了。

师：这一段没写母亲死了，你从哪儿看出来的呢？

生：先妣。

师：妣就是死去的母亲，先是死去的亲人，两个词语都能体现母亲死了，那么母亲死去的悲伤从什么地方体现？他是不是说我母亲死得早啊？他18岁写这篇文章，16岁母亲去世，他都没有写。那除了这个词语之外，还从哪儿看出悲伤？谁来说说？

生：语未毕，余泣，妪亦泣。

师：什么话让他泣？

生：老妪人回忆他母亲在的时候的场景。

师：这是非常亲切的，怎么会哭泣呢？

生：物是人非。

师：是啊，这么亲切的东西都已经过去，不再出现，所以哭泣，因此前面那个同学概括得很准确，慈母早逝。（板书：慈母早逝）还有什么悲的事情呢？你说。

生：大母。

师：大母是谁啊？

生：祖母。

师：祖母怎么了？这里有好几句话，又有动作，都属于细节描写，琐事的描写。这些地方重点表现了什么？最后一句是什么意思？拿了什么东西给他？

生：象笏。

师：我们知道刚才讲到作者的时候，老师有叫大家看一下，他是什么时候中举的呢？

生：35 岁。

师：那么在写本文的时候中举了吗？

生：没有。

师：他很想中举，但是没有中举。还有谁希望他中举，希望他做官呢？

生：祖母。

师：那他辜负了祖母的厚望。（板书：有负祖母）

师：好了，这是第三件事情了。那在项脊轩里面，后面一段还有轩凡四遭火，也就是说，这里讲项脊轩本身的阁运非常不顺，叫阁运乖蹇，这就老师给他概括了。（板书：阁运乖蹇）

师：最后还有一件事，这篇文章分两部分，两个时段，后面一段是写和妻子的关系，五年以后结婚，23 岁结婚，伉俪本该情深的，问题是妻子怎么了？如今已经阴阳两隔了。（板书：伉俪两隔）现在我们就要问了，这里写了四个喜，五个悲，当然悲更多，整个笼罩着悲伤的情绪。我们说他表现诸父异爨的悲情中，有没有说流眼泪什么的？

　　生：没有。

　　师：这是一个层次，然后看看，接下去更深的一个层次，他用什么词语来表现悲情呢？

　　生：泣。

　　师：第三个层次？

　　生：长号。

　　师：长号，而且不自禁，同学们都看得出来。接下去在凡四遭火，又不得焚这个地方，似乎没有哭啊？当然这是对轩，轩到底怎么样重在人而不在轩，而最后对妻子的一个回忆，几件事情啊？

　　生：两件。

　　师：有没有表达自己深情的词语？

　　生：没有。

　　师：为什么反而没有，是不是更浅了呢？情更深了为什么反而没有表达深情的词语呢？他用什么词语表现？

　　生：庭有枇杷树，吾妻死之年所手植也，今已亭亭如盖矣。

　　师：大家一起读一读这句话。

（生读）

　　师：妻子亲手植的树已经长高了，隐含着人已经走了，天天能看到树，却看不见人。意思是什么呢？睹物思人，天天看到就天天思念，这叫什么手法？

　　生：反衬。

　　师：情更深了，层进抒情，我们知道这个就是以物抒情，（板书：以物抒情）刚才是细节传情，琐事深情，除此之外，还有整篇文章中，辞浅情深，语淡情浓。（板书：辞浅情深，语淡情浓）

　　师：我们再看一个字，项脊轩志，为什么用志而不用记呢？此外呢，我们考证一下，志是怎么写的呢？（板书：志的篆文）士是古代读书人，有志向的人的通称，志下的心，在这里是什么意思呢？包含和心理活动有关系的种种，也包括读书人的理想。我刚才叫同学们注意到的，他为什么自称叫"项脊生"啊？为什么他的命运和项脊轩的命运这么相像啊？为什么我们课文的编者把它选为他那个时期的代表作，放入课本中。这其实，我们读的时候，我自己觉得他其实在这个地方，轩即是人。（板书：轩即是人）他是要借轩来写人，借轩来传志。（板书：借轩传志）整篇文章从头到尾，轩是小的，情是长的。（板书：轩小情长）轩就是人啊，项脊轩是一种符号，是一种古代读书人，不得志的仕这一阶层的人的经历的象征性的符号，我们看到最后一行，我们知道，他怎么写这个文章的，怎么写，文无定格，翻开前面的单元提示：文无定格，贵在鲜活。老师再说两句，这个单元的四篇课文，《种树郭橐驼传》是一篇寓言传记，孔子的课堂实录一篇，李白的《春夜宴从弟桃花园序》一篇，再加上《项脊轩志》一篇，这四篇文章告诉我们：写文章要写出生活气息，要传出风神情趣，文章不要造作，要有感而发，所以要平易自然，再一个要写得自由洒脱，文体不拘。只要把这个感情表现出来，让全文意脉贯通，（板书：意脉贯通）脉是看得见的，意是看不见的，意是情志，脉是轩，从头到尾都在写轩，从头到尾都在写志，仕人之心。那我们就要开始学习它去读以后的古文，去写一篇文章。用我们学过的手法、写法，选其中一篇来写成作文。谢谢老师们，谢谢同学们！

6. 《寓言四则》之《智子疑邻》《塞翁失马》课堂实录

授课时间：2012 年 12 月 21 日

授课地点：福建省厦门市第九中学

授课年级：七年级

师：孩子们，我自我介绍一下，名字写出来了，第一个字读什么？

生：yìng。

师：是 yìng 吧？

生：yīng。

师：做姓的时候读 yīng，除了 yīng 之外还有一个读法是什么？

生：读 yìng。

师：有后鼻音的是吗？应该的 yīng。后面这是？

生：永恒。

师：是个词语，是吧？

我是从福建教育学院来的，今天很高兴能和我们九中的孩子们一起学习七年级上学期最后的两篇文言文。这学期我们前面已经学习了包括《〈论语〉十则》在内的五篇文言文。同学们上过了文言文，能不能告诉我，文言文学习应该注意一些什么东西？

生：先要理解它的大意、意思。

师：理解它的大意、意思。为什么要理解它的大意、意思？因为它的语言与我们间隔比较久远了。所以，首先要理解大意、意思，把文字疏通了，是吧？现在，我们就要学习这篇《智子疑邻》，我看孩子们先把课本翻开，我用的书和你们用的不大一样，是老版本，页码会不一样，所以我说翻开第几页是不准的，同学们翻开《智子疑邻》这一课。我看了很多同学都有预习，基本上大意是不成问题了，那么我们就用提问的方式来检查下。"智"是什么意思？

生：智慧。

生：聪明。

师：在这个标题里或者在这篇课文中又是什么意思呢？

生：以……为智慧。

师：认为……为智慧。在这里认为谁有智慧呢？

生：他的孩子。

师：看来同学们都有预习了。认为……聪明，中间有个破折号，这种用法叫意动用法。意念上认为，实际上他的儿子是不是很聪明呢？也说不定是聪明的，也不一定聪明，是吧？所以是意念上认为，认为是动词，后面的代词宾语具有什么样的性质？意念上的用法，这是古代和现代用词不一样的地方。孩子们要记得一下。除了这个"智"字意动用法以外，我们看看这里两个成语，好像我们学过了，是吧？你知道哪一个词是意动用法吗？

生："不耻下问"的"耻"是意动用法。

师：怎么解释呢？

生：认为向地位比自己低下的人请教而感到羞耻。

师：接下去大家知道了，不远千里，不以把千里当作遥远，过去千里是很远的，是吧？

好了，接下去看看"宋""坏"？

生：宋国，毁坏。

师：和我们现在一样吗？

生：不一样。

（师出示"宋有富人，天雨墙坏"的句子翻译。）

师：我们再看"其子曰：'不筑，必将有盗。'其邻人之父亦云。"这个字读"筑"，什么意思？

生：修补。

师：一样吗？

生：不一样。

师：不一样，这个字，圈起来，注意一下。我们同学们手都放得很整齐，很遵守纪律，非常好，但我们上课，动脑筋，也要动手记啊。老师讲重要的地方要把它记起来，回去要把它记住。关键的词后面要考试。"必将"是什么意思？

生：一定会。

师：一定会有，"将"是一个矛盾的词语，这个矛盾的词语在古汉语中用的时候有时候会有偏义，偏向某个意思。在这个地方是偏向"必"的意思，这叫偏义词。对七年级的孩子只知道它是"偏义词"就好了。"邻人之父"的"父"，刚才大家读成什么"字"啦？

生：fù。

师：还有一个读音是什么？

生：fù。

师：这是读 fù 还是读 fǔ 啊？

生：fǔ

师：什么情况下读 fù？

生：老人。

师：是男的还是女的？

生：男的。

师：对，年纪比较大的男的，一定是年纪比较大的吗？

生：可能是家中辈分比较高的。

师：喔，辈分比较高，年纪不一定要大。就是成年已婚的男子，对吧？一般来说，不一定有年龄上的太高的要求。当然，"父"字也可以变为父亲。"亦"是什么意思呢？

生：也。

师："云"呢？

生：说。

师："暮"？

生：晚上。

师："果"？

生：果然。

师："亡"？

生：丢失。

师：丢失，你们记住一下，下面还有"甚"是很的意思，"智"学过了，"其"是他的，都知道了，我们放过。这是第一篇课文的字词，第二篇课文，我们看字词，这几个字读一下。

生：塞 sài 遽 jù 将 jiāng。

师：是 jiāng jiàng 啊？我们看一下课文，句子在哪里？

生：其马将胡骏马而归。

师：念 jiāng，大家注意一下，刚才大家都读不准了。下面这个字念 髀 bì 好，看词语的意思。

生："塞"，塞上，指长城一带。"善术者"精通术数的人；"亡"，逃跑。

师：这不一样了啊，这一定要记住，这是考试重点要考的地方。"吊"？

生：安慰。

师：这也是和我们现在不一样的地方。"何遽"古代是什么意思呢？

生：怎么就。

师："居"？

生：经过。

师："将"？

生：带领。

师："富"？

生：多。

师："好"这个字读作什么时候？

生；hào。

师：什么意思？

生：喜欢，喜好。

师："堕"？

生：摔下来。

师："髀"？

生：大腿。

师；"大"？和我们讲的"大小"的大不一样，这里是大举，是副词。"丁壮"？"丁"是男子，"壮"也是男子；"引弦"，关键是"引"字，"弓弦"是要拉开的，所以这里是"拉开"的意思。"十九"，是我们现在十分之九的说法……重点要掌握的词语大家把它们再看一下……我们都把它们归纳了一下。再看这里，两个"亡"字，两个"富"字，两个"而"字，意思都不一样。实词的话，叫一词多义，虚词，本身就有多种用法。"将""知""之"意思都不一样，"此独以跛之故"的"以"是因为，"仁以为己任"的"以"是?

生：认为。

师：是把的意思。以为，是把……作为。这里一组"为"呢?（"此何遽不为福也""为人谋而不忠乎""可以为师矣""舌一吐而二虫尽为所吞"）

生：是；替；成为；被

师：很好，都不一样。翻译句子我们就跳过去，就都不翻译了，因为我们字词都懂了，翻译就没问题了。

这些文章体裁上是一篇寓言，放在《寓言四则》里面上，我刚才看了前两则寓言我们老师还没上，是吧? 那我们就从第三则先上起，我今天就先说一下，有一个叫严文井的童话作家，他说："寓言就是一个魔袋，袋子很小，却能从里面取出很多东西来，甚至能从里面取出比袋子大得多的东西都有。""魔袋"是一种比喻的说法，之所以叫魔袋，就是一种神奇的东西，它的神奇是因为它看起来小，但是里面的东西，甚至是比袋子大得多的东西都有。换一句话说呢，就是今天我们学习的寓言，它里面有很多东西。接下来我们就来研讨它里面到底装了什么东西。我们都有个资料，大家打开看韩非子的《说难》，有原文，有译文。大家看过了吗?

生：看过了。

师：看过了，我们就知道《说难》这篇议论文，我们上的课文里的寓言是记叙文，老师有没有这样说过啊? 把议论文放在记叙文里面是起什么作用啊?

生：说明。

师：我们可能还不太了解。说明什么?

生：说明观点。

师：说得很好。如果是议论文，用我们的行话说，叫证明观点，是吧? 韩非子要证明什么观点呢? 韩非是生在韩国，是弱国，弱国要强盛起来，韩非子就多次向国王进谏，但是进谏是非常难的，要说服国王更是非常难的，所以，韩非子就写了很多关于治国、关于幽愤的文章，其中有一篇就说，向国王进谏是很难的。这就是老师发给大家的《说难》。说，就是劝说、进谏。但是它难在

190

什么地方呢？难不在于进谏的臣子，而在于进谏的对象是王，你要向王进谏，这个王的心思你搞不透，就进谏不成功。韩非子到秦国去，秦始皇见了韩非子非常高兴，但秦始皇手下有两个大臣，忌妒韩非子，就想办法把他除掉，后来就真的被除掉了。韩非子自己用生命说明了要说服王是非常难的。我们这里面有三个故事，同学们看一下，第一个故事，"昔者"第一页，"郑武公欲伐胡"，这个故事我们大家把它读一下，大致了解一下它的意思。郑武公想攻打胡，去把自己的女儿嫁给胡王，来麻痹他。郑武公问群臣，我要动武，要攻打谁呢？有个叫关其思地说攻打胡，他说的是不是郑武公心里的意思啊？

生：是。

师：可是国君却杀了他。说明与国君相处是难的，因为国君表里不一。

第二个故事就是课文里的这个故事，我们等一下再说。现在看看第三个故事，《弥子瑕有宠于卫君》，弥子瑕受宠于卫君的时候，卫君对他非常客气。弥子瑕母亲生病，弥子瑕就假借国君的名义驾着国君的车子出行，国君听说后认为他很贤明，赞扬弥子瑕为了母亲可以忘记了要遭受刖罪；与国君游于果园，吃到好吃的桃子，只吃了一半，就拿给国君吃，国君赞赏他为了国君忘记了口中的美味。当弥子瑕不受到重视的时候，同样的事情，就说他不好了，"矫驾"，没通过我，就自己驾着我的车走；吃过的东西、剩的东西、尝过的东西"余"拿给我，这个国君叫作什么呢？爱憎无常。

我们看第二个故事，它讲的是什么？我们归纳一下，"宋有富人"，有没有？刚才我们用的是表里不一、爱憎无常这四个字用得很有讲究。

生：我用的四个字的成语是"智子疑邻"。

师："为什么"智子"？

生：就是……

师："子"是谁？和他的关系是怎样的关系？

生：儿子。

师：儿子，非常亲近的关系，是吧？邻居呢？和儿子相比呢？

生：就是……

师：不太亲近的、疏远的。这个词语是什么？亲……

生：任人唯亲。

师：是不是任人？有没有任用人啊？

生：没有。

师：我们刚才讲表里不一、爱憎无常，后面都有个否定词，怎么样啊？亲疏？亲疏不同，老师给大家归纳起来，一个是亲，亲近；一个是疏，疏远。因为亲疏不同，和君王亲近或疏远一些，这些情况不同，君王对你劝说的态度也是不同的，是不是啊？三个故事，扣住它的一个中心论点，劝说君王是难的。为什么会不一样？看课文，同样是认为看法不同，同样是对造成墙坏结果的看法不一样，两个人看法一样不一样？

生：一个人是"不筑，必将有盗"

师：另一个人呢？

生："其邻人之父亦云"。

师："亦"是什么意思？

生：也。

师：也这样说，怎样说？

生：不筑，必将有盗。

师：相同的看法，和你亲近的人就说很聪明，和你不亲近的人就说是盗贼了，是吧？这是劝说君王。这么说，可能就会因为跟主人的亲疏关系而不同。这里说的主人就是王。这就是刚才说的袋子，我们才三行的文字，装的袋子很小，是吧？内容却囊括了关于亲疏关系的东西，关于人情世故的东西，关于邻里关系的东西，关于……很多很多的东西。它说宏观世界是个魔袋子。

再看看后面一篇课文。哪个同学能把这个故事用你的语言表达一遍？

生：在长城边上，有一个人的马无缘无故地跑到胡人那儿去。

师：好，无缘无故。

生：所有的人都来安慰他。

师：所有的人。

生：他却说，这难道不能成为福气吗？

师：福气。

生：过了数月，他的马将胡人的好马也带回来了，

师：好马，我们现在有没有骏马这个词语呀？

生：有。

师：好，就用骏马。

生：大家都来祝贺他，他却说，这难道不能成为祸呢？家里面有很多良马，他的儿子非常喜欢骑马，结果摔下来，摔断了大腿，所有人都安慰他，他却说，这怎么不能成为福气呢？

师：摔断了大腿，然后说这怎么不能成为福气呢？

生：过了一年后，胡人就入侵边塞，健壮的男子都被征召去当兵，拿起武器去战斗，去战斗的人绝大多数都被杀死了。

师：什么地方表现出来？

生："死者十九"。

师："十九"是什么意思？

生：十分之九。

师：是真正的十分之九，是确数吗？

生：不是。

师：所以他翻译的对不对啊？

生：对。

师：绝大部分，对吗？

生：于是因为他瘸腿的缘故，父子两个人都保全了性命。

师：为什么瘸腿的人就能够保全性命？

生：因为他不能很好地行动。

师：因为不收他啊，因为他赶不上，拖了后腿，是吧？很好。这说明什么呢？整篇文章看出坏事能转化为好事，好事也能转化为坏事，但是这中间真的是必然的吗？

生：不是。

师：不是必然的，怎么说？

生：有偶然的。

师：有偶然性的，有一定的偶然性的。

生：要有条件的。

师：要有条件才能转化的，是吗？在一定的条件下，好事也能转化为坏事，坏事也能转化为好事。大家回答得很好。转化不是必然的，是偶然的吗？

生：不是。

师：也不是偶然的，它有条件的。而这里坏事转化为好事，好事转化为坏事，有什么条件呢？

生：它应当要看当事人的心态。

师：哦，她说的很有意思。我们刚才说的条件要看当事人的心态，是说对待坏事转化为好事，好事转化为坏事的心态，回答得很好，但与我们刚才的问题转了一个弯，没有回答到点上。为什么？

生：因为事物都有两面性。

师：看这里，条件，条件。比如说，它出现了一个坏事，坏事出现的条件是什么？比如说马丢了的条件是什么？马丢了有没有条件啊？

生：有。

师：大家一起说。

生：他们家有马。

师：他们家有马，我家没马，无所谓丢了，是吧？而且他为什么有马呢？

生：富家良马。

师：富家良马，还有什么条件？它的地点？

生：近塞上。

师：近塞上，哦。有马这个条件，所以马就有可能丢，是不是啊？丢了以后，怎么坏事怎么变成好事，条件是什么呢？

生：跑到胡人那里。

师：嗯，跑到胡人那里，不好的事情啦，这有个什么条件把它转化过来啊？

生：其马将胡骏马而归。

师：这是个结果，将归了就是个结果。

生：这个马跑到胡人的地方回来了以后，引来了很多胡人的好马，

师：这个条件是个隐性的条件，在文章中没有交代？但肯定是有个条件的？这个马肯定是个厉害的马，它才能将得住，把它们带过来。挺好！肯定有好的马，有不好的马，是吧？有的马没有这个条件就将不了胡马，所以条件很重要。再往下面的条件同学们肯定能找得到哦，我们就不找了。我们看看寓意。这后面一句话讲的是对立统一的关系。两者在一定的条件下可以转化。好可以变坏，坏可以变好。

成语"塞翁失马，焉知非福"，记住一下，"失"是坏的，"福"是好的。哪里知道是好事呢？坏事里面就隐含着好事，相辅相成。

从这件事情中我们可以看到这么多的事情（出示五点启发），老师在这里先简单点一下。因为事物都是发展变化的，那么这样一来，刚才这位同学回答得非常好，它的寓意，非常本质地概括出来了。她说，是看我们态度。什么态度呢？发展的眼光是不是一种态度啊？对了！还有什么态度呢？积极乐观是一种态度啊；还有什么态度呢？考虑周全，谨慎是一种态度，是吧？还有什么态度呢？我们要主动出击，创造条件，是吧？还有什么态度啊？要居安思危，心存忧患，泰然处之，处变不惊。我们刚才这位同学一下子就把我要说的寓意全部讲出来了。这魔袋里的东西都被我们掏出来了啊，挺好的。那现在最重要的是我们看到了坏事变成好事，好事变成坏事。

这是个故事。同学们，我们看到了中国一个非常骄傲的事情，中国有一个人获得了诺贝尔奖，莫言，他在颁奖的时候，他在演讲的时候最后几句话在这里："我是一个讲故事的人，因为讲故事我获得了诺贝尔文学奖。"他把获得文学奖的条件看作讲故事，讲故事是条件，对不对啊？因果，其实就是条件。因为有这个条件，所以有这个结果。讲故事太厉害，太重要了，对吧？再看，后面又可以发生"很多精彩的故事"，而这个精彩的故事当中，让我感悟到了其中

的道理。那"我以后还要继续地写，"继续制造这个魔袋，是吧？

看来，讲故事是一件非常好的事情，我们初中的孩子就要学会讲故事。你们想学吗？

生：想。

师：太好了，我也很想学。那么这后面一些都是专家说的话，故事里面有什么道理，先不管它。那么既然大家想学，我们就来研讨一下。韩非子，刚才讲了，大家看，这里面讲了这么个故事，这个故事关键是"智子疑邻"的主语是谁啊？主语谁在"智子疑邻"？

生：富人。

师：宋有富人，这个富人结果是什么？

生：大亡其财。

师：大亡其财？大亡其财是最终的结果？但这个最终结果还有个结果。

生：智勇双全其子而疑邻人之父。

师：韩非子我们也讲过了，这个人实际上是在影射，影射什么呢？对他说话，上级也好，王也好，很难。

人都有一种美好的东西，有一种丑陋的东西，这个美好的却被人家怀疑有盗贼，也就是说我们经常看到电影里电视里，好人有没有好报？

生：没有。

师：没有好报，毁灭了。而丑陋的东西它得意扬扬，它盛行。比如说韩非子的三个故事，是不是这样子啊？都是美好的毁灭了，丑恶的得逞了。那么我们第二个故事，这个人呢，也不是好的，也不是个坏的，中性人物，他把事情给看懂了，他知道这个事情的过程，看懂了整个事情，最后让大家也看到了这样一个事实，这样一个结局，但是这个结局在故事里重要不重要？更重要的是在故事里它有条件，写原因是非常重要的，天雨墙坏，这是什么原因？

生：天下雨。

师：这是天因。整个的过程有没有人为的原因啊？

生：有。

师：他的"邻人之父"也这么说，这个原因叫他因。有没有自己的原因啊？

生：有。

师：对，自己的原因（板书：自因）比如说后面的这个故事，天因就是地理位置的关系，"近塞上之人"，就是没法变的东西。别人的原因，比如说"战争"啦，自己的原因，自己的儿子骑马不慎，是吧？有天因，他因，自因。同学们看过前两则故事了没有？《蚊子和狮子》《赫尔墨斯和雕像者》？

生：看过。

师：他们是在讽刺一种丑陋的东西，除了刚才讲的得逞之外，让丑陋的东西变得非常滑稽可笑。刚才这几个故事类型，我们称之为悲剧、喜剧和正剧的故事（分别在"美好、丑陋、中性"后板书），不管这之间有什么故事，特别是我们后面这一篇看出写故事非常重要的地方——要把原因、条件交代清楚，这中间有没有什么诀窍啊？什么诀窍？

生：要有铺垫。

师：哪些是铺垫？

生："近塞上"。

师："近塞上"这是一种铺垫，是吧？也是一种原因了。然后呢？

生："马无故亡而入胡"。

师："马无故亡而入胡"。其实说到三次就行了，这是一个条件。这叫情节的起伏，是吧？它要有起伏。在后面一篇更加的清楚，有起伏，有曲折。有时候，"邻人"是盗贼吗？下一定，是吧？有时候呢，有一些误会；有时候呢，那个摔倒，是不是有巧合的因素啊？有的人一直骑就不摔倒。他的摔倒就有巧合的因素。也有误会，也有巧合。总之，刚才说的有很多东西产生了变化，由于方方面面的天因、他因、自因，所以这个故事就讲得非常的生动。比如说还可以说节外生枝之类的，曲折多变这些词语记一下，有一句话叫作意料之外，情理之中。魔故事就有这样一个技巧，要原因，各方面的原因，让它有我们框起来的这些东西，曲折多变，节外生枝，故事就变得生动。现在，我们换一下，原因怎么写？我这样换，大家看看，"其子曰"我改成"其父曰：'不筑有盗'"

而邻人之子也"亦云"，故事就变成什么样？他说的道理变成什么道理？同学们听懂了吗？是他的父亲说："不筑有盗"，其邻人的儿子说"不筑有盗"，他会不会认为他的父亲很聪明啊？

生：不会。

师：会不会认为别人的孩子很聪明啊？

生：会。

师：会认为很聪明，就会有两种心态，这样一来，这个寓言这样改就变成"讽刺"，说人有嫉妒心，用在韩非子的《说难》里面适合不适合？

生：不适合。

师：所以故事的编造，他的原因的选择是有技巧的，是为他后面所要说的东西服务的。然后，按照我刚才那样的改法，合理不合理呢？变成是"智父妒邻"，这样合理吗？有这样嫉妒人家的心态吗？合理吗？

生：有。

师：那就是合理的。说故事就有一个非常重要的东西，就是把原因写得曲折合理，这才叫作故事。我们学习这个文言文，故事之外，我们要学习它的写法，这就是我们在这篇课文里学到的写法。应老师也讲个故事给大家听，大家来学习一下，把应老师这个故事带回去以后，在头脑中改一改。这是昨天发生的一个故事。昨天来这里上课，陈文莉老师和冯丽老师来接我。厦门这里我有个家在前埔，到了家门口的时候，突然发现钥匙忘记带了。假如说按我们的说法，要变化，要误会，要巧合，要起伏，你们往下编，帮我编下去。

生1：邻居看你们在门口也不敲门，看来看去……

师：哦，他们误以为我是小偷。那么接下去会发生什么事情？

生：……

师：这时候，我们冯丽老师在旁边要证明一下。那下面还有没有戏呀？有没有曲折？她说，这不是小偷啊，这是我请来上课的老师啊。

生：……

师：大家不相信啊。那下面还会发生什么事情？不信，合理吗？要曲折，

还要合理呀。是合理的吗？

生：合理。

师：如果合理，就要再发展：节外生枝。

生 2：其他邻居就会以为你们几个人是想合伙一起做……

师：那更不得了。

生：……

师：如果往下面发展，可能有更多东西好发展了。

生 3：他们可能会询问你们一些关于这个房子的情况，证明，报警……

师：证明，报警，那接下去没故事了。报警，说明什么事也没有了，下面没办法发展。有没有当成故事再发展？

生 4：可能钥匙被人偷了。

师：在哪里被偷了？在车上？可能他知道我家里很有钱。结果一进去打开看看，什么也没有。（笑）下面还有什么事？尾随着我打听，然后知道我住在哪里，结果我打电话回去，家里也不知道钥匙在哪里，这个事情你想有点可怕了。

生：实际上这个又没有偷……

师：实际上这个又没有偷，我以为偷了，搞得我非常紧张。最后发现找到了。

生：……

师：很有故事了，还有什么同学再来说说。

生 5：这时候发现钥匙掉在路上……

师：怎么发现的？跑回去找，掉在路上，我们是坐车来的，掉在车上了

生：下车那边。

师：有可能在车上，那会发生什么故事？你再往下编，好不好？刚才没有说过的同学起来说说。

生 6：我认为还有一种可能那个贼偷走你的钥匙，打电话来诈骗。

师：哎呀，太好了。对，现在诈骗的人太多了。还有什么同学非常想讲的，手举高一点？

生：如果钥匙掉在车上，司机把车开走了，到外地去了，是比较麻烦的。

师：这个麻烦又是一个。

生7：那个钥匙就在你的口袋里，只是你没有认真找。

师：这个钥匙就在我的口袋里，我自己想这样编，结果呢？在口袋里一看，是有一把钥匙，是另外一把钥匙，是我龙岩一中房子的钥匙。那冯丽老师又陪我白跑了一趟哦。这个又是一个发展。你的估计和我的情况有点像，很有意思，可以写一个非常长的东西。

生8：如果你的钥匙丢在楼梯口，邻居捡到，不告诉你，然后，又说你是小偷，可能是这伙邻居合起来骗你的。

师：哦，邻居有点图谋不轨，是吧？

生：……

师：这叫误会、巧合，可能还有很多很多。我刚才说过，你们就把这个故事写给洪老师，让洪老师来改，看看我们班的孩子将来能不能像莫言那样非常能讲故事。

师：今天我们学了两个故事，学了怎么讲故事。现在还有一个东西要告诉大家，我们学文言文，那个故事是我们想象的东西，现在我们回到现实当中，三年之后中考是非常重要的，而且文言考试经常是拉分题，怎么学？我们刚才花了很多时间，字词落实，夯实基础，这是必考的。要考，就要把它记牢。第二个，我们整个内容，就是那个口袋里装了什么东西，我们要运用到我们作文当中去，要知道我们学了以后要学会做人做事，以后我们不要去学这个富人，然后，我们还要学习写法，学会鉴赏，读懂一篇文章。阅读，也是很快乐的事。人生其实也是一种阅读。我们要学习欣赏我们的人生，阅读我们的人生。

那么再接下去，课外延伸，就是我们刚才所说的，我们把这课文给它改一下，改成"智父忌邻"，这样改也可以。鲁迅有一部作品《故事新编》，就是这样对故事进行翻说，进行演变，很多就是这样。高中学的《荆轲刺秦王》，就是这样演变的。接下去呢，我们要学会运用，像我们刚才那么多的孩子都已经非常会运用了。注意它的技巧，用到我们的生活当中去，用在我们写故事当中去。

这节课上到这里，非常感谢孩子们，谢谢大家！

7.《春夜宴从弟桃花园序》课堂实录

时间：2014 年 10 月 31 日

地点：福州十八中小礼堂

学生：高二（　　）班

项目：福建省第一届高中"本然语文"高级研修班

整理：福州市屏东中学岳科君老师根据录像整理

环节一、忆各类序的内涵，明宴集序特点

师：今天我们学习《中国古代诗歌散文》中李白的一篇散文《春夜宴从弟桃花园序》，我们看一下这篇课文，大家先了解一下，题目当中有一个中心词是"序"，"序"我们不是第一次学它，序在古代的散文中是一个重要的文体，韩愈有六篇序选入《古文观止》，但这个序它是有分类的，第一种序叫赠序，朋友离别时，常会送对方一篇文章，以表达惜别之情或对他要去的地方及从事的工作做一点寄寓勉励，比较出名的有宋濂《送东阳马生序》，这篇文章我们以前的必修课文有。第二种叫书序，《伶官传序》就是书序，它是在古代《伶官传》这本书的前面，书序我们现在可能见得比较多，它表现的是这本书的基本内容、成书过程、学术价值。我们今天学的叫作宴集序。古人经常做这样的事情，喝酒就要写诗，写诗就要推一个公认文学上比较有成就的人写序，我们学过王羲之的《兰亭集序》，我们后面要同它进行一些对比。这种宴集序是要说明宴集情况以及宴集所写诗歌的有关内容的，像王羲之的《兰亭集序》表现的就是宴集的情况，宴集诗的内容和结集的意图。今天我们学的李白的作品就是一个宴集序。

环节二、赏宴集序的内容，品作者的情感

师：同学们，我们先看一下这篇序，我们先对着课本或多媒体来读一下。

（生齐读课文）

师：开头有个地方，有的孩子感觉到有点读不出来，可能我们预习还不太充分。还有一个地方，"独惭康乐"，我发现这一句读断了。我们先做一件事，看屏幕的这些内容，想想哪些句子直接写序？哪些内容是直接写宴集的？

生：从序天伦之乐事开始，后面部分都是写宴集的。

师：这个序的题目很长，有春夜，有宴，有从弟，有桃花园，还有序。刚才这个同学所说的后面，其实就扣住了题目"宴"的内容。那么"宴"的时间呢？"宴"的地点呢？换个孩子说说看。

生：况阳春召我以烟景，大块假我以文章。

师：这是"宴"的时间和地点吗？我们刚才说限定在"直接写宴集"的句子里面……好，你说说。

生：会桃花之芳园，时间地点都在了。

师：很好。直接写宴集的句子就是屏幕上的这些句子。

春夜宴从弟桃花园序

会桃花之芳园，序天伦之乐事。群季俊秀，皆为惠连；吾人咏歌，独惭康乐。幽赏未已，高谈转清。开琼筵以坐花，飞羽觞而醉月。不有佳作，何伸雅怀？如诗不成，罚依金谷酒数。

师：再看看这些句子和"宴"究竟都有什么关系，此外是不是和标题中的其他词语还有关系。

生：第一句，会桃花之芳园，写宴集的时间和地点——时间是春天，地点是芳园。

师：桃花之芳园和春有什么关系吗？

生：桃花是在春天开放的，这句也扣住了题目的"春"字。

师：桃花之芳园和题目的"春"字有关系，和题目的"桃花园"也有关系，春是时令，"桃花之芳园"是宴集的地点。那么和"夜宴"有关系的词句，请同学说一下。我们高中的孩子比较矜持，我请这个男孩说一下。

生：飞羽觞而醉月。

师：飞羽觞而醉月，这为什么和夜宴有关系？羽觞是什么？

生：羽觞是酒器。

师：觞是杯子，为什么叫羽觞呢？

生：杯子上有鸟的花纹。

师：有鸟的花纹，有可能的；会不会杯子的形状也像鸟呢？

生：形状像鸟。

师：这句话有一个字用得非常好，哪个字？

生："醉"字吧。

师："醉"字用得非常好。好在哪里？

生：形容作者陶醉月夜。

师：如果单单一个"醉"字好不好？

生：好。

师：一个"醉"字就很好。好在哪里？陶醉于月夜，在月下醉。你再想象一下，醉其实不一定好，喝醉了，醉如烂泥，喝得一塌糊涂，一定好吗？

生：应该是和从弟们在月亮下喝酒才好，很开心的感觉。

师：他说了，和从弟们喝酒，喝醉了，好在哪里？

生：他们可以尽情地发表自己的感想，抒发自己心中的情怀。

师：那么这个内容又在哪里体现出来？

生：不有佳咏，何伸雅怀？

师：如果没有佳咏，就要依金谷酒数罚酒。是不是这意思？那就是说他们在一起饮酒，作诗，谈兄弟的情谊。所以，醉字不仅是酒醉，还有什么内涵呢？

生：醉于兄弟情义，醉于对诗歌的热爱。

师：他不是借酒消愁吗？

生：他们这个宴集所做的事情非常的高雅。

师：高雅？何以见得？

生："雅怀"，高雅的情怀。

师：他们有没有借酒浇愁？

生：应该没有。

师：应该没有吗？

生：这要看前面的内容。

师：要看前面的内容，单单在这里看不出来。

生：对。

师：还有醉"月"——扣住了题目的"夜"字，环境也好，月下，然后又在桃花园当中，春令的季节。所以这个醉字，同学捕捉得很准，醉字用得很好。其实老师还注意到另一个用得好字，哪个字？

生：飞。

师：飞为什么好？

生：因为飞写出了举杯的动作。

师：举杯的动作？刚才那个同学不是说是杯子上有鸟的花纹吗？

生：因为酒杯与酒杯之间来来往往——觥筹交错，很潇洒。

师：哦，对了。所以这个"飞"是杯子在"来来往往"，杯子在飞，其实是人在飞，人的心情在飞，非常潇洒，非常快乐，快乐的心情飞起来，所以羽觞也就飞了。飞的动作其实是愉悦心情的外化。你们看，这个句子，我们同学抓得很准，非常重要两个词语，一个"醉"，一个"飞"。与夜宴有关，还有一个词呢？是什么？

生：琼筵。

师：琼筵，开琼筵以坐花，哪个词语像我们刚才欣赏的"醉"字、"飞"字传神的感觉？

生：坐花。

师：坐字很好。坐字的意思是什么？

生：徜徉。

师：徜徉在桃花园中，为什么不说徜徉而说坐呢？他有没有徜徉在桃花园中？我想是有的，有时是坐，有时是徜徉。她讲的没错，她讲的也让我受到启发，但是为什么李白用的是坐而不用徜徉呢？

生：坐是指旁边的花太多了，整个感觉仿佛坐在花丛中一样。

师：旁边的花太多了，多，桃花给大家什么感觉？我们西湖的桃花，有没有看过？

生：有，很美，一树一树的，很鲜艳很茂密。

师：所以坐在花中，这么一坐，就是一种享受。这个徜徉是一种情态，坐又是一种情态。我就坐在这个地方慢慢地享受这个美景，就被这一处的美景给陶醉了。

师：刚才这个孩子还说琼筵，我要问这个琼是什么意思？

生：美好。

师：琼，是王字旁，它是一种美玉。琼筵，在这里是指美玉吗？我们有一个成语描写美酒的，谁来说说？

生：玉液琼浆。

师：是啊"玉"和"琼"都是形容"液"和"浆"的美，在这里"琼筵"是指美酒，指美好的宴席。你们看，夜宴这么美，有一个琼字，有一个坐花，有一个醉月，有一个飞羽觞。那么从弟呢？哪些词语扣住从弟来写？

生：群季俊秀，皆为惠连。

师：季是什么意思？

生：弟弟。

师：弟弟就是兄弟之中排行小的那个。我们有谁知道，讲季节的时候有三个阶段，如春天，应该怎么说？

生：孟春，仲春，季春。

师：孟，仲，季，三个排行。秋天有孟秋，仲秋，季秋。夏冬也一样。季是最末的，最后的，也是最小的。所以用季的表示弟弟的意思。这里有一个词语——俊秀，俊侧重什么？秀侧重什么？

生：俊，是很帅气；秀，是很有才气。

师：一外一内，外有帅气，内有才气，从弟之后，跟着一个什么词语？

生：惠连，是指谢惠连。

师：惠连，他是很有才气的。中间用一个"为"字，判断词，"是"的意思，非常有力的判断。他们很有才气，具体表现在写诗方面，都像古代的一个人——谢惠连。那大家都像谢惠连；那么作为哥哥的李白又如何呢？吾人咏歌，独惭康乐，康乐是谁？

生：谢灵运。

师：他说，各个弟弟都像谢惠连，只有我，和谢灵运一比，我差多了。其实你们看一下，李白在这个地方说自己不如谢灵运，弟弟都是谢惠连，你们看这是为什么？

生：衬托他弟弟的才华。

师：那我问一句，在历史当中，在诗歌当中，你们知道谢惠连的诗歌吗？知道谢灵运的诗歌吗？

生：不知道谢惠连的诗，知道谢灵运的诗。

师：这说明了什么？

生：谢灵运比谢惠连要出名多了。

师：李白在这个地方，说独惭康乐，我是这么揣摩，意思是说我作为兄长，和谢惠连的兄长一样，是有这个才能的。这个里面隐含着一点小小的微妙的意思，同学们体会一下，说是不如，其实在这个地方，表面上不如，内在里觉得有才华很自负，这层意思能领略到吗？

生：有一点。

师：用在这里，抬高了弟弟，又没有贬低自己，这种写法，要我们领悟了才能发现。

师：可见，咏歌，佳咏，伸雅怀，诗，罚酒，这都是和序有关系。也就是说，题目在文章的后面这一部分都得到了——呼应。

环节三、析宴集序的缘由，悟作者的哲思

师：这样看来从"会桃花之芳园"开始后半段就把标题的内容全部说到了，我就要问同学们，"会桃花之芳园"之前的内容有什么作用？前面这么长的文字，有 50 多个字呢，将近一半的篇幅，它究竟有什么作用呢？

生：抒情。

师：大声说一下，看你这样子很自信，像李白一样，从你的微笑看得出来。你来说一下。

生：他在抒情……

师出示 PPT。

师：这个地方，有什么作用？我们一点点地说，具体到一句一句的，到底有什么作用？

师（有感情地朗读）：夫天地者　万物之逆旅也；光阴者，百代之过客也。而浮生若梦，为欢几何？

生：他是说人生在百代中只有一瞬，是说人生短暂。人生几何，就是说人生短暂，要赶紧行乐，介绍了他为什么要夜宴的原因。

师：好，这个孩子他从文章的条理思路角度来说，智商非常高，想得很不错——夜宴的原因，后面也有讲到夜宴的情形，这里讲讲夜宴的原因。李白讲的是什么原因？

生：就是讲人生短暂，要及时行乐。

师：人生短暂是放在什么情况下讲的，是一上来就讲人生短暂吗？

207

生：他先介绍岁月的漫长，再说人生短暂。

师：哪一句？

生：光阴者，百代之过客也。

师：什么叫光？什么叫阴？

生：光是白天，阴是晚上。

师：光阴，昼夜交替，像昼夜交替这样一个大事情，对于百代来说，只是一个过客。什么叫过客呢？

生：过往的客人。

师：有什么特点？

生：转瞬即逝，无法主宰。

师：是的，这个天地留不住，不是我的。天地是空间，光阴是时间。地在哪里我知道，那么天在哪里？

生：无穷的宇宙。

师：无穷的宇宙啊。从无穷大的空间，从无穷长的时间开始行文，放在这样的背景下，人算什么呢？

生：沧海一粟。

师：像沧海里的一粒小米。还有一个类似的词语，具体说，人很渺小，是哪个词语？

生：浮生若梦。

师：这里有两个词，一个是浮字，怎么解释？

生：……

师：浮和什么词相对应。

生：和沉字相对应。

师：浮在水面上，又何特点？随风飘来飘去……

生：人不能把握自己的命运。

师：是啊，浮——浮萍，风一吹往这边来，一吹往那边去，这叫"浮"。人这一辈子，就是浮在水面的浮萍，不能把握自己命运。浮生若梦，梦是什么？

生：幻境，转眼就过去了。

师：转眼就过去了——我们做过的事情，一下子就过去了，不存在了，像做梦一样，再也回不来了。这非常令人悲伤，这种悲伤，是放在宇宙天地时空当中来表现的。我们再看看，除了这些，后面的是不是还写得这么悲伤？

生：没有。

环节四、理宴集序的写法，得文章之体式

师：我们前面说的，这是一个什么样的宴？这是一个平常的宴，和从弟在一起的家常宴。（师板书：悲伤事，家常宴）我们再看一下，写的是一种什么样的景色？

生：美景。

师：春天，桃花盛开，别的地方也有，到处都可以是桃花盛开的地方，可见所写之景是春天当中的平凡景——也没有特殊的，也是大家都能见到的，所以是平凡景（板书：平凡景）。再看看，他写的是一群什么样的人啊？

生：家人，从弟。

师：李白的从弟有没有在历史上留名？

生：没有。

师：普通人，和我们一样的（板书：普通人）。然后再看看，写的是一个什么样的场面？夜宴，和几个从弟一块儿的夜宴，只是一个小场景。下面有一个问题：从整篇文章看，他把平平常常的事情，普普通通的人物，家常的宴会，以及我们人都要思考的问题想起来，浮生若梦的事情，很悲伤的事情，但我们把这一切和王羲之的序一比，就知道，李白他是乐观的。悲观的事情用乐观的态度来写；家常的宴写得富有诗意；平凡的景写得鲜活；这些普通的人都写得很高雅，都会吟诗，能高谈阔论，又能转清——转向清幽，还有雅怀；这个场景写得非常气派，它的奥秘何在？

出示 PPT

> ·夫**天地**者**万物**之**逆旅**也
> ·**光阴**者**百代**之**过客**也
> ·而**浮生**　**梦**　**为欢**　古人秉烛夜游
> ·况**阳春**召我以烟景
> 　**大块**假我以文章
> ·会**桃花**之芳园　　序**天伦**之乐事
> ·　　**群季**　吾人
> 　　咏歌　幽赏　高谈转清　琼筵以坐花　飞羽觞而醉月　诗　酒

师：看屏幕，天地，我只是示意，我把它用大小来表现，天地和我，和我们做的这些"咏歌""幽赏""高谈转清""琼筵以坐花""飞羽觞而醉月""诗""酒"比起来大多了，从这个天地到这个人，在这里作者用的是什么手法，有什么奥秘，让伤心事情变得这么乐观？

生：以小见大。

师：以什么小见什么大？

生：通过宴集小事来见大。

师：是以小见大吗，小和大肯定有关系，但是不是以小见大？

生：应该是以大写小。通过对实物的对比，突出了我们生命的短暂，然后说我们应该及时行乐。

师：也就是说，我们所有行乐的事情，小场面，但它有一个大的东西，叫大背景，把人的小场面放在天地光阴这样的大背景中去写，所以这个场面就气派了。写人物，刚才我们分析过了，惠连、康乐，这是什么手法？

生：用典故。

师：很好，巧妙地使用典故来表现，巧用典故来暗喻。其他孩子再看看，前面这个平常景它到底为什么变得这么气派？我们刚才在讲到醉月时，坐花时，月花景都很精彩，他怎么写的这个景？

生：况阳春召我以烟景。

师：什么叫烟景？

生：春天烟雾缭绕的景色。

师：烟雾缭绕，春天那个水雾缭绕的景色，朦朦胧胧，这都是美的。那么，你看，大环境大背景，非常美，关键是人的情感融在里面，关键是这个字，"融"进去了人。把人的感情，把人的活动，融到自然天地里去，把这个小景融到宇宙空间中去，把这个人和自然融在一起，大和小融在一起，实和虚融在一起，将古今融在一起，情理融在一起，这个融是非常重要的。这个家常宴，它放在阳春的景里面，就显得富有诗意，当然也包括悲伤事在里面。你看，前面的浮生若梦，非常的伤感，后面部分，和王羲之又不一样啦，王羲之是先乐后悲，岂不痛哉。李白诗呢，不一样，它怎么转的？——哪个词是转的？

生：而。

师："而"是怎么转的，看，前面的字体这么大，这么大，似乎和我们的宴会没有关系，突然间一转就和我们有关系了，这么大的东西让我们感到目不暇接，然后突然一转，和我们人有关系啦。那么"而"是怎么把伤感的东西转到快乐上来的？

生：为欢几何？

师：这么大的天地，人却浮生若梦，又很虚幻。所以要……

生：为欢。

师：几何什么意思，就是欢的味道少了，所以现在宴集作诗和兄弟们在一起，要欢。这里又用了一个典故，白天欢是因为人生很短暂，白天肯定要欢的，晚上呢？

生：在晚上要有一个宴席。

师：是哪一个句子转的？

生：古人秉烛夜游。

师：古人秉烛夜游，又来了一个典故。秉烛夜游啊，为欢太少啦，天地太大了，时间太短啦，转一下。因为欢太少，古人他抓住这个东西，连夜晚都不放过，秉烛夜游。为什么要夜宴，除了学古人秉烛夜游之外，还有一个原因是什么？

生：况春天召我以烟景。

师：是啊，关键是一个"况"字，是转的地方，承接天地之大，人物之小的作用，人的这些行为，其实就是和天地融合了，承转最后是合，与天地一融合，就把原本悲伤的事情写得快乐了，这，就是这篇课文的奥秘。阳春的美景起衬托作用，让家常宴集因阳春美景而有了诗意。阳春、烟景、桃花、芳园、夜、月都是平常的景，一经李白景与景、人与景、活动与景的融和，顿时就鲜活起来了。课文里三处用典，又给人物和事件增添了典雅。然后就是用大背景表现小场面，使得小场面显得气派。

师：（边总结边板书如下）

悲伤事　因　承转合　而快乐

家常宴　因　阳春衬　而诗意

平凡景　因　相融合　而鲜活

普通人　因　巧用典　而高雅

小场面　因　大背景　而气派

环节五、比宴集序的差异，明李白的风格

师：我们回到前面讲到的序。从内容角度，王羲之的序从乐到痛到悲，李白的序从悲到乐；从写法角度来讲，王羲之的序是正宗的序，李白的序放在天地大背景下，融进去写，这是李白潇洒自如大手笔的表现。

师：这篇课文是选修课本《中国古代诗歌散文欣赏》里面的，课本有六个单元，三个诗歌单元，各选了李白的一首诗，第一个单元李白的《越中览古》，第二单元《梦游天姥吟留别》，第三单元《将进酒》，第六单元又有李白的散文《春夜宴从弟桃花园序》。除此之外，苏轼的也有诗有文，陆游的也有诗有文，柳宗元的也有诗有文，选在课本里，告诉我们一个什么呢？李白写的这个序，应先有序的格（板书：必先有格）；然后和一般的序不同，再超越了它的格，这叫作后无定格（板书：后无定格），这个单元题目有"文无定格"四个字；然后不管是李白的也好，王羲之的也好，首先意义是基础，是要表达他们各自的情致（板书：基在达义）；在表达情志的基础上，李白又有创新，这个单元后一半题目就叫作"贵在鲜活"（板书：贵在鲜活）。你们看，王羲之的有格，李白的无定格，就是"文无定格　贵在鲜活"。为什么能这样呢？我们看看李白的诗歌，"长风万里送秋雁，对此可以酣高楼""君不见，黄河之水天上来，奔流到海不复回""噫吁嚱（yīxūxī），危乎高哉！蜀道之难，难于上青天""明月出天山，苍茫云海间""长风几万里，吹度玉门关"，都非常有气势，这叫什么呢？李白是诗人，诗人写出的散文同样有诗的气质，叫作以诗为文（板书：以诗为文）。

师：孩子们，学到这个地方，我们就知道在这个单元里文无定格，但是先要有格；基础在于先要达意，先要明白抒什么情，然后在表现手法上则贵在鲜活。在这个地方，李白凭他特有的高雅放旷的诗人气质写散文，就是以诗为文。李白留下的散文有35篇，其中有两篇包括这一篇，选在《古文观止》里面，比例非常之高。今天，这节课就和我们同学们共同学习到这里，谢谢孩子们！

附：板书

春夜宴从弟桃花园序

悲伤事	因	承转合	而快乐	必先有格
家常宴	因	阳春衬	而诗意	后无定格
平凡景	因	相融合	而鲜活	基在达意
普通人	因	巧用典	而高雅	贵在鲜活
小场面	因	大背景	而气派	以诗为文

第五章

本然语文与课题

1. 课题研究的内部过程性管理贵在精细[①]

郑：您近年来在课题研究方面成绩颇丰，先后主持了《从课堂上找回语文老师的专业尊严》《追求语文课堂教学的"品质"》《福建省中学语文高级教师专业发展需求调查研究》《语文教学求真研究》等课题并顺利结题，同时也在一定程度上将研究成果运用于课堂教学实践中。

应：课题研究是教师进行教学研究的主要方式。从理论上说，课题研究的成效并不取决于课题级别、课题大小、课题的正式与非正式，而是取决于课题研究的内部过程性管理，包括课题研究的基本程序、如何申请立项、实施研究前如何管理、如何对课题进行分解、如何开题、研究流程、课题研讨活动、专家报告、阶段性总结、课题研究资料管理、如何结题等，也包括课题成果的实践、辐射等延续性内容。

郑：课题研究的内部过程性管理可谓包罗万象。但对于一线教师而言，有一点是肯定的，即课题研究必须贴近教学实际，贴近学科教学背景，突出其针对性、实效性，这样，才有利于提高教育教学质量及教师自我发展。

---

① 应永恒，郑仁水. 课题研究的内部过程管理贵在精细［J］. 福建教育，2017（10）.

就像您主持的《从课堂上找回语文老师的专业尊严》《追求语文课堂教学的"品质"》《语文教学求真研究》等课题，让人一看就知道是针对语文老师专业素养滑坡、教学肤浅、追求功利等现状而进行的研究。遗憾的是，许多老师选题时考虑的不是教学现状和实际，更多的是考虑课题能否立项。

应：教师处于教育教学的实际场景，是在现场中感受教育事实、生发教育理念、提升教育智慧的。一线教师研究的问题大多不是来源于理论材料上的占有和分析，而是教育现实场景。教育现场是教育问题的原发地，是问题产生的真实土壤，教师对教育现场作的任何真切而深入的分析，都有可能发现大量待研究的问题。我曾在一篇文章中谈到，成功的校本教研课题选题：宜小不宜大，宜实不宜空，宜专不宜泛，宜集中不宜琐碎，宜独特不宜跟风，宜针对性不宜随意性。

课题研究的成效主要取决于课题研究的内部过程性管理的精细。许多课题研究者在填写课题申请书中"参考文献收集情况"一栏时罗列出一大堆文献，可惜，他们对这些文献只是作走马观花式的泛览，未能作深度阅读。如果能够一头扎进去，沉潜阅读，哪怕不做实验研究，也是一次理论的进修。

郑：在阅读时，如果能够时时结合自己的工作实际进行有针对性的思考，把理论论述转化为对自己工作中相关问题的解读与说明，将已有的经验与著作中的分析相联系，这本身就是研究。可惜，许多老师仅仅将"参考文献"当作摆设，作为课题申请书的一个组成部分。选题时只考虑能否批准，更遑论明确课题的研究意义了。

应：爱因斯坦说："提出一个问题比解决一个问题更重要"。教育科研课题的选择非常重要，选题做好了，应当说研究就成为可能。选择某一课题进行研究之前，至少要思考下边一些问题：这样的题目应该研究什么内容？研究内容的表现形式是什么？用什么方法可以研究好这些内容？研究能够取得什么研究成果？研究成果如何表达？研究成果所形成的论文是否可以发表？是否能够形成高质量的研究报告？当然，最重要的还是这个研究成果能对同样从事教育教学工作的同行有什么启示或者借鉴——这才是课题研究的"初心"。

把上述"问题链"的每一问题思考清楚，对课题才会有一个比较全面而清醒的认识，这才真正做到未雨绸缪。俗话说，"好的开始是成功的一半"。课题研究的精细应从"头"开始。

郑：对这一连串问题进行分析与概括，找出自己想研究、能研究而别人还没有做的问题；或者他人已做过，但我们认为他们做得不够（或有缺陷），并提出完善的想法或措施，进一步通过实验来验证并推广应用。如此选题，方是对课题研究给予正确的定位，揭示出课题研究的实践价值和理论价值，描绘未来成果的作用及前景。这便是您说的"精细"吧？

但是，我还是有一点困惑，如果其中的某一环节遇到障碍？那么，这个课题是坚持还是放弃？

应：如果其中的某一个环节遇到障碍，则需要修改题目或者换一个选题，并再次回答上述几个问题，当所有的问题都能心中有谱的时候，则选题就可以确定。课题研究的内部过程性管理的精细要从选题开始。

例如：在确定"语文教学求真研究"这个课题之前，我确定的课题是"理想的语文教学研究"，但这个念头只是一闪而过，马上就否定了。这是个经不起分析的题目，"理想"是个筐，啥都可往里装。后来，我决定改为"语文教学精致化研究"，通过分析题目，发现这个题目的"精致化"一词针对的是教学的肤浅与粗糙，与内心所想的要直面文本、直面文本语言、直面生命、直面自我，有着明显的差距。同时觉得，这个题目大而空，操作起来有一定的难度。于是，改为"语文教学求真研究"，心底登时豁然开朗。一个"真"字，针对性强，切口小，容易做深入的挖掘。

郑：课题申报立项后，再举行开题论证，有的老师认为多此一举。许多开题论证只是把申报表上的内容念一遍。再说，省级以上课题立项后，一般情况下是不允许更改课题名称的，就算课题论证会集思广益，发现问题，也只是事后诸葛亮。在开题论证这点上，您却特别认真，请来专家，并召集课题组全体成员一起参加。

应：研究思路永远要走在研究之前，凡事预则立，一定没错。课题立项后的开题论证会并非多此一举，而是课题研究工作的深化和清晰化，旨在使研究方案更具体，更具有操作性，研究思路更清晰。课题虽然已经立项，但课题组成员往往并不十分清楚立项后该做什么和怎么做。举行一个开题论证会，可明确分工，使工作做得更加精细。比如，在需要借鉴的理论方面，由宏观的建构主义、多元智能等理念性理论走向可操作的应用性理论；在运用研究方法上，不能笼统地提实验法、调查法，而要明确在哪些教学班采用什么实验措施；调查哪些对象、几项内容、方式方法等。同时，举行课题论证会也使课题组全体成员通过论证正式进入研究状态。

郑：我当时在填写申请表中"当前国内外同一研究领域现状与研究的价值"这一栏目时，您特别提醒，要让课题组全体成员明确其意义，要阅读与自己研究的课题有关的文献，了解相关领域理论和实践研究的前沿，在他人成果的基础上进一步开拓、延展，避免重复研究的同时，明确自己研究的方向。您要求课题组每一位成员都要通过网络或图书馆等路径，检索或收集与拟研究的课题有关的研究报告、专著和论文，并在此基础上关注注释、参考文献等，做进一步的延伸。比如，您主持的省教育厅社会科学研究项目《从课堂上找回语文教师的专业尊严》这一课题，我们课题组成员先后检索并阅读了倪文锦、庞勇、王新颜、田泽生、钱理群、郑逸农、严凌君等20多位老师或专家的相关论著或论文，并简要梳理出他们的观点。在此基础上，我们找出他人还没有研究的问题或做得不足甚至有缺陷的地方，并拟出我们要研究的几个关键点。

应：毋庸置疑，与其在象牙塔闭门造车，不如抽出一点时间认真阅读文献。要真正了解研究领域现状，就必须读许多老师或者专家的文字。阅读文献是一项艰苦的劳作，只有沉下心来，才能看到别人是否有同样的困惑。要有自己的想法就要读大量的文献，包括国外的。至少我自己从文献查找到阅读，是颇费了一番功夫的。我有个习惯，看文献时一定要做读书笔记，记下别人的研究方法、实验方法和研究成果等，还要加上自己的批注。有的时候"顿悟"了，吉光片羽，也及时记下来。不单单是了解别人做了什么，还要考虑别人没做什么。记文字，有时也用图表的方式将作者整个逻辑思路画出来，逐一推敲，抱着"挑刺"的心态，不是盲目地崇拜，一味地将别人的东西奉为圭臬。

郑：我记得上次"中学语文高级教师基本情况"做调查时，您凭借省教育学院工作的环境优势，对参加培训的中学语文高级教师群体进行调查，认真统计培训学员登记表，对年龄、学历、性别、任教年限（哪年评的）进行统计，同时对他们的教学、工作现状进行问卷调查和座谈，或者个别访谈，了解了他们目前的教学、工作、思想等状况，每一个环节都体现您所说的"精细"。

应：在做这个课题调研时，我还是有些遗憾，未能更全面调查全省语文高级教师的基本情况，普查是必要的，这样的调查结果才具有说服力。在调查方面，越精细，越有价值。比如说，"大部分高级教师缺少参加高层次培训机会"，这样的表述不做课题研究者也能做到。怎么缺少？你的调查对象是谁？调查了多少人？国家级、省级培训参加人数是多少？其余的怎么解决？靠网络？要用具体的数据表达，究竟多少？这才是我所说的"精细"。

郑：您在阶段性小结、中期总结等环节上，同样做得一丝不苟。有时间、地点、参与人员，还特地邀请课题组外专家，让课题组成员一起整理出研究工作主要进展、阶段性成果（名称、形式、发表时间等）、创新点、存在问题、下一阶段研究计划、可预期成果等，一项也不落下。由此看来，课题研究过程的每一个环节都马虎不得。

应："精细"二字应贯穿于课题研究的内部过程性管理的每一环节，除了上面谈到的申请立项、实施研究前管理、选题、开课、研究过程流程、课题研讨活动、阶段及中期总结外，结题材料的整理与编纂同样要严谨有序。比如，资料整理分理论、方法、事例、数据、实物等；整理过程中，要将所收集到的资料编制成目录索引。结题材料的编纂做到翔实有序，立项通知书、评审书、开题报告、中期检查报告、结题鉴定表、结题报告、成果公报，课题组成员在课题研究中撰写的论文、调查报告、教育叙事、案例、课堂教学优秀的设计或实录、研究活动的照片等。材料集整理成一本后，编好目录，将整个材料集加一个封面，写上课题的编号、题目以及主持人姓名、单位、结题年月等。每一个环节都要细致。

郑：恕我直言，我们当下的课题研究存在两种不太健康的生态：一是课题负责人包办一切，其他参与者只挂个名；二是课题负责人由领导挂帅，而实际工作者可能由课题组某个核心成员甚至一般成员完成。第一种谓之"成果共享"或者"吃大锅饭"，后者则是领导"不劳而获"，而成员"劳而无获"。这样的课题研究内部过程性管理只能是松散的、粗糙的。

应：课题负责人，既是参与者也是组织者。作为课题负责人，对课题的研究当然要走在全体成员前面，起到示范作用；同时，要对工作进行合理的分工，更要带领全体参与者群策群力，共同经营课题。这样，研究课题才能圆满完成。作为一线教师，不仅仅是个研究者，结题之后，还要将课题成果运用于教学实践之中；如果有缺陷，或者有新的发现，就应当进一步完善；如果研究成果对教学有所裨益，则加以推广，这才是课题研究的意义所在。

郑：正如歌德所说："理论是灰色的，而生命之树常青。"课题成果还需要实践来进一步检验。就这一点而言，我的感受颇深。您在主持《从课堂上找回语文老师的专业尊严》《追求语文课堂教学的"品质"》等课题研究的同时，撰写的《以＜蒹葭＞为例谈教学顺序》（《中学语文教学参考》，2013 年 11 期）、《于细微处见功夫》（《中学语文教学参考》，2013 年 12 期）、《"豪放"的背后——〈念奴娇·赤壁怀古〉的"愁"及稀释方法》（《中学语文教学参考》2014 年 10 期）等一系列论文，既是您深入课堂一线的实践总结，也是课题研究成果在教学实践中的运用。

应：那一组文字的确是我对课堂教学的思考，当然，也不排除有为结题而写论文的功利性。话又说回来，课题研究又逼着你将思考行诸文字，对论文写作亦有催化作用。我本是一个疏于写作的人，如果不做那些课题，也许文章就出不来了，就像我听了很多课，每次点评人家说都是论文的好材料，可是我从来没有写过一篇评课方面的文章来。从课题研究的内部过程性管理来说，课题成果的实践、延续性等问题也与内部过程性管理有关，虽然尚显微薄，或许仍可以是我强调的"精细"带来的回报。最令我难忘的是我的第一个课题《古代散文与现代文章学的契合》。2000 年首批骨干教师国家级培训在华东师范大学举办，第一阶段面授时间几乎是一个学期，第二阶段返校课题研究，第三阶段是回华东师范大学汇报成果和课题论文答辩。方智范教授是我的指导老师，他的精细对我有巨大影响，每次请教的问题，方老师十分认真地对待，并回信指点，逼我去做很多精细的工作，也使得我的课题成为被称为"黄埔一期"那届国培的两篇评定为"优秀"的课题之一，《福建教育》杂志以两万字的篇幅刊登了我的结题论文和教学案例，我的第一部专著《学古文　写作文》就是就是这个课题材料的集合体。

参考书目：

［1］李冲锋著 . 教师如何做课题［M］. 上海：华东师范大学出版社，2013.

［2］陈燕 . 教师课堂——中小学一线教师如何开展课题研究［M］. 北京：知识产权出版社，2016.

2. 以教学主张之独特成就名师路①

吴炜旻：应老师好。您原为福建教育学院"应永恒中学语文名师工作室"的领衔人，后该工作室被升格为首批"中小学（幼儿园）名师工作室"。2017 年 5 月份，我省启动福建省"十三五"中小学名师培养工程，其培养目标是"用 3～5 年时间，造就一批师德境界高远、理论素养厚实、教学艺术精湛、教学主张独特、在省内外有较大影响的教学名师"。作为首批名师工作室领衔人之一，您是如何理解这一培养目标的？

---

① 应永恒，吴炜旻 . 以教学主张之独特成就名师路［J］. 福建教育，2018（28）.

应永恒：作为我省首批名师工作室领衔人，我深感荣幸，同时又觉得任重而道远。诸葛亮在给他外甥的信里说"夫志当存高远，慕先贤，绝情欲，弃疑滞，使庶几之志，揭然有所存，恻然有所感"，虽然人人都成为省内外有较大影响的教学名师几乎是不可能的事，但如果人人都安于现状，没有人去"仰望教育的星空"，没有想成为名师的追求，那我们的教育就没有希望了。实事求是地说，有许多教育工作者处于一种懈怠、被动的状态，需要有人打破这个僵局，成为教育行当里的领头雁，这便是名师的意义。要成为教学名师，光有激情与梦想不够，还需要具有"标杆"性意义的东西为前导，才不会被当下的格局所束缚，才能有自己不断的追求和创新，否则，激情和梦想也可能因为工作或生活的种种原因而一点一点流失。当然，这可能是一条漫漫长路，三年、五年未必能抵达目标。但是，我觉得把梦做大一点，看得远一点，即使做不到也没关系。即使最终未能抵达海的尽头，也强于只看着水塘耗尽青春。

吴炜旻：您说得好。虽然每个人的人生追求可能并不完全一样，但如果有那么一批人执着前行，想必也可以唤醒更多懈怠的人。

培养目标中提到名师构成的几个要素，涵盖师德、理论素养、教学艺术、教学主张、影响力这几个方面。从个人感受来看，您觉得这几个要素之间有着怎样的关联？

应永恒：按我理解，师德境界高远，这是教书育人的前提条件，体现了树德立人的导向。古人云：师者，所以传道授业解惑也。教师要活得有尊严，有职业荣誉感，就当"德高为范"，这一点无可辩驳，名师更当率先垂范。

理论素养，此乃知识育人之前提。名师与一般教师相比较，其可贵之处便在于有理性思考的品质和习惯，在于其逐步累积并内化的理论素养。教学最终指向实践，但是，只有在理论指导下的实践，才能葆有方向，才能更加接近教学改革的核心。

名师不应只是做空头的理论家，不仅要有理论素养，还应该拥有精湛的教学艺术。何谓教学艺术？按顾明远主编的《教育大辞典》所言，是"使教师实现最理想教学效果的知识储备、方式方法、技巧手段和创造能力的综合表现"。

教学艺术精湛，是名师实力之"综合表现"。

教学主张一定是教育思想、教学理念在课堂教学中的具体化，是个性化的教育思想和教学理念，是名师成长的潜在而且核心的因素，也是名师之所以成为名师的重要标志。独特的教学主张，意味着独特的教学思想，标志着作为一名教师不断发展、不断建构、不断完善、不断丰富、不断超越的攀登之后达到的一个高点。

至于影响力之类，不在于造势，不在于包装，不在于论文，在于拿出体现你教学主张的、同行认可的、经得起时间检验的课，这恐怕属"功到自然成"之事。

吴炜旻：我注意到您对教学主张这一要素的定位特别高，认为其"是名师成长的潜在而且核心的因素，也是名师之所以成为名师的重要标志"，想必跟您长期坚持自己的教学主张有关。您的教学主张是什么？

应永恒：我的教学主张是"本然语文"。变化是不变的，不变的是本然。我们使用的教材经常更新，但所谓新教材，"新"的是一些课文和编排，教育"立德树人"的本然不会改变。每个学科都有自己的本然。语文的本然是什么？就是按语文的规律来教语文，就是那个从孔夫子到今天一直不变的语文教学的本然。叶圣陶老先生的语文教育思想有本然语文的内核：立足"求真立诚"的语文教育理想，讲究"循序渐进"的语文教学过程，讲求"读写融和"的语文课程教学，追求"借鉴创新"的语文教学方法，注重"求实致用"的语文课堂实效，注重"审美鉴赏"的语文文本阅读。于漪老师的"教文育人"之道，钱梦龙老师培养语文素养的"三主""三式"，陈日亮老师的"得法养习，历练通文"，王立根老师的"作文智慧"，黄厚江老师的"把语文当语文教学，用语文的方法教语文"……都是不变的语文本然。"本然语文"以"闽派语文"为依托，强调返璞归真，回归语文根本，遵循母语教育之道，凸显本一（文道合一）、本真（求真务实）、本练（得法养习）、本我（我即语文）、本色（智慧语文）、本源（语文素养）的鲜明特色。求真、求序、求和、求新、求实、求美是"本然语文"的具体探求。花花绿绿的动，不是"变化"的本质，不赶时髦的本然反而恰恰是最时髦的。翻开《论语》看看孔夫子的教育，可以看到其都在落实语文核心素养的"语言建构与运用""思维发展与提升""审美鉴赏与创造""文化传承与理解"。本然从孔夫子开始就有。本然语文，传承汉语教育的传统，植根于学生语文素养的培育，放眼学生未来，滋润学生生命，这才是富有生命力的语文——语文之本然。

吴炜旻：构成名师的要素众多，您觉得培养目标为何要提炼出"教学主张独特"这一项？什么样的教学主张算是"独特"的？要成为名师为何必须有自己独特的教学主张？

应永恒：显然，提出这个问题本身便表明，教学主张是名师成长和成功的关键因素。诚如余文森教授所说：一位教师即使著作等身、荣誉无数，如果缺乏自己的教学主张，从专业上讲，他依然还是一个无"家"可归的"流浪汉"。一个有深度的教师，理应有自己的主张；教学主张是名师成长的基本动力，它不仅意味着教学的高度，更标志着自己生命的永恒；教学主张是名师的一张名片，代表着教师在教育生涯中的一个追求；教学主张是名师教学风格的内核，正如福楼拜所言"风格是思想的血液"，没有思想的教学风格，只是一个空壳。

"独特"的教学主张，并非标新立异，而应有三个内涵：首先，这个主张应该是个体日积月累的教学实践经验的概括性的认知和理性升华，蕴含着自身的理想、信念、情感和态度；其次，教学主张必须是学习、思考并在实践中融合形成的适合学生的那个东西；其三，独特的教学主张是对教学深刻思考后所形成的一种见解、一种思想，更是理智上的一种自觉。从这个角度说，所谓"独特"的教学主张便是烙上自己思想、个性和风格印痕的教学主张。

当然，教学主张要"独特"是挺难的。我和首批名师培养工程的同学以及第二批中学语文名师培养对象一样，都困惑过抑或还困惑着。但是跳出这个圈子站在高处看看、想想，会发现教学主张倘不"独特"，最多只能成为"这一批名师"，而不能成为"这一个名师"（成尚荣说过类似的话）。如果"这一个"与"那一个"差不多，就会普通化、大众化，充其量不过是优秀教师，谈不上名师！只有"独特"才有风景，才能占到一块精神高地，更重要的是，才会形成自觉和引领，进而走向教育家的境界。

以我自己为例，在职业早期根本没有"本然语文"这个概念的影子，只是读了一点教育家的书，执着地认为：语文课是教语文的形式，学生跟语文老师学习母语的形式，以达到会读、能写、善用的目的，思想性、人文性融于语文的形式中。但这正是"本然语文"的内涵，这正是我四十余年的教育教学中实实在在地进行着的"本然语文"实践。而"本然语文"的概念，则直到2011年才最终"形成"。"本然"嘛，顾名思义，本该如此，之前如此，之后如此，一直如此。"形成"的只是概念，其内涵则从我教语文伊始即已有之，是方为"本然"。

吴炜旻：从您的个人经历中我们可以看到，名师独特教学主张的形成不是刻意的、一蹴而就的，也不是按图索骥奔着目标直接去的，而是在漫长的教学生涯中不断摸索不断研究然后自发生成的，最后经过教师自己自觉总结才定型的，主观上带着必然，客观上又有着偶然，十分不易。那么我就有一个疑问：既然要形成自己独特的教学主张这么难，那么，您是否要求工作室每位成员都往这个方向努力？推而广之，是否每个教师都有必要形成自己的教学主张呢？如果有，您对他们有哪些建议？

应永恒：其实，自名师工作室成立以来，我们一直致力于发挥工作室对普通教师的引领、示范作用。把梦做大一点，这没有坏处，梦做大了，现实中的挑战都是小事。即使充满失落和忧伤，在别人看来也已经挺成功了。我们将尽最大的努力发挥名师效应。

这个问题同时也引发我的思考，作为工作室个体，是先成为"这一批名师"之一，还是直接成为"这一个名师"？毕竟在教学主张方面，是可以有志同道合的。我当然鼓励工作室的每位成员特别是核心成员能够从"本然语文"出发，提出属于自己的更具体、更个性化的主张。为此，我对他们提出四点建议：

一是，工作室每位成员要正确认识教学主张的内涵。教学主张不是教师个人的"教学经验总结"，不是日常教学生活的"典型事例的堆砌"，而是基于教师个人在专业领域的领悟和认识的基础上形成的对教学的理解和追求。教学主张应站位于社会生活的大背景，遵循教育教学发展的基本规律，清醒地认识学生身心发展的规律，立足于学生和教师个人的共同成长。

二是，将实践与思考相结合。任何一个教学主张的提出，都不是凭空臆测的，而是要学习和吸收古今中外教育大家的思想，来自对教材、课堂、课程以及教育实践活动的认真思考，是教师对教育教学实践中产生或形成的一些看法、想法、念头、观点，并对这些思考进行理性升华，体现出个性化和学科化的特征，从而形成自己的教学主张。

三是，不能急于求成。独特教学主张形成实在不是易事，可能还要有一个艰难的过程：既要立足教学实践的探索，又要有自己的理论建构；既要让教学主张真正落地，又要用自己的话语体系进行表达和书写；既要让教学主张真正有根，又要在表达教学主张的过程中提升专业素养。

四是，永远行走在路上。正如国家督学成尚荣先生所强调的："教学主张是名师成熟、成功的核心因素。它在很大程度上表达着教师成熟的程度和专业发展的深度。"梳理教学实践的过程，就是将原有经验从零散走向集中、从肤浅走向深刻的过程。形成自己的教学主张后，不仅要通过教学实践充实，使其厚实丰满，同时要不断地学习思考、不断地开展学科研究，学习、研究、实践与总结，永远行走在路上。

吴炜旻：看来虽然难，但是教师个体的自觉和努力、外界环境的支撑和助力，还是会对教师教学主张的形成起到一定的促进作用，我想，这也是省里推动中小学名师培养工程建设的理论前提。

在这一年多的探索中，你们工作室在培养成员的独特教学主张方面做了哪些有益的尝试？又采取了哪些具体行动，引领、辐射、带动更多普通教师成长？

应永恒：工作室成立一年多，我们做了很多努力，大体有以下几点感受。

首先，领衔人必须示范引领，做语文的躬行者。

或许是"本然语文"所具有的感召力，让我一次又一次站上三尺讲台。所谓"榜样是最好的示范"，我去上课，并不表明自己比工作室的同仁们高明，只希望带个头，做个示范，让工作室全体成员真切地感受到："本然语文"这一听起来平凡质朴的教学主张，要"化为践履"——在各位的课堂上"拼刺刀"方为本然。同时我也希望传达出一个理念——重要的是做一名语文教育的躬行者，而不是教学与论文两张皮的"名师"！

其次，提供展示平台，促进成员业务成长。

费孝通先生曾说："各美其美，美人之美，美美与共，天下大同。"我们工作室的成员，都有丰富的教学经验，都有自己的拿手绝活，工作室可以"各美其美"；同行之间，相互欣赏，相互学习，这是"美人之美"；大家相互交流、碰撞、提升，成己之美，又成人之美，这就是"美美与共"。让我们一起以求语文教学之"和"，以求语文教学之"实"，共同创设"鹰击长空，鱼翔浅底"的自由的、和谐的、硕果累累的语文教育的环境。作为领衔人，我利用工作室这一平台为成员提供培训、教学、讲座等机会，鼓励成员多思考、多研究、多行动，形成自己的教学主张和特色。近年来，工作室不少成员在专业方面"更上一层楼"了，陆续成为正高级教师、特级教师、省级名师、省级学科带头人（培养对象）等，撰写大量专著及近百篇论文。

具体而言，我们在全省范围内开展了以下各项活动：

一是举办"本然语文"教学研讨活动，邀请了陈晓明、孙绍振、郑桂华、陈日亮、王立根等语文名家参与，通过示范教学、专家讲座、研讨交流等活动进一步落实"本然语文"的理念。

二是组织送培送教活动，落实"本然语文"理念的实践。仅2017年，我作为工作室领衔人就送培送教36场；工作室组织团队成员到农村、薄弱学校开展送培送教活动，深入泰宁、政和等七个薄弱县开展帮扶工作十多场；工作室核心团队成员面向基层教师和学生开设省市级公开课和专题讲座64场，工作室研修人员开设和举办40多场省、市、区级公开课和专题讲座。

三是完善名师网站建设，开展专业指导、研讨学习和成果交流等活动，发挥"本然语文"范例的引领作用，实现优质教育教学资源共享。

四是热心语文教育公益活动，深入部队、职校、小学、省图书馆正谊书院、省文联文学院等单位开展国学普及活动，仅2017年就开设国学公益讲座和上国学公益课达30余次。

除此之外，就当下而言，我们还从以下三个方面去努力：一是让工作室的每一位成员融入我们的学习共同体。工作室的成员来自八闽各学校，可以以成员为核心，成立学习共同体，通过主题活动、读书分享、名师论坛等帮助年轻教师尽快成长，同时也促进成员自身能力的提高；二是工作室的每一位成员都要组织其他教师一起参与校本课程建设、课题研究等活动，从专业素养、科研能力等方面促进普通教师提升；三是在推进新课程改革方面充分发挥工作室每一位成员的带头作用，要坚持从教材出发，落实语文核心素养。雅斯贝尔斯在《什么是教育》一书中写道："教育意味着一棵树摇动另一棵树，一朵云推动另一朵云，一个灵魂唤醒另一个灵魂。"借用这句话来形容发挥自己和工作室成员对普通教师的引领、示范作用，应该同样适合。

3. 本然语文本然心①

由于工作的关系，我多次参与或者组织各类培训。无论是开学典礼或者结业仪式，总少不了谈及教师成长的话题。有一回，一位学员问我：应老师，你是怎么评上特级教师的？你认为怎样才算是一名名副其实的特级教师？我一时语塞，一个貌似普通的话题，回答起来，却不知从何说起，至少不能像开一场讲座那样信口道来游刃有余。

那个学员的相貌我已经淡忘，但掷给我的两个问题却言犹在耳，折磨了我好长一段日子。我知道，这是一名有理想有追求的年轻语文教师。他向我提出这两个问题至少表明，他希望成为一名特级教师，并且希望已经评上特级教师的我给予"指明方向"或者"指点迷津"。第二个问题呢，恕我以小人之心忖度，他的发问是缘于他看到的特级教师看不出"特"在哪里？就像我经常说的，我们为什么要提倡本然语文？说明我们的语文不"本然"了，忘了"本"，违

---

① 应永恒．本然语文本然心［J］．福建教育，2018（50）．

背了语文的本真了。

我是 2006 年 9 月获得特级教师这一殊荣的，这是对我一路走来的教师生涯的最大褒奖，也是我的幸运。其实 40 岁以前我根本没有想过评特级教师的，连个念头都没有。

我的文凭仅有师专，经历过知青那个知识荒芜的年代，要说自己有什么童子功，那真是扯淡。就源头而言，我的语文功底几乎是一片空茫，遑论扎实。我出生在闽北山区一个普通的伐木工人家庭，在那个知识贫瘠的年代，高考之前，脑子一片荒芜。1977 年恢复高考，父亲病逝。我不敢填报师范类专业——责任太大了。招生部门下了《征求意见通知书》：是否同意去读专科？当时全家五口，没有一个人有工作，我是老大，母亲虽然没说什么，但我明白师专两年后即可工作，维持家庭，毕竟生存为先，经济基础是硬道理。于是读了建阳师专，母校后来迁至南平，改称南平师专，再后来又迁至武夷山，本科学制，更名为武夷学院。造化弄人，怕当教师，偏偏就要当教师。

到建阳师专我才发现，我们 75 届高中毕业生几乎没有学到什么语文。语法只记得中师出身的张肇兴老师讲过的"'是'是'合成谓语'"，倒是连好宝老师借教授《三打白骨精》之际给我们讲了一周《西游记》故事，印象深刻。连好宝老师讲课从来都只带一本语文书，没有其他诸如教案之类的东西，记忆力实在好；他还写得一手好字，那个年代字写得好的学生，一律是"好宝体"。后来才知道连老师大学读的是政教系。这是我高中之前的全部"语文"了。

回忆自己的历程，我觉得作为一名普通的语文教师，沿着既定的目标，把一件事做实就行。于我而言，这件事便是：本然语文。

所有事情都有个原因，我的"本然"源自我的家庭背景。在我成为一名教师之前，善良的父亲给我讲了这样一个故事——

从前，一个小镇上，斜对面着坐着两个医家。两人的医术难分伯仲，竞争也难免，只是暗下里进行。一日，来了一个姑娘，看看两个医家，就到年长些的医家那就诊。年长医家望闻问切后说："姑娘，您没病，回去好好休息即可，不用开药。"姑娘想，奇怪，自己明明有所不适啊，就又排到另一年轻一些的医家那儿。年轻医家知道她从斜对面的医家那儿来，判她没病，就望闻问切得格外谨慎，待有了十分把握，然后轻轻一笑，声稍大道："恭喜您了，您有喜了！"讥斜对门的医家连喜脉都把不出来的意味十分明显。没料到这个姑娘脸唰得红了，悄然离去。第二天传来那个姑娘上吊自尽的消息。原来这个女子未婚而孕，当时可是伤风败俗的丑事。第三天，年轻的医家从这个小镇消失，回老家种田，从此不再行医。

父亲："医生医人，医的是身体，医的是一时；教师育人，育的是心灵，育的是一生。"父亲的话语很简洁，故事却很沉重，饱经沧桑当过教师的父亲是用最具象的故事提醒我：当一名老师肩头责任重大。

借用一个形象的比喻，鸡蛋因得适当的温度而变化为小鸡，但温度不能使石头变成鸡子。一个老师的成长也是如此。

师专毕业后，我先后执教于闽北最为偏远的高阳中学、岚下中学。周末和农忙假，就和同届教数学的赵敏达先生一同家访，走遍高阳乡所有行政村。与学生一起采杨梅、包粽子、插秧、割谷子……充分体验了农民的纯朴、热情与不易，体验了农民寄于教育的深切期望。我那时教学凭借的是善良和热情，使的是蛮力和韧劲，上课，读书，还办油印小报《山风》，让学生做笔记写日记，然后整理成作文集，学生们手抄的作文集《小草集》《揽月集》至今还被我珍藏着。调到岚下中学，一次，下起了当年的第一场雪，我和学生停课一起到室外欣赏雪景，那纷纷扬扬飘洒而下的洁白小精灵仿佛是灵感的使者，让学生笔下的文字充满了灵气。春天到了，我一定带他们到学校后面的虎头岩踏春，学生们的作文也散发着草叶般质朴的气息。学生写作文，我也练笔。那时，福建有一份《中学生语文报》，曾经举办"勤奋杯"作文比赛，我的下水作文《我的母亲》得一等奖，我的学生张建辉也得奖，好像是个二等奖。南京的《作文》杂志向全国师生征文，我的下水作文《"狗拿耗子"议》得教师组一等奖。这些事发生在福建最偏远的山村中学，不容易，也引起了一点轰动。主要还是得益于这些山里的学生质朴而勤奋，语文学习热情高涨，学得很轻松，很愉快。我们的班级中考语文平均分居然比顺昌一中高 2 分多。后来我与那些年过不惑的学生回忆起这些事儿，总是那么兴高采烈——我的本然语文成了学生们生命历程的美丽风景。

闽北教学的那段时间何尝不是我教学生涯最惬意的时光？洒脱不羁却又真真切切，自然而然，自由自在。

岳父是连城人，退休后在龙岩定居，希望我们调到龙岩。但调动谈何容易？我的文凭只有大专，又只是闽北乡下初中一名普通的教师，而龙岩一中人才济济，聚焦了多少教师的目光。还好，此前只是"调动"，而那年采用"上课"的方式。龙岩一中使用的是分编型实验版教材，要我上的课是我不曾上过的《满井游记》。凭着师专读书时下的苦功，凭着平时的"野生"磨砺。我的那节课受到学生欢迎，得到听课教师们的认可，周五上课，下周一即开出调令，效率之高，始料不及。

古人云："独学而无友，则孤陋而寡闻。"不过，如果一个人因为"无友"而放弃，则永远"孤陋而寡闻"；如果坚持"独学"，哪怕自己不甚聪明，哪怕走弯路甚至一度"南辕北辙"，最后还是有可能学到一点东西。借用荀子《劝学》的话："锲而舍之，朽木不折；锲而不舍，金石可镂。"如果我今天取得所谓"成就"的话，这一点感受很是真切。

教初中时，我的理念是，初一初二不理睬考试成绩，引领学生扎扎实实学语文。后来教高中，策略仍然是，高一高二扎扎实实学，高三轻轻松松学，语文素养提高了，考试成绩自然水涨船高。我曾在新接手的高三班家长会上承诺：第一，课表上不是语文的时间不用读语文；第二，高考语文平均分比平行的班级高一点；第三，给每个学生至少面批三篇作文。那年11月，我到上海参加国培的课题论文答辩，问校领导要请哪个语文教师代课，他们说不要，让我布置些作业给学生做。一周后回来，郭潮弘校长说要请我介绍经验，我一头雾水。他说，一周前他巡视"和平班"，发现我教的那个班异常安静，看讲台，没有教师，问班长是什么课，才知道是我的语文课。我说没有什么经验，只是本然地教，把学生当有发展潜力的"人"来教，而不是用"镇"代替教。这个班学生作文字数不足，就专门练字数，练到达标，最高纪录是陆育继同学一节课写

1226 字；这个班学生文笔不美，结合诗歌鉴赏，先练诗歌的引用；这个班怕文言文，打破常规，就把文言文课上活。以人为本，为了学生的发展，不是空话，而是实实在在的行动。教育的本然的目标就是还原被考试以及各种关系异化的人的本质，即马克思称为"人的类特征"的东西——"人的类特征恰恰就是自由的有意识的活动"（《马克思恩格斯选集》，第 1 卷，人民出版社 1995 年版，第 46 页）。

我还是沿袭了闽北黑灯瞎火般的"误打误撞"的教学方法，让学生读书、练笔，我自己也读语文教学杂志，写下水作文。1995 年我的学生郭永祯的作文获得中华圣陶杯作文大赛二等奖，我的论文也获得一等奖，师生一同到北京领奖，《闽西日报》登了消息，获得一等奖的还有黄厚江老师，程翔老师代表获奖教师讲话。1996 年，我又在"圣陶杯"论文大赛获奖，在泰安六中听于漪老师讲座，几个小时，于老师不带讲稿，一气呵成，让我颇感震撼的同时，也开阔了视野，更认识到自己犹如坎井之蛙，羞于所囿。其实 20 世纪 80 年代中期在岚下中学时，我就在顺昌县看过于漪老师的《"友邦惊诧"论》的录像，还有钱梦龙老师的一节作文课录像，惊叹于两位大师的教学艺术！那时信息闭塞，我订了《中学语文教学》《语文学习》《语文教学通讯》，还有浙江的一本语文教学杂志，除了于漪老师、钱梦龙老师的文章和课堂实录之外，还有宁鸿彬老师的课堂实录和文章，后来又有当时像神话一样的魏书生老师的课堂实录和文章。这四位老师是对我影响最大的外省老师，我"私淑"尊以为师。

"内因"固然重要，但想"更上一层楼"，"外因"同样不可或缺。有幸参加 2000 年教育跨世纪工程首批骨干教师国家级培训，这是我教学生涯的一次"飞跃"。在华东师范大学，徐莉莉教授、王意如教授做班主任，听马以鑫教授讲授西方文艺批评，刘大为教授讲授语用学，詹鄞鑫教授讲授文字学，方智范教授讲授庄子、《史记》；听倪文锦教授、钟启泉教授、巢宗祺教授讲座；听于漪老师、方仁工老师、黄玉峰老师讲座；结识了北京、上海、江苏、浙江、广东的优秀语文同仁；交流、碰撞、读书、考察，一个学期，收获满满。在方智范老师的指导下，《高中古代散文与现代文章学契合》课题一年后经过严格答辩，取得了"优秀"的成绩，是被称为"黄埔一期"的两个优秀课题之一。

有幸成为福建省中小学教学名师的培养对象的一员，参加三年多的培训，让我的"本然语文"理念从实践层面被提炼出来，再以此为纲，提领原先散落的思绪，形成今天的规模。"本然语文"教学主张也留着六位导师教育思想的深深印记。

2011年7月31日，福建省中小学名师培养工程的设计者余文森老师在启动仪式上为名师培养工程规划了一个蓝图。8月4日早饭时余老师让我上午在陈峰主任报告后也做一个报告。开什么国际玩笑，我是来学习的，一点准备也没有！余老师说他十年前看了我的文章，怎么做就怎么说。经过一个多小时紧张的准备竟也从容有序地对付下来，向96位名师培养对象汇报我的追求与实践——求真、求序、求和、求新、求实，得到了从幼儿园到高中的不同学科的名师们的认可，余老师总结时对我的报告给予很高的评价。他说，让我上台就是要看看我们的名师，是不是真正做了，做了是不是说得出来，说出来了是不是说得好。这个报告刊登在《福建中小学名师通讯》2011年第1期（创刊号）上；后来我加了"求美"，差不多搭起我的"本然语文"的框架，也让我的语文教学之路走得更加踏实。

此后，我的语文教学之路越走越宽阔，拥有一批相助的"贵人"，为我的语文教学之理想插上了翅膀。

雷实教授是我拜了师的理论导师，是全国著名课程专家、教育部基础教育改革专家委员会成员、教育部华中师范大学基础教育课程研究中心副主任。雷实老师学养深厚，高瞻远瞩。雷实老师说，文史哲不分家，法国、德国等国家小学就有哲学课，语文教师要有哲学视野；雷实老师批评一些先有观点后找史料的不客观的史学观，推荐我读钱穆的《国学概要》《中国文化史》，吕思勉的《中国通史》，黄仁宇的《万历十五年》等史学著作。雷实老师要我们语文老师多读文言文，因为文言文素养是语文素养的重要组成部分，因为文言写的古代历史会客观一些，可靠一些——虽然也带着史家的观点。对课标和课程的研究，

232

雷实老师反复教导，要放在历史中对比，放在与中国台湾、中国香港、美国、法国、荷兰的课标和课程中对比。

孙绍振老师是我仰望的一座高山，我也拜他为师，登门求教。孙绍振老师是全国知名的学者，是"闽派语文"的领军人物。孙绍振老师的学问如大海般宽广和深邃。我几乎有孙老师关于语文教学的所有著作，认真研读了《名作细读：——微观分析个案研究（修订版）》《月迷津渡：古典诗词微观分析个案研究》《孙绍振如是解读作品》《孙绍振论高考语文与作文之道》等，深深感受到孙教授针对中学语文教学的"个案分析"，对中学语文教学起到四两拨千斤的作用。我近来十多年的课堂教学极大地得到孙老师理论的滋养，他的诸多观点对我的文本解读起到醍醐灌顶的作用。

王立根老师是我拜了师的实践导师，我和林育多次登门求教，王老师古道热肠，多次莅临学院对我进行专门指点，听我的课，并做出细致的点评。我感受最深的是王立根老师倡导的闽派语文"求实、创新、去蔽、兼容"中的"求实"，在"求实"中"去掉遮蔽，返璞归真"，"求实"要体现在扎实、丰实、平实、真实上。王立根老师说："扎实"，就是课有意义，学生在你的课上学到一点东西。语文是浸润，是感染，语文不像自然科学一层次一层次地上升，一个学生一年不读语文照样可以考语文，但底子没有了。"丰实"，就是丰富有用，就是在非预设的情况下，根据学生的课堂表现，教师能脱口而出，延伸开来，与学生的思维契合在一起，师生互动不是装饰，而是内心的互动，是思想的碰撞，在互动和碰撞中给人启迪；"丰富"不是知识的丰富，而是思想碰撞的丰富，情感交流的丰富。"平实"，就是实实在在，就是自自然然，就是常态，不是表演，不管有没有领导、有没有老师听课，你都只有学生，此外旁若无人，然后上起课来从容淡定。"真实"，就是课堂上的老师是"真我"，不粉饰自己，不装模作样，不故作神圣，甚至敢于暴露自己的知识缺陷，这样，学生也会和你真实交流，不断暴露自己的缺陷，从而不断成长。

陈日亮老师是我的另一个实践导师。他的《我即语文》《如是我读》是闽派语文的名片。陈老师以他的德、识、才、学实践了"我即语文"的主张，"语文的外延与生活相等"，陈老师身上的语文是学不完的。陈老师给我以下几个方面的启发：一是语文课堂的文本意识："语言形式的解读是阅读教学的核心"，语文课堂就是要注意教学盲点，并抓住盲点做足文章，语文课堂的功夫在于咬文嚼字，只有扣紧字词，才算是有真正的"语文味"，语文课堂更应该扣紧字词去挖掘、阐释语言的深刻内涵，咬文嚼字要注意同中有异、异中有同这一关键点；二是语文课堂的生本意识：要引导学生在体验学习中读出语文味，让学生从未知走向有知，然后从已知中去发现未知，进而再次走向有知，如此不断地良性回旋上升，引领学生培养良好的读书习惯；三是语文高效课堂的六个标准；四是名师"要沉得下心读书，给自己创造一个环境，长期不断地读书"，"要把握好几个平衡：外驱力与自律的平衡，开放性与本土的平衡，紧迫感与求实精神的平衡"；五是搞教研要经历"知困——追问——体验——体认——体现"的过程。

　　鲍道宏老师是中学语文名师培养对象培训项目负责人。三年来鲍老师为我们量身定做了诸多高端讲座，先后给我们上过课的有北师大教授、博士生导师季广茂老师，北师大终身教授王宁老师，北师大终身教授童庆炳老师，北大教授、博士生导师商金林老师等数十位名师，让我开阔了视野，博大了胸襟。鲍老师给我助力最大的是教师课程意识。鲍老师帮助我们理清了"文章""选文"与"课文"的概念。鲍老师是我工作上的领导，没有一点领导的架子，我们又是好朋友，有关教育教学的问题我可以随时向他请教。鲍老师像一本案头百科全书，可以随时帮你解决问题。

　　"嘤其鸣矣，求其友声"，在教学过程中，我注重与同道进行交流，到省内外上课，渗透自己的教学理念，展示自己的研究成绩，"如切如磋，如琢如磨"。当然，更重要的是，还要坚持书写的习惯，把自己的思考及时记录下。作为一线教师，我写作论文，其实就是将自己的教学实践进行升华。俗话说："巧妇难为无米之炊。"如果没有平时的实践与积累，为赶评职称时才手足无措东拼西凑，自然就"语言无味，面目可憎"。只有自己的教学实践与心得，才是水到渠成、瓜熟蒂落，才展示出清晨的露水一般清新。我还保留着我 80 年代开始写的十余本教学笔记。我的所谓论文无一例外的都是教学实践探索反思的结晶。2004 年第一本"书"《学古文 写作文》出版，2009 年修订再版。2016 年，我的《本然语文》出版。

这不算"成功经验"，只是一个人"独学"走过一段曲曲折折甘苦自知的教学之旅。

何谓"特级教师"？保持一种探索、阅读、思考和写作生活方式的教师是也。如今，我虽然退休了，但对教学的思考并没有理由停止下来。尤其是看到于漪老师、钱梦龙老师、孙绍振老师、魏书生老师、宁鸿彬老师、陈日亮老师、王立根老师退而不休，"老骥伏枥，志在千里"的精神，我总是肃然起敬。我深知，本人才浅学疏，每一个前进的足迹只是抵达，永无终点，作为一名普通的语文老师，我以我的本然心一直行走在本然语文的路上。

附：培训汇报

踏花归去马蹄香

旨在加强中小学骨干教师队伍建设的"跨世纪园丁工程"由市级培训、省级培训和国家级培训组成。教育部拨专款 1 亿元人民币，在全国遴选 1 万名中小学和职业学校的骨干教师及校长所进行的国家级培训，则是这座宝塔型工程的顶端部分。

第一期中小学骨干教师国家级培训在北京师范大学、华东师范大学等 8 个培训单位进行。华东师范大学的培训分为集中脱产培训、分散跟踪指导和集中课题小结三个阶段。集中脱产培训时间为 2000 年 4 月至 6 月，培训对象集中在培训单位接受培训；分散跟踪指导是集中脱产培训后的一年时间，培养对象在工作单位接受培训单位和省教委的共同指导；集中课题小结是一年后学员将完成的课题带回培训单位，进行答辩和结题，为期 10 天。

　　第一期中学骨干教师国家级培训，华东师范大学承担了北京、广东、湖南、湖北、浙江、江苏、福建、山东、安徽、江西十个省市的语文、数学、物理、体育四个专业250名学员的培训任务。语文、数学、物理三个专业各40人，于4月4日开学，体育专业130人，迟一个月开学。

　　有关省市的教委十分重视这次培训。北京市此前已通过层层选拔进行了两批市级骨干教师培训，其中语文班的班主任是全国著名的特级教师北京四中的顾德希老师，语文班的10名北京学员是从北京市两批学员中按严格的考核标准选拔上来的，他们的业务水平都很高。有的在某一个领域是同行中全国知名人物，比如想象作文领域的专家；有的已出了20多本专著；有的在团中央"中青网"有自己的网站；有的曾作为专家出国担任汉语言教学；有的十余年前就在国家级的专业学术会议上开过课、作过学术报告。他们的代表性很强，有的来自教科研机构；有的来自重点中学；有的来自普通中学；有的来自教育发达地区，如海淀区、东城市、西城区；有的来自城郊，如顺义区；有的来自于大学附属中学，如清华大学附中；有的来自军委直辖学校，如海淀区十一学校。江苏省和浙江省按校—县—市—省逐级选拔优秀教师—骨干教师—学科带头人，省里对省级学科带头人进行培训，经过省级培训才有资格参加国家级培训和特级教师的评选。因而江浙的同学告诉我们，一年后回华东师大结题时，他们中至少有一半人已是特级教师了。广东省和福建省的选拔情况相似，首批参加国家级培训对象的名额由省教委分配给市教委，市教委按选拔条件确定名单，征得培训对象所在学校的支持和确认，然后上报省教委审批。第三批培训对象的遴选，我省也参照了北京、江浙的办法由下而上逐级选拔。

　　培训期间国家教育部领导两次到培训地点指导工作，调查研究，还派记者进行专门采访和报道。江苏、福建等省教委对学员十分关心，专门派人前往华东师范大学了解学员学习情况，看望学员。6月9日，我省教委师范处苏文锦处长一行近十人来到华东师范大学看望福建的6位学员，与我们座谈，了解情况，倾听要求，提出希望，并设宴招待我们，带来了省教委领导的关怀和厚望。我们龙岩市驻沪办事处温国能主任在自己不在上海的情况下，委托工作人员在徐家汇的一家饭店宴请福建学员。

　　培训单位华东师范大学十分重视这次培训。前门、后门、宿舍、教室都有十分醒目的标语和横幅。开学典礼十分隆重，上海市教委副主任张民生研究员参加并致祝词，校长王建磐参加并致欢迎词。中文系还特地召开了欢迎会，系领导和任课老师全都参加，集中学习结束前一天晚上还设晚宴为学员饯行。

　　管理人员安排得十分周到。我们这40个人的班级有三个班主任：一个常务班主任是古汉语教授，一个由中文系副主任兼任，一个是生活班主任。此外还专门配一个老师安排我们的课程、收交作业、发放材料等，另专门配一个老师联系外出考察学习的车辆、住宿等。

　　课堂安排方面，华东师大安排了最好的老师给我们这个班上课。六科必修课中有三个博导，两个硕导，一个外请的专家。必修课中的"语文教学艺术研究"所请的语文教育专家都是上海乃至全国有名的特级教师：于漪、钱梦龙（因病未来）、陈钟梁、毛荣富、金志浩、黄玉峰等。公共课更是聘请华东师大最有名的教授、博导：心理研究所所长皮连生教授、全国课程改革研究所所长钟启泉教授、上海教育科学院副院长顾泠沅研究员等。我的课题导师、古典文学博导方智范教授说，华东师范大学能负责这几个学科的中学骨干教师国家级培训是经过很多论证、花了很多功夫，作为我们的任课老师，他觉得非常的光荣。基于以上种种原因，我们班后面的座位上总是坐着一些该校的硕士研究生，有几个干脆在我们集中培训的时间里全程听课。他们说，他们研究的主课程中也有某些老师的课，但连见都没见过——老师会让自己的博士生去给他们上课。

　　现将语文班所开设的课程及任课教师列表如下：

课程类别	课程名称	教学形式	学时	任课老师（组织者）
必修课	中国现当代文学教学与研究新思维	讲授	24	马以鑫
	古典文学专题研究	讲授	24	方智范
	中国文字与中国文化	讲授	20	詹鄞鑫
	现代语用学	讲授	20	刘大为
	语文教学艺术研究	讲授	30	沈惠乐
	现代传媒与语文教育	讲授	16	张鸿昌
选修课	古典文学研究方法论	讲授	4	陈大康
	审美与语文教育	研讨	4	张颖
	中外阅读教育和写作教学研究	研讨	4	赵志伟
	听说训练与语文教育	研讨	4	周宏
	语文教科研方法指导	讲座	24	区培民
	新时期高考改革的回顾与展望	讲座	4	胡江浩
	自然科学的回顾与展望	讲座	4	陈蓉霞
	开发大西北	讲座	4	罗祖德
	文化人类学	讲座	4	楼成宏
	关于语文教育思想的若干问题	研讨	4	巢宗祺
公共课	面向21世纪的素质教育与教育教学改革	讲座	4	张民生
	奉献——教师的天职	讲座	4	于漪
	课堂教学中的任务分析	讲座	4	皮连生
	教育实践研究的方法论思考	讲座	8	顾泠沅
	国际课程改革的现状与趋势	讲座	4	钟启泉
	教育的现有缺失与未来走向	讲座	4	郑金洲
	学校德育的理论与实践	讲座	4	冯恩洪
	现代教育技术	授课上机	44	俞德勇等
总学时			250	

教学计划中安排了叶澜教授题为"基础教育的理论与实践"4课时的讲座，因故未上。

上表"必修课"中沈惠乐教授主持的"语文教学艺术研究"由听特级师报告、到中学听课和研讨三部分组成。报告有：于漪《语文教育艺术报告》，方仁工《有关语文教学的几点思考》，程红兵《以人为本的语文素质教育》，陈钟梁《素质教育与语文课堂教学模式的改革》，毛荣富《谈写作》；此外原定为钱梦龙老师的报告，因其失声而改为华东师大语言学教授朱川的《教师的语言修养》；热心的老师又请曹杨二中金志浩老师做了《提高45分钟效益》的讲座，请复旦大学附中黄玉峰老师做了《阅读教学与创造力的培养》的讲座。我们一共旁听了5节中学语文课：上海市曹杨二中李文俊老师在该校初三（4）班上的"考在海边"，朱莹蓓老师在该校高二（1）班上的"音乐迷扬科"；上海市建平中学程红兵老师在该校高二（3）班上的"窦娥冤"；浙江省海宁高级中学金新宇老师在该校高一（9）班上的"雷雨"，黄新英老师在该校高一（10）班上的"天山景物记"。我们10个同学还听了朱川教授在上海警察高等学校兼的关于"说明"的课。针对以上特级教师的报告和所旁听的中学语文课，在老师的组织下，以小组为单位，我们进行了三次讨论。

有组织的研讨还有"中学语文教学中的鲁迅教学""语文教育的科学性""计算机与语文教学"等课题。

有组织的参观活动有：参观上海的东方明珠电视发射塔、上海美术馆、上海博物馆、上海剧院、上海图书馆、中国共产党第一次全国代表大会会址、海宁徐志摩故居、王国维故居、海神庙等。

参观游览项目，上海市的鲁迅故居、鲁迅纪念馆、名人街、宋庆龄故居，江南古镇朱家角、佘山等，还有浙江宁波的天一阁，绍兴的鲁迅故居、三味书屋、兰亭、大禹陵等。五一假期许多同学还到杭州、苏州、南京、吴锡、奉化、舟山群岛旅游。

下面谈谈学习的内容和受到的启发。

一、教育的现状

1. 教育的功能是实现个体的社会化。是排斥学生思想，否定学生个性，还是在社会发展的需要与学生发展的需要之间找结合点？

2. 教育体系是书本中心，还是书本中心与学生本位的结合？

3. 中国的基础教育讲究"同一"，同一本书，同一本教参，同一个答案，同一张卷子，甚至同一种发式。

4. 我们的教育只注意开发人的第一智慧，而忽视人的第二智慧，"后十名现象"的发现给我们敲了一个警钟。

5. 教育是服务还是选拔？海外同行在不同场合宣传"教育是服务，管理是服务"。为什么在小学和初中阶段取消重点学校？就是使义务教育阶段不要介入无情的选拔和淘汰。

6. 以上种种观念及体制造成了教育的缺失。第一，学生负担过重，最重的是心理压力。学习强度之大使多少孩子失去童年？第二，德育工作缺乏实效性，德育部门把学校变成军营，孩子的文化特征被压抑。第三，学校、家庭、社会之间没能形成教育合力，比如减负，学校有心减负，家庭却不减负，社会给高考、给学校施加压力。第四，学校与社会实践脱节。

二、教育是系统工程

1. 第一，教育性质：教育是崇高的社会公益事业。"公益"即非营利的，"事业"即非产业的，不应"商品化"。第二，教育方针：1995 年，第八届全国人民代表大会第三次会议通过了《中华人民共和国教育法》，规定"教育必须为社会义现代化建设服务，必须与生产劳动相结合，培养德、智、体等方面全面发展的社会主义事业的建设者和接班人"。第三，教育发展取向：教育是一个系统工程。从内部看，教育不仅是知识的传递，还是文化、思想、法制、审美、做人、学习等的传递；从外部看，教育离不开社会的关怀和支持。

2. 回顾历史，1830 年以前中国综合国力还走在世界前列。19 世纪中叶蒸汽机时代到来，中国处在封建体制下，没有把握住科技发展的历史脉搏，掉队 100 多年，改革开放增强了活力，机遇就在面前。而经济实力、军事实力以及民族的凝聚力关键在教育。全社会都从各自的角度关心着教育，创新教育为政府所提倡。创新就要创出自己的游戏规则。没有创新意识的教师是培养不出创新的学生的。教师必须有全球意识、发展意识，把学生限制在课本里是对国家前途和未来的不负责任。教师的教育观念和素质都必须与时代合拍。

3. 基础教育改革是多层面的，是家庭、区域、政府和学校的合力。实施素质教育主角是学校，主力是教师。教育改革是渐进的，改革考试制度也要有一个过程。作为教师既要有面对现实的勇气，又要有展望未来的眼光，更要有矢志不移的热情，找到自己的教改空间。

4. 基础教育的四大支柱。第一，形成学习共同体。理想的定位是课堂高水平，学生高质量且全面发展，师生沟通顺畅有效。学校定位：不是军营，不是官僚机构，不是公司，不是公社。教师定位：指导者，建设者，与学生一起成为学习的共同体。教师必须知识丰富、基础扎实、求知欲强；充分理解儿童少年；能给学生信心；不说谎，不弄虚作假，有修养。家长定位：与学校形成伙伴关系，形成合力。第二，具有完整的课程，包括语言、核心知识和评价。第三，营造丰富的学习环境，超越传统的学科，超越传统的评价机制，超越教室的墙面界限。第四，实行人格教育，形成正直、尊重、同情、关爱、自律、奉献等基本美德。

三、素质教育的基本精神和内容

（一）基本精神

1. 素质教育的本质就是全面贯彻教育方针。

2. 素质教育的指导思想是面向世界、面向未来、面向现代化，推进素质教育是 21 世纪面临的挑战。

3. 素质教育的根本宗旨是在提高国民素质的基础上提高民族的创新能力。在未来的挑战和竞争中如没有创新能力将不战自败。

4. 素质教育的核心是对学生进行思想政治和品德方面的教育。

5. 素质教育的重点是培养学生的创新精神和实践能力。

6. 素质教育的培养目标即提高国民素质。

（二）基本内涵

1. 坚持以德育为核心，培养学生全面素质，促进学生全面发展。

2. 坚持面向全体学生。

3. 注重培养学生的创新精神和创新能力。

4. 注重培养学生的实践能力。

5. 关注学生个性的健康发展。

6. 关注学生终身学习能力的发展。

四、德育改革

1. 德育要一手抓传统，一手抓未来，以抓未来为主。德育工作者要明确学生未来需要什么。上海建平中学、曹杨二中所进行的"学生四天三夜南京行"活动即着眼于学生的未来。

2. 德育规律概括为 8 个字："掌握规律，学会负责"。站在学生的立场上，真正关心学生，情感越强烈，效果越好。帮助学生学做文明人，学做中国人，学做现代人，学做社会主义接班人。引导学生对自己、亲人、集体、家乡、人类、环境负责。

3. 成功的德育往往是开放性的，德育没有模式，强迫式的东西不是德育，而是行政。德育要面对现实，包括消极阴暗面，才会有所作为，才可能化消极为积极。

4. 德育最讲心灵沟通，最忌应付上级做表面文章。要知道学生最感兴趣的是什么，最反感的是什么，最苦恼的是什么等。

5. 德育是播种能收获信念、收获行动、收获习惯、收获性格、收获命运的事业。

五、学校文化

学校文化一般定义为学校所有成员的思维方式、行为方式、规则与执行等。一般可从三个层面加以分析。一是物质要素，如建筑、教具等。一个法国建筑学家参观上海的一个幼儿园时说："这个幼儿园不是为儿童建造的，是为成人建造的。"从建筑的构成方面可以看出主办部门的教育思想。二是行为要素，如师生平时的谈吐举止，在大事面前的表现，课堂中师生的活动。一个丢满烟头的办公室该校学校文化也可见一斑。三是观念要素，学校校长在贯彻教育方针中要有自己的办学理念，校本课程的设置可以体现办学个性。教师的德、才、学、识四者中"识"即可看出教师的教育理念。

也有人从制度文化、教师文化、学生文化、学校环境四方面解释学校文化。

六、教师修养

基础教育接触的是非常纯朴的少年儿童，教育的目的是使自己的学生健康成长、成才，成为国家的栋梁之材。教育是一块圣地，教师是这块圣地的耕耘者。教师的工作与家家户户紧密相连，大多数家庭只有一个孩子，一个孩子只有一个青春；教师的工作与祖国建设事业紧密相连；教师的工作与祖国的命运紧密相连，今天的教育就是明天的建设水平。教师依靠自己的知识、言行、人格等作为劳动手段从事培养人、塑造人的劳动。

1. 德　乌申斯基说："在教育中一切都应以教育者的人格为基础，因为只有人格才能影响人格，只有性格才能形成性格。"只有自己具有美好的心灵，才能使别人的心灵更美好。优秀教师，本身就是强大的教育力量。第一，教师要继承中华民族的传统美德，高扬社会主义精神文明的旗帜。第二，教师要敬业，要有为民族兴旺发达而培养祖国栋梁之材的敬业精神，要有责任感和使命感，有教育良知。第三，教师要为人正直，待人接物，处于公心，在他们眼中，没有成绩好成绩差的层次之分，没有权贵子弟平民子弟的等级之分，没有长相可爱与不可爱的差别。在他们心中，没有世俗之染。第四，教师要锤炼自己的感情，心中有杆秤，明辨是非，爱憎分明。真正地热爱学生，克服怕烦心理和怕难心理。千万件小事连接着教育的大事，教育是心灵雕塑，要脚勤、手勤、口勤。教过不等于教会，每个学生都是一件艺术品，其思想、智力、能力、意志都不一样，不困难要教师做什么？第五，教师要心胸开阔、豁达大度、不计荣辱、严于律己、宽以待人。第六，教师要谦虚谨慎、取人之长、补己之短、乐于助人、团结协作，鼓励学生超过老师、超越学生的自我。

2. 才 教师应该是多才多艺的。写得一手好字，说得一口漂亮的普通话，做得一笔美妙的文章；举凡书法、绘画、音乐、建筑、装潢、对联、谜语、影视、体育、政治、军事、经济等都能有所了解，拿得出自己的绝活。教学中可以旁征博引，放得开，收得拢。只有教师知识的长流水，才有学生的扬帆远航。

3. 学 教师对自己的专业要像一个学者一样深入研究，要有浓厚的专业基础。打铁要靠身子硬。浙江海宁高中要求语文老师是半个学者半个作家，这是对语文老师提出的专业要求。于漪老师认为自己上过很多遗憾课，她说："知道遗憾才有推动力，上课追求的境界是让学生如沐春风。"

4. 识 识建立在德、才、学的基础上。有识之人，吸取传统的营养而不囿于传统，接受新鲜思想而不赶时髦，遵纪守法而不惧权贵，站在学科的前沿而能虚怀若谷，胸中有未来而能脚踏实地。有识人敢披荆斩棘，能闯出自己的一条路，不满足于现状，不自喜于成绩，不戚戚于失败，不济济于世俗。有识者思想观念新，教育水平高，学术修养深，学科底气足，悟性好，有良好的直觉，有超凡的追求，有很好的审美情趣。有识者闪耀着个性光辉，有识者是精神自由者。

七、教育实践研究

（一）教育实践研究的现代背景和发展趋势

1. 现代背景

长期以来教育实践没有为教育研究提供科学条件，亚里士多德的教育分析渗透于哲学中，夸美纽斯的《大教学论》系纯理性的类比和演绎。教育实践研究先天不足。近百年来，教育实践研究从心理学和社会学找到了两大突破口，从而形成了教育研究的重大转折。但心理研究与教育实践研究是有区别的：研究方法不同，价值目标不同，研究因素的构成不同。

2. 发展趋势

（1）除心理学外还有许多学科进入教育形成了边缘科学的许多分支，但有数学化（量化）倾向，肤浅了，甚至牵强了，不能解决随机性、综合性、非数字性等特征的问题。

（2）直接向应用研究推进：①教学理论与教学设计；②教学策略与教学评价；③课堂管理与团体规范。

（3）教育改革实验研究：①R.D.D模式，将工业发展模式借到教学中来；②行动研究法，即学者与教师通力合作；③反思性研究。

（二）中小学实施素质教育应该注意方法研究

1. 上海市实施素质教育的走势

（1）提出"以学生发展为本"的观念。人的主体性表现为自觉性、主动性和创造性，须正确处理好基础和发展的关系及主体和客体的关系。

（2）以"开发潜能，发展个性"作为教育改革的主要课题。

（3）教育方法的情感化、技术化。

（4）把教师的专业水平提到很高的高度。对现有的已经坠入形式的教师培训进行深刻的反思。

2. 介绍两个可操作的教研方法

（1）反思的研究法。于漪老师认真研究教材，写出自己的教案，然后对着教参，取长补短，在反思中形成鲜明的教学个性。

（2）教学案例的研究和记录。教师走向合格有三个台阶：原理知识——处理特殊案例的知识——把原理知识运用到特殊案例的策略知识。

（三）课堂教学的观察与研究

1. 课堂教学研究的框架与进展

（1）教学效能发挥的三个基本条件：一是教学活动的组织能力，二是知识概念的组织，三是有效地使用反馈。

（2）有效的程序——"小步子"：适度教育，适度才有高效。

（3）现代课堂研究的三个框架。

①教师认知　不怕不识货，就怕货比货，研究同一内容不同教师的不同方法。注意情境原理、反馈原理、活动原理和来源差别原理。

②学生认知　教师的教要在学生身上起作用。学生认知有表征、组织、策略和情感等内容。

③课堂生态　A. 教师引导取向：建立新旧知识联系。其背景是科学的，我国多以此为主。B. 学生自主取向，主要课题是教师何时介入。其背景是人文的，美国多用学生自主取向。我们提倡两种取向的融合与互补。

2. 课堂教学改革的可操作方法

（1）深入课堂进行课堂观察，了解课堂设计，进行课后反思。

（2）录像分析。

（3）案例分析。

（4）模式勾勒。

（四）课堂教学设计中的任务分析

1. 任务分析的内容

（1）通过对教材的分析，确定单元或单课的具体教学目标。目标设置的着眼点不在于学生掌握了什么、理解了什么这个较浅的层面，而应着眼于学生学完后能说什么、能用什么。

（2）对教育目标的学习结果进行分析。学习结果有以下五类：①动作技能，②智慧技能，③言语技能，④认知策略，⑤态度和品质。每课以一类为主。

（3）根据不同类型的学习条件分析，揭示实现教学目标所需要的先行条件及其顺序关系。

（4）确定学生的起点状态。

2. 任务分析在课堂教学中的作用

（1）任务分析可以起沟通学习论和教师教学行为的桥梁作用。这种桥梁作用必须通过上述目标的陈述、目标的分类、实现目标的条件分析、任务的顺序排列和起点能力分析来实现。

（2）任务分析能有效地概括和推广优秀教师的课堂教学经验。

八、关于语文教育思想的若干问题

（一）语文教育的目标

新的高中语文教学大纲前言写道："语文教学必须贯彻国家的教育方针，面向现代化、面向世界、面向未来；必须以马克思主义和科学的教育理论为指导，联系现实生活，加强语文实践，注重培养创新精神，积极进行教学改革，提高教学质量，为培养社会主义现代化建设人才服务。"

1. 其中"科学的教育理论"包括马列主义、毛泽东思想和邓小平理论。

2. 新大纲的教学体系着眼于人，着眼于不同学习背景、不同生活情趣的学生，着眼于促进学生健康、全面、持续发展。强调学生在学习中的主动性、实践性、创造性。

3. 高中的新大纲没有"训练"一词，系针对当前教育界，特别是语文教学中将"训练"用过了头，用得太滥了的情况。"训练"含教师强制、学生被动接受的成分，训练有现成的模式和规范，创新思维是冲破模式和规范，因而创新思维是训练不出来的。

（二）语文的性质观

列宁指出："语言是最重要的交际工具。"这句话早已写入大纲。过去强调"阶级性"其实还应有自然性、思想性、民族性、基础性、人文性。语言是与人类与文化一同诞生的，语言的差异表征了文化的差异，因而新大纲写上了语文"是人类文化的重要组成部分"这句话。

（三）语文的功能观

语言有获取信息、传递信息的实用功能，有发展思维、促进人类进步的发展功能，有审美和塑造文化心理的调试功能。茅以升写《中国石拱桥》并不是学过什么说明文的写作，语文本身就是文化。

（四）对语文能力的认识

"语感"被重新列入新大纲："要致力于语文素质的整体提高，重视积累、感悟和熏陶，重视语文运用能力和语感的培养。"此外，新大纲还多次提到培养高尚的审美情趣、文化品位。

（五）语文教育中的感性思维和理性思维

理性思维重比较、分析，学生不仅要知其然，还要知其所以然。丁声树主持编写《现代汉语词典》可谓"解释一个字，抾断数茎须"。学生要会用词语，还要明白词语的意思，中小学生对语文的把握主要应该是感性的。

（六）关于语文学科的特点

我们曾错误地将自然科学性变成语文追求的目标，使语文也变成了实证性、客观性、抽象性、数量化、技术性的东西，造成语文的自然科学化——力学化。语文是人文学科，人文学科有主观性、具体性、模糊性、教化性、不可操作性。语文教育的对象是有丰富的精神世界的人，过分追求标准化，过早把儿童纳入社会、纳入规范，将对人的一生造成不可弥补的影响，势必影响到国家的未来。

（七）关于汉语和汉语教学的规律

1. 汉语语法是从国外引进的，还有语汇、语音等，无不如此，它们同我们的语文有很大出入，这些知识教起来和学起来都很吃力，讲少了没用，讲多了不好。

2. 千百年来汉语传统的语文教育一直采用诵读法，并不是我们的祖先不知规矩。通过诵读可以记住一些语言材料，用优秀范例在头脑里建设起词、句、篇的语言模型，使我们从头脑到发音器官形成很好的反应机制，并接受文化和审美的熏陶。诵读是让学生在绿色食品中吸收营养。

（八）关于语文教育的时代性问题

语文教育的时代性不在于表面化的多媒体、流行语、时文所显出的新鲜，主要应是观念上要适合时代的需要，而且指向未来。许多传统的语文内容仍具有很强的生命力且能穿透未来。"耗散结构论"的科学家从《庄子》中汲取营养，杨振宁的父亲是数学教授，他让儿子学《孟子》《论语》，都是很好的证明。当然我们不是简单地回归传统，而是吸收传统的有用成分。

（九）关于教育导向和可操作性

语言序列的组织和人的成长一样，是不能按一式或几式"组装""机械化"

"序列化"的。经络是看不见的，但针灸是可操作的。高考的导向作用是一个现实。关键在要有良好的积极的作用，哪些内容适合出客观题，哪些不适合，还有待进一步研究。

（十）关于教学内容和教学活动的安排

既要有规定性，也要自主性；既要统一，又要多样化。在文言文的背诵上有规定性和统一性，对现代文的背诵则有自主性和多样化。

扼杀教师的教学个性就是扼杀学生的创造性。教学活动的安排可以体现教师的教学个性。

（十一）关于形成语文思维定式和打破定式

1. 要创新就必须打破定式，而定式在实际上又是难以避免的。

2. 形成定式的方法一是训练，这是显性的、理性的、刚性的；二是熏陶，这是隐性的、感性的、柔性的。

3. 语文教学规律性内容需要定式，人文性内容需要打破定式。

4. 要打破定式，允许一定程度的无序。语文思维是最美好的东西，最美好的东西在有序与无序之间。

（十二）关于教学设备

新大纲写道："语文教师应努力掌握和运用现代教育技术，充分利用教学设备，提高教学质量和效率。"提倡用多媒体上课。能用挂图解决问题的则不用多媒体，不要把多媒体变成习题板，不要用多媒体限制课文的人文精神和学生的丰富想象力。

九、上海语文教育的启发

上海有一个宝贵的语文特级教师群体。仅我们所听的于漪、方仁工、陈钟梁、毛荣富、冯恩洪、金志、黄玉峰、程红兵的讲座，就如沐春风，时有醍醐灌顶之感。曹杨二中、建平中学、浙江海宁高级中学以及上海警察高等学校大二的语文课，又使我们视野大开，清风徐来。

（一）教师的作用

1. 导游式　教师充当"导游"的角色，介绍语文的"山水""掌故"，挖掘自然美和人文美，引导学生用自己的眼睛去发现，去体味。辅以多媒体的手段把学生带入文学作品的特有意境中，带学生游古代、游外国、游想象世界，广阔地观赏和体验现实中没有的情境。

2. 主持式　好的电视节目主持人总能很好地引出话题，挖掘出采访对象的见解和依据，当一个话题达到预期目的时又能及时总结，并自然转入新话题，节目结束前又能概括出对方的观点并加以升华或拓展。上海、浙江有一大批这种类型的成熟教师，而且他们都很年轻。

3. 导师式　对中学生用"导师"手法教学是有争议的。我们认为不能一概而论，应看学生对象，看学生的养成过程。去年十月，我校赴上海、苏州参观考察团所到过的华东师大一附中、二附中、上海中学、进才中学、位育中学、苏州中学，其领导和教师都提到对学科尖子生用导师式的经验。这次听的建平中学程红兵老师的课使我们感觉到程老师在"导"上下了功夫。

（二）学生的地位

1. 游览主体　很多课文可以当自然景观和人文景观来阅读。学生们在老师"导游"的帮助下，不仅见形，而且会意、陶情。

2. 对话主体　学生主体在师生对话和学生之间的对话讨论中表现出许多鲜活的思想，有许多创新思维的火花。

3. 全程主体　教师在高一时示范一年，以后即放手让学生轮流上讲台。从高二开始的每节课都由学生自己组织，自己讲析，自己评议，课内课外联系。对这样的全程主体，教师是需要胆量的。

（三）课堂结构

1. 散文式　以某个教学目的为贯穿全课的线索，各种教学形式和手段皆围绕这一线索展开。这是我们在通常的公开课中都能看到的。

2. 小说式　精心安排课堂教学的每一个环节，精心组织课堂结构，有起伏、有高潮，首尾呼应。优秀的教师常能达到这种境界。

3. 诗歌式　这是一种近乎理想的课堂教学境界，自然而然中，结构和语言恰到好处，认知与能力交互形成，思维与审美融汇天成，师与生默契，教与学和谐，大家都沉浸在无穷的乐趣里。

能成为第一期骨干教师国家级培训的学员，我是荣幸的，感谢同事、领导和我们这个时代；我强烈地意识到"教师"这个职业的分量。因而，在学习期间我听完全部课程，几乎可以说没有落下一分钟、一个字眼，并尽可能多去图书馆、多听讲座和答辩，不敢有一丝一毫的懈怠。为了让更多的同行共享这次学习的资源，我在回来后紧张的两个多月时间里，从满满的九本课堂笔记、老师发的资料以及自己复印的资料中概括出来，并间以自己受到的启发和体会，形成上述文字。我终于松了一口气，仿佛又回到春天的华东师范大学校园，繁花绿树如在眼前，鸟语风声犹在耳边，花馥书香又迎面扑来。

（学员单位：福建龙岩一中）

（本文发表于教育部师范教育司主编《中小学骨干教师国家级培训工作简报》2000 年第 7 期·总第 7 期）

那年，那地方，那个课题（代跋）

　　整理课题资料，回头一看，啊，华东师范大学骨干教师国家级培训至今已经是第二十个年头了！

　　2000 年，刚刚迈入新世纪，我也于 3 月初的一天迈进华东师范大学的大门，开始了为期 3 个月的教育部跨世纪工程首批骨干教师国家级培训。对我个人而言，那是我教育生涯的一个最重要的转折点。华东师范大学非常重视这一国家有史以来的第一次骨干教师国家级培训，专门给我们中学语文班和中学数学班联合举行了一个隆重的开学式，王磐校长致辞讲话。学校安排被称为"金牌班主任"的徐莉莉教授、王意如教授做班主任，安排马以鑫教授讲授西方文艺批评，刘大为教授讲授语用学，詹鄞鑫教授讲授文字学，方智范教授讲授庄子、讲授《史记》；我们听到了倪文锦教授、钟启泉教授、巢宗祺教授讲座；听于漪老师、方仁工老师、黄玉峰老师讲座（本来还安排钱梦龙老师讲座的，现在忘了是什么原因钱老师没来，大家都很遗憾）；安排我们到上海、浙江的名校听课考察；结识了北京、上海、江苏、浙江、广东的优秀语文同仁；交流、碰撞、读书、考察；满满 3 个月其实是一个学期（6 月初回龙岩一中马上就高考了），加上做课题一年余时间，还有徐莉莉教授、王意如教授的跟踪培训——到泉州马甲中学听福建 6 位学员的汇报，收获满满。

　　自然的，语文先天不足的我，自己给自己加小灶，常常看海报，课余有与语文学科和教育课程方面的讲座是一定要听的。印象最深的有听我国著名作家与文艺理论家、华东师范大学中文系终身教授、原系主任徐中玉老师的讲座，旁听华东师范大学文学研究所所长、《文艺理论实践》主编、中国现代文学研究会副会长钱谷融教授等全国知名学者主持的博士论文答辩。周末从未"休息"，要么泡图书馆，要么参观上海和周边的博物馆、名胜古迹、名人故居、革命遗址，要么听听看看歌剧，听听音乐会。我住的地方二楼是唯一凭窗即可以看见丽娃河的房间。丽娃河两岸绿树成荫，高低俯仰错落，时有小鸟穿梭其间，嘤嘤其鸣，而且每天上课下课都要经过丽娃河，经过"石径花光"旁边横跨在丽娃河上的丽虹桥。站到丽虹桥上，向北望即是夏雨岛。除了丽娃河，华师大校内还有一条小内河横穿河东教学区，这就是荷花池。我们上课的文科楼下即是荷花池，河岸曲池环绕，绿树成荫，盯步过水，洞石宛变，垂柳嬉水，小桥飞泓，景色宜人，就像是个开放式的小园林。虽名为荷花池，却未见大片荷花，河上只漂浮着几簇睡莲，这里是被誉为华师大八景之一的"荷塘挹翠"。

在我们即将结业时，课题组即做了缜密的布置，要求一年后回华师大进行答辩，不合格者暂缓结业。华师大是动真格的。答辩专家阵容类似于博士论文答辩，同学们看到这个阵势都感到意外，我的那个组好些经历过大场面的同学，从对答的声音我听出了他们紧张的心情。听说还真有答辩不通过未能当年拿到结业证书的同学呢。

华师大在第一阶段培训即将结束时发放了《骨干教师国家级培训课题跟踪表》的"完成情况（1）"，让我们和指导老师商议确定课题，拟定一年的实施计划。一年时间里从我手头材料看，有4份《骨干教师国家级培训课题跟踪表》"完成情况"的复印件。后三份是华师大寄给我的，填写后寄给导师写"指导教师意见"，再由导师寄给我们，我们根据导师意见调整实施，同时将《跟踪表》寄回华师大存档。现只能根据复印的《骨干教师国家级培训课题跟踪表》和方智范老师的一封回信回放课题的过程——因这是我第一个课题，之前根本不知如何做课题，边学边做，不成熟、不到位和不规范之处在所难免，本着尊重事实、保存史料供有意者参考的态度，故不揣浅陋予以公布。

一、《骨干教师国家级培训课题跟踪表》"完成情况（1）"：

课题名称：寓理寄情于历史——高中《史记》教学思路；

导师：方智范

完成情况（1）2000 年 5 月 29 日

仅在初步准备阶段：1. 阅读有关司马迁生平的书籍；2. 阅读高中教材《史记》的选文《鸿门宴》《廉颇廉相如列传》《屈原列传》《信陵君窃符救赵》《货殖列传》；3. 向同学和老师请教课题的切点和思路；4. 初定课题；5. 初定思路——见附页。

——请老师指正。

导师评语：此为原定选题，但该同志教学任务有所变动，务望今早将新选题确定，并制定实施计划。方智范

二、《华东师范大学骨干教师国家级培训课题开题报告》

课题名称：高中古代散文与文章学契合

立题意义、主要研究内容及拟解决的关键性问题

立题意义：古代散文个性张扬，文气飞扬，古人道德文章皆多有可效法之处，教学中抓住古代散文中人文情怀与文章学原理的契合点，着落与作文训练中对学生为人为文皆有大帮助；

主要研究内容：1. 以高一新教材六个单元的古代散文为研究对象；2. 古代散文的字词句过关；3. 古代散文的内容理解与手法学习；4. 学生作文的学习和吸收。

拟解决的关键性问题：古代散文文章学原理与人文精神的契合。

立论根据及研究创新之处

立论根据：1. 古代散文大家首先是具有人文精神的；2. 古人文章存留下来的多是文章学典范之作；3. 古今中外教育有新发展，教育观正在更新；4. 教师应有开拓精神。

研究创新之处：1. 从古代文章学与人文及形式与内容的新视角教学古代散文；2. "作文有法""作文无定法"和谐统一；3. 感悟"文气"。

参考文献目录：《文章学与语文教学》《文艺学与语文教学》《美学》《文章学原理》《大学写作教程》《中国历代文选》《典论·论文》《文心雕龙》《诗

品》《西方当代文艺理论》《中国古代哲学思想》《中国历代文论精选》。

拟采用的研究方法、步骤、技术路线及可行性论证

拟采用的研究方法：观察法、个案法、实验法、调查法

步骤、技术路线：确定课题——收集资料——阅读研究——拟定课题实施计划——实施授课——调查了解——个案分析——整理总结

可行性论证：内因：折服于中国古代文学的精雅；2. 对作文教学有一定的探索，积累一定的经验；3. 不愿重复自己，不愿重复别人，开创自己的天地；外因：1. 在华师大学习三个月，开阔了视野，有一点理论积累；2. 有好的导师方智范老师；3. 在上海学习期间买了近2000元书。

研究工作总体安排及具体进展

准备阶段：2000年6月至8月，1. 找导师指导确定课题；2. 买资料，查资料；3. 阅读资料，整理资料；4. 拟定授课计划；5. 请导师指导。

实施阶段：2000年9月至2001年3月，1. 课文教学、讨论；2. 作文迁移；3. 调查了解；4. 分析研究，并电话或写信请教导师。

总结阶段：2001年5月，1. 整理材料；2. 写总结报告——过程中电话或写信请教导师。

三、方智范老师的一封回信

永恒老师：

来信收到，因旋赴北京起草语文课程标准，未及时回复，请谅。

跟踪表事看来是系里搞错了，你现在所定计划，我以为很好。系里曾约请几位指导教师讨论过课题问题，我提出几个想法奉告，供你参考：一、课题的口子不要开得太大，古代散文教学与现代文章学的关系，要落实到若干个具体的方面。二、要找准突破口，最好是从目前古文教学中普遍存在的弊端出发，这样课题就有了现实意义。三、一定要在你原来多年积累的教学经验上进行，不要抛开自己的教学个性，重起炉灶，那样会感到力不从心。当然，这三方面都指向一个目标，那就是尽量上升到理论的高度，课题便有了科学性，有科学性方才有普遍性价值。

想法不一定成熟，仅供参考。有想法再联系。祝

好！

方智范 10．12

四、《骨干教师国家级培训课题跟踪表》"完成情况（2）"

课题名称：高中古代散文与现代文章学的契合

导师：方智范

完成情况（2）2000 年 9 月 26 日

5 月 29 日，初定课题为"寓理寄情于历史——高中《史记》教学思路"。6 月初，在与导师方智范老师两次交谈后，改题为"学道德文章 扬个性灵气——高一古代散文教学与文章学的契合"。回到单位后，7 月份，所在的福建省龙岩一中决定仍让我留高三年段教学。因而不得不将原来的课题改为高三做。上海的《语文学习》杂志，向我的课题约稿。数易其稿，终于 9 月初将课题确定为"高中古代散文与现代文章学的契合"。放在所在单位教学任务的年级——高三年段完成。课题最后确定后，即从书信形式（9 月 10 日左右用明信片）向导师汇报。所带的高三两个班至 9 月 26 日为止已完成旧教材高中第五册两个古代散文单元的教学，正辅导学生根据单元内容写作文。

导师评语：应永恒同志关于课题的具体设想已于日前以书信形式告我。计划具体而切实，相信完成后对语文教改，尤其是古代文言文教学如何当代化有一定价值。此课题的关键在不完全以文章学的框架来生搬硬套，而确实是撷其反映文章阅读一般规律的精华部分，加以吸收。其次，突破口应选择在阅读与写作之间的会通，使古代文言文真正成为现代白话文写作的范文。

五、《骨干教师国家级培训课题跟踪表》"完成情况（3）"2000 年 12 月 28 日：

1. 随本表呈交有关课题研究目的和研究方式的书面材料《学道德文章 扬个性灵气——高中古代散文与文章学的契合》，请老师指导。

2. 所带班级高三学生已完成高中第五册两个古代散文单元所布置的作文。

3. 所带班级本学期（2001 年 1 月前）可完成高中第五册仅一个单元的古代

256

散文教学，因为已进入期末总复习，故计划下学期（2001 年 2 月前）辅导学生完成该单元作文。

导师评语：中学文言文散文教学向来重词句串讲，少欣赏分析；时论也往往认为白话文写作与文言文阅读无甚关系。此课题试图提高学生文言文散文阅读水平，同时又以阅读带写作，在两者之间建立联系，而联系的契合总是现代文章学理论。

希望不被文章学一般理论框架所囿，将重点放在对教学实践的总结提高上，总结出富有现实指导意义的成果来。

六、《骨干教师国家级培训课题跟踪表》"完成情况（4）"

所带班级已完成高中五六册共三个单元的文言文教学，学生也已完成多单元作文。只因升学压力大，一来是学生忙于应付高考，所写作文多有应付痕迹，二来本人苦于高考压力，苦于时间太紧。因此很难在高考前拿出总结。去年 10 月，本人的课题在《语文学习》公布，有本省一个县一中的老师来询问课题情况，我说了我的新的课题设想之后，她表示乐于一起承担这个课题。于是就拿她所担任的新高一的三个古代散文单元进行实际操作。我本人也拿了新教材高一课本认真研究，提出许多具体建议，提供作文的材料和题目，提示语文活动的做法。今年 2 月，完成了小结《让学生乐于乐学古代散文——高中古代散文与文章学契合（课题二)》，发表时我拿掉了自己的名字。后来的《让学生会学古代散文，会写作文——高中古代散文与现代文章学的契合课题研究报告（三)》亦因参与部分工作的老师评职称的需要，拿掉我的名字发表。小结请老师指导。

导师评语：课题进行顺利展开，具体措施也扎实有效，通读了附文后，很受启发，但请把重点放在文言散文教学与文章学的契合上，防止一般化的总结文言文教学经验。

课题逼我读了不少书，有些诸如教育哲学、教育学、文章学之类的书原先我是怕读的，先不管消化问题，只管硬着头皮啃下来再说了。不用说这对语文教学是有极大帮助的。一个课题可以延伸出一系列教学论文，我评特级教师的两篇代表作都是选这个课题的论文。后来我在龙岩一中做教研室主任，很多教研工作材料的整理，都得益于做这个课题积淀的东西。再后来我在福建教育学院做中学语文教研室主任，所做的包括国培在内的教师培训，每每受到学员和领导的好评，还有教育厅请第三方专家抽查评比的 2017 年春季乡村初中语文教师培训，我带的班级得 87 分，全省第一，我知道这和我全员跟踪听课、要求他们写论文、做课题有关。其实也是从华东师范大学的 2000 年的这次培训有关，因为大多数的培训学员听完讲座，培训结束后激动一阵子，后来就慢慢淡去淡去了；只有跟踪听课才能发现学员问题，对照培训的讲座，深化认识，真正让学员受益；只有让学员写论文、做课题，帮助学员修改论文、发表论文，才能让培训持续有效，学员的语文课堂也能持续保鲜。2015 年我做的一个初中语文教师培训，学员中已有评上特级教师评上正高的了。

当下的很多课题包括高端课题已经偏离了课题研究的本然，课题结题了，什么也没有留下；做课题为的是完成科研工作量，拿课题经费，创造评职称的条件，得到某种荣誉，为的都不是课题的本身，而是课题的附加值；丢掉了做课题的初心，失去了做课题的本然。我的这个课题与任务、经费、职称、荣誉等功利效益没有任何关系。说来挺有意思的，我知道课题被评为当年国培学员的"优秀"课题，还是在 2016 年我评上特级教师 10 年之后，在华东师范大学组织的一次全国性的语文教学研讨会的时候，当时上海师范大学郑桂华教授向其他同行介绍我的时候说："这位就是我们华东师范大学国培'黄埔一期'评出的两个'优秀'课题之一的作者应永恒老师"，我才知道当年华师大还给我们的课题评了等级。看到我们班主任王意如老师为本书写的序时，才知道我的这个课题成为华东师范大学我的老师们经常引为实例却被误认为是浙江的一个同学的课题。我 1975 年农村高中毕业，中学之前从来没有接触过文言文，尽管 1977 年高考上了大学，之后恶补文言文的短板，大学毕业出来工作时教学文言文还是很心虚。国培选这个课题有很大的成分是通过课题补自己的教学短板。专著《学古文 写作文》出版后，在福建中学语文界文言文教学领域和作文教学领域有了一席之地。我想说本然的课题研究能提升我们的教学品质，教学品质提升了，学生生成受益高了，教师的生成收益自然也水涨船高。课题也许很快就会被遗忘，而做课题留下的东西，却能恒久地积淀在学生们的成长经历里，沉淀在教师的教学经历中。丰富我们的人生，我以为这才是做课题做教育科研的本然。这也正是 20 年后，在我退休之后，论著论文等对我没有实质意义之时，我仍将这一历程原汁原味地呈现出来的原因。

感谢这个年代给我这样一个机会，感谢龙岩一中的推荐，感谢华东师范大学的安排，感谢为我们首届骨干教师国家级培训语文班授课的老师们，感谢我的班主任，感谢《高中古代散文与现代文章学的契合》这个课题的导师方智范教授的悉心指教，感谢王意如教授赐序。

2019 年 3 月 16 日 厦门